马应龙实践丛书

客户经营系统

陈平 ◎ 主编

图书在版编目(CIP)数据

客户经营系统/陈平主编.—武汉：武汉大学出版社,2021.12
马应龙实践丛书
ISBN 978-7-307-22599-2

Ⅰ.客… Ⅱ.陈… Ⅲ.企业管理—营销管理 Ⅳ.F274

中国版本图书馆 CIP 数据核字(2021)第 195717 号

责任编辑:沈继侠　　　责任校对:汪欣怡　　　版式设计:马　佳

出版发行：武汉大学出版社　（430072　武昌　珞珈山）
（电子邮箱：cbs22@whu.edu.cn　网址：www.wdp.com.cn）
印刷：武汉市金港彩印有限公司
开本：787×1092　1/16　印张:18.5　字数:275 千字　插页:2
版次：2021 年 12 月第 1 版　　2021 年 12 月第 1 次印刷
ISBN 978-7-307-22599-2　　定价：89.00 元

版权所有,不得翻印；凡购我社的图书,如有质量问题,请与当地图书销售部门联系调换。

序 言

我们靠什么赢得未来？

回顾过去的六七年，我们共同经历了空前的行业清理整顿，接受了挑战，经受了考验。在为取得骄人的业绩而欣喜、庆祝、欢呼时，我们仍要保持清醒的头脑，居安思危。成绩已成为过去，摆在我们面前的仍然是纷繁复杂的市场环境和激烈的竞争。企业两极分化明显加快，集中度提高，企业数量减少。一部分企业将通过并购整合而合并，部分企业将被淘汰退出市场。历史的责任和使命，不断地提醒我们要将拥有400多年历史的马应龙带向何方？我们靠什么赢得未来，实现基业长青，成就千年马应龙的梦想。正所谓"人无远虑、必有近忧"，"我们靠什么赢得未来"，这是我们每个人都必须考虑和回答的问题。

要回答这个问题，先从企业性质分析入手。企业从本质上讲是资源转换器，将股东投入的资源，经过员工经营活动转换成客户需要的资源，并实现价值增值。企业是对接投资者和消费者的平台，产品则是完成资源转换的载体，其转换过程是通过员工经营活动来实现的。因此从表面上看产品是企业经营的对象，而实质上是通过产品来经营投资者、消费者及员工的关系。所以企业的未来要从客户、股东和员工上下工夫、找出路。从策略上说，通过为客户创造价值而获得客户的忠诚；通过为股东创造财富而获得股东的信赖；通过为员工创造机会而获得员工的敬业。也就是说，客户忠诚、股东信赖、员工敬业是马应龙赢得未来、实现可持续发展的关键要素。我们的经营对象不是企业或产品本身，而是经营客户、股东和员工，目标则是要获得他们的忠诚、信赖和敬业。

序 言 我们靠什么赢得未来？

一、如何获得客户的忠诚？

首先，从战略上重视客户资源的开发，将客户视为马应龙生存与发展的基础，经营的起点与归宿。具体地说，企业和每个员工要知道自己的客户是谁，将其视为上帝，也就是"天"。美丽的蓝天为我们提供了想象的空间任你翱翔，能够飞多高、多远就看你的本事和能耐。企业就是在不断满足客户需求的过程中实现发展、成就理想的。

其次，全面实施品牌经营战略，以客户为中心配置资源，打造市场细分中差异化优势形象，占据目标客户内心世界的有利位置，成为消费者的首要选择。在信息泛滥、商品充斥的年代，消费者很难从性能、质量上评估商品的好坏优劣，主要是依据内心的品牌地位作出消费选择。品牌已成为企业通向消费者内心世界的通道和打开客户心扉的敲门砖。品牌是企业和产品在消费者内心的综合反映，是企业竞争的焦点；我们的战场就是消费者的内心世界。企业和每一个员工要为打造和维护品牌而努力。马应龙本部要巩固治疗下消化道疾病药品全国第一的品牌地位：一是打造系列化产品结构，提供高附加值的产品、服务；二是利用品牌优势向医疗诊断领域延伸，扩大产业规模，形成竞争屏障。马应龙大药房要打造成为华中地区第一品牌，要形成产品结构优势、门店优势、经营功能优势、信誉服务优势。太极药业要成为国内妇科一线品牌，大佛药业要成为国内一线耳鼻喉科品牌。

最后，要强化客户体验和市场调研，在客户体验中提升服务质量，通过产品创新来丰富品牌内涵。品牌文化是我们赢得客户芳心的法宝，人是有感情的，"情"是我们与客户根深蒂固的关系纽带，有了感情就不再是单纯的消费者，更多的是扮演拥护者、传播者的角色。

二、如何获得股东的信赖？

首先，要强化股东权益意识。股东是"地"，没有股东的投资，企业将不存在，只有站在厚实的大地上，我们才会感到实在而有保障。

其次，要完善公司的治理结构，加强经营的透明度，明确职责职权，要让股东知道我们在干什么，干得怎么样，要按规矩做事，不能侵犯股东权益。

最后，努力为股东创造财富，实现资本增值。资本是趋利的，只要企业能赚钱，资金就会围绕在我们身边，股东也就不会离开我们。

三、如何促成员工敬业？

人是企业活动的主体，敬业是衡量员工素质的首要标准。敬业就是热爱职业、忠于岗位，有强烈的责任感、使命感。只有敬业才能全力以赴、尽心尽力、执著追求、永不放弃。员工专心于自己的工作，才能成为行家里手。要使员工敬业，需做好以下三方面工作。

首先，培养员工的职业精神，热爱职业、忠于岗位。对于职业价值及重要性要有充分的了解，如药品生产人员要知道药品直接关系到生命安全，熟练掌握岗位职责，不畏压力，切实履行职责。

其次，加强考核与引导，给予员工压力、动力和活力。当前要通过完善绩效考核来强化员工压力系统；通过强化员工激励机制，优化动力系统；通过加强选拔及淘汰来完善活力系统。杜绝小富即安、得过且过的现象发生，让员工始终保持旺盛的工作热情。

最后，建立共享机制，使员工与企业为了共同的利益而努力。积极推行骨干持股计划、企业与员工项目合作制、设立员工创业基金、增量贡献提成激励等政策措施，调动员工积极性、创造性。

追求客户忠诚、股东信赖、员工敬业的过程，就是追求天、地、人和谐统一的过程。相信只要我们始终坚持为顾客创造价值、为股东创造财富、为员工创造机会、为社会创造效益的经营宗旨，"以真修心、以勤修为"，也就是真诚实在做人、勤劳踏实做事，奉行龙马精神，将龙的远大理想与马的脚踏实地相结合，并持之以恒地追求，就一定能够赢得客户的忠诚、股东的信赖、员工的敬业，最终拥有一个美好的未来。

（本文系根据董事长陈平先生在2007年度总结表彰大会上的讲话整理成文）

前　言

　　现代市场，竞争空前。"适者生存"的哲学理念适合于现代市场经济条件下的每一个企业。举品牌战略，千家逐鹿，谁拥有了客户，也就拥有了未来。

　　1995年7月，中国宝安集团受让武汉第三制药厂国有股权，开始推动企业由生产型向经营型的战略转型，1996年年初正式提出并实施了市场营销战略，明确"先销售后生产，先生产后生活"的资源配置原则。强化市场导向及营销职能分工，促使大批优秀员工涌向销售第一线，建立了覆盖全国的直属销售网络，形成了一套切合实际、具有马应龙特色的营销管理体系。在管理上，物流与资金流相分离；在机制上，决策执行权与监督评估权相分离；在财务上，坚持收支两条线，有效控制应收账款和产品在途风险。1996年全面恢复"马应龙"商号，并获得当时国家内贸部"中华老字号"认证。2000年在建立全国性的营销网络基础上，正式提出品牌经营战略并分步实施。通过制定《品牌经营战略实施纲要》，设立品牌管理部门，导入CIS系统，强化客户关系管理，推行品牌经理制以及完善品牌经营决策系统等措施，初步构建了品牌经营系统，加快了经营模式从产品经营向品牌经营的提升，强化了客户意识和市场地位，并以此作为一切工作的出发点，成就了马应龙今天在肛肠治痔领域中的第一品牌地位。

　　在马应龙，客户是上帝，也就是"天"。美丽的蓝天为我们提供了想象的空间任你翱翔，能够飞多高、多远就看你的本事和能耐。企业就是在不断满足客户需求的过程中实现发展，成就理想的。我们凭什么拥有客户，并获得其忠诚，这是经营者需要考虑的首要问题，企业价值取决于为客户创造价值，其价值量由客户决定，企业核心竞争力最终体现为对客户

的影响力，企业通过消费者乐于接受的方式，立足于客户需求，着眼于客户内心世界，来改变或影响其消费的理念和行为。

从物理学角色来讲，但凡称为"力"者，必须具有大小、方向、作用点三个基本要素，并能创造"功"，还具有一定的功率。马应龙的核心竞争力立足于对客户心智与行为的影响，聚焦于产品力、营销力和品牌力。产品力体现在企业对于客户物质需求的满足程度；营销力是企业物流配送和市场开发的能力；品牌力则体现为企业在客户心目中的地位。三力合成构成对客户心智与行为的影响，作用力越大，影响程度越高，企业成就越大。

马应龙的《客户经营系统》就是构建以客户为中心，通过目标和流程设计，有效配置资源，着力打造企业的产品力、营销力和品牌力，并促进"三力"集成的运营模式。产品力是敲开消费者心扉的基础，营销力是促成消费的催化剂和手段，品牌力则是获得客户忠诚的关键，也是我们追求的目标。本系统共分为五个部分，第一部分为客户经营系统概述，阐述马应龙客户经营理念和逻辑起点，以及在此基础上形成的客户经营系统的基本架构。第二部分、第三部分、第四部分分别为产品力经营、营销力经营和品牌力经营，每一部分包括三个方面的内容，一是该系统的经营目标、内容和原则；二是该系统各营运子系统的基本内容及营运流程；三是关于产品力、营销力和品牌力经营质量和水平的评估。第五部分是阐述关于客户经营系统的绩效管理。

《客户经营系统》的出版是对马应龙客户经营思想和品牌战略实施成果的总结和展示，旨在通过总结和提炼，使其理论体系科学化、系统化，运营方式标准化、流程化，不断促进企业经营能力的提升。

由于环境的不断变化、企业发展战略的特殊性和需求的多样化，这套系统仍然需要在实践中优化和完善，希望各企业或部门，以及广大员工在运营中多提宝贵建议和意见，公司将定期总结、汲取、完善，使其真正成为能够持续促进马应龙健康快速发展的有效管理工具。

陈　平

2020 年 8 月 8 日于武汉南湖

目 录

1 客户经营系统概述 … 1
1.1 客户经营系统的构建背景 … 2
1.1.1 马应龙的企业本质观 … 2
1.1.2 马应龙的客户资源观 … 4
1.2 客户经营系统的核心内涵 … 8
1.2.1 "以客户为中心"的经营系统核心内涵 … 8
1.2.2 以客户为中心的价值驱动机制 … 10
1.3 客户经营系统的架构 … 15
1.3.1 客户经营系统的构建逻辑 … 15
1.3.2 客户经营的三力 … 17
1.3.3 客户增值引导三力建设 … 22
1.4 客户经营系统的意义 … 25
1.4.1 三维三力价值创造系统的重要支柱 … 25
1.4.2 模块化、流程化、工具化的管理体系 … 26
1.4.3 深化品牌经营战略的承接载体 … 27

2 产品力系统 … 29
2.1 产品力概述 … 29
2.1.1 产品力的含义 … 29
2.1.2 产品力经营目标 … 30
2.1.3 产品力系统主要结构 … 31
2.2 发现需求 … 36

2.2.1　需求信息收集 ……………………………………… 37
　　2.2.2　需求信息分析 ……………………………………… 39
2.3　解决方案 ……………………………………………………… 41
　　2.3.1　解决方案目标 ……………………………………… 42
　　2.3.2　解决方案组织 ……………………………………… 43
　　2.3.3　解决方案流程 ……………………………………… 50
2.4　交付实现 ……………………………………………………… 59
　　2.4.1　工业产品交付实现 ………………………………… 59
　　2.4.2　服务产品交付实现 ………………………………… 70
2.5　品质管理 ……………………………………………………… 75
　　2.5.1　品质保障体系 ……………………………………… 75
　　2.5.2　工业品质保障运行 ………………………………… 79
　　2.5.3　医疗服务品质保障运行 …………………………… 86
2.6　精益管理 ……………………………………………………… 89
　　2.6.1　精益管理的内涵 …………………………………… 89
　　2.6.2　精益管理的运行 …………………………………… 90
　　2.6.3　马应龙精益生产之路 ……………………………… 96
2.7　成本管控 ……………………………………………………… 100
　　2.7.1　成本管控的内涵 …………………………………… 100
　　2.7.2　战略成本管理的运行 ……………………………… 101
2.8　产品力评价体系 ……………………………………………… 112
　　2.8.1　从基本目标角度评估产品力 ……………………… 112
　　2.8.2　从经营能力角度评估产品力 ……………………… 115

3　营销力系统 …………………………………………………………… 119
3.1　营销力概述 …………………………………………………… 119
　　3.1.1　营销力内涵 ………………………………………… 120
　　3.1.2　营销力打造的意义 ………………………………… 120
　　3.1.3　营销力四大功能 …………………………………… 122

		3.1.4 营销决策机制	122
3.2	客户管理		127
		3.2.1 客户管理的目标	128
		3.2.2 客户价值的发现和选择	129
		3.2.3 客户关系管理	131
		3.2.4 客户调研与监测体系的运行	134
		3.2.5 客户体验和感知价值提升	143
3.3	销售管理		151
		3.3.1 销售管理目标	151
		3.3.2 工业销售管理	151
		3.3.3 医疗服务销售管理	160
3.4	网络管理		165
		3.4.1 网络布局理念	166
		3.4.2 渠道运营组织	170
		3.4.3 线下网络管理	176
		3.4.4 线上网络管理	185
		3.4.5 销售网络整合	196
3.5	市场监察与风险管控		203
		3.5.1 监察与风控组织	203
		3.5.2 市场监察	204
		3.5.3 风险管理	207
3.6	营销力评价		210
		3.6.1 从过程方面评价营销力	211
		3.6.2 从绩效方面评价营销力	212

4 品牌力系统 … 214

4.1 品牌力概述 … 214

  4.1.1 品牌力内涵 … 215

  4.1.2 品牌力经营目标与原则 … 217

4.1.3 品牌力四大模块 …… 218
4.2 品牌创建 …… 219
    4.2.1 品牌定位 …… 219
    4.2.2 品牌发展阶段 …… 220
    4.2.3 定位维度 …… 221
    4.2.4 定位工具 …… 222
    4.2.5 品牌规划 …… 229
4.3 品牌执行 …… 231
    4.3.1 品牌识别和应用 …… 231
    4.3.2 品牌策划 …… 236
    4.3.3 品牌传播 …… 238
    4.3.4 品牌危机管理 …… 244
4.4 品牌监管 …… 247
    4.4.1 品牌监管原则与保障 …… 247
    4.4.2 品牌监管方式 …… 249
4.5 品牌提升 …… 251
    4.5.1 品牌架构 …… 251
    4.5.2 品牌资产管理 …… 254
4.6 品牌力评价体系 …… 257
    4.6.1 品牌力运维评价指标 …… 257
    4.6.2 品牌成效评价 …… 258

5 客户经营系统的绩效管理 …… 260
5.1 绩效管理概述 …… 260
    5.1.1 绩效管理的意义与目标 …… 260
    5.1.2 绩效管理的原则 …… 260
    5.1.3 绩效管理的组织机构 …… 261
5.2 绩效管理 …… 262
    5.2.1 绩效管理方式 …… 262

5.2.2　三力评估指标体系 …………………………………… 266
　5.3　客户经营绩效管理的保障机制 ……………………………… 270
　　5.3.1　"四定"与责任管理 ……………………………………… 270
　　5.3.2　激励机制 ………………………………………………… 273
　　5.3.3　文化建设 ………………………………………………… 275

参考文献 …………………………………………………………… 279

后记 ………………………………………………………………… 281

1　客户经营系统概述

马应龙药业始创于公元1582年,是一家拥有400多年历史的中华老字号。作为业界最早实施系统化品牌经营的企业之一,马应龙信奉"经营品牌即是经营目标客户的内心世界"这一核心理念,始终以肛肠及下消化道领域为核心定位,根据"目标客户一元化、服务功能多元化"的发展思路向肛肠诊疗全产业延伸,形成了药品经营、诊疗技术、医疗服务、大健康的全产业链,打造肛肠健康方案提供商,构建商业生态链。在对经营历史的总结中,我们得出能够持续经营400多年的奥秘就在于"马应龙"三字之中:"龙",象征天;"马",象征地;"应"意为"呼应",即追求马的德范与龙的精神相呼应,追求行为与理念相统一,追求务实与务虚相统一,追求天地人关系的和谐,即天地人合一。在马应龙,天是客户,地是股东,人是员工。通过经营活动获得客户忠诚、股东信赖、员工敬业是马应龙赢得未来、可持续发展的关键要素。

经过多年发展和经验的累积,马应龙逐步形成了以方针管理为轴线,以客户、股东、员工为经营对象,致力于为其创造价值的"三维三力价值创造系统",而客户经营是这一价值创造系统的核心和基础。正如公司经营理念阐述的那样:在马应龙,客户是上帝,也就是"天"。企业价值取决于为客户创造的价值,其价值量由客户决定。客户是"天",是马应龙生存与发展的基础,经营的起点与归宿。这就要求马应龙一切的经营活动,都要围绕客户展开,通过资源的配置,提供有价值的产品满足客户的需求,综合运用各种方式促使客户知晓、获取产品,最终通过马应龙品牌在客户心中形成独特地位,营造客户的内心世界。经过多年客户经营的实践摸索,马应龙逐步构建形成了"客户经营价值创造系统"(简称"客经营系统"），它是马应龙多年经营管理实践的总结、提炼和升华，也是马应龙面向未来进一步推进品牌经营战略、实现可持续发展、追求基业长青的重要支撑。

本书将向读者论述马应龙"客户经营价值创造系统"的价值理念、组织运行机制，将马应龙"客户经营"的核心思想作全面展示。

1.1 客户经营系统的构建背景

市场在政治、经济、文化、科技等各种因素的共同影响下总是处于不断动态调整的过程，但无论市场如何变化，企业的价值总是以客户的购买实现最终的转化。这就要求要以"客户"作为价值创造的中心，这是由企业的本质和客户资源的特性决定的。

1.1.1 马应龙的企业本质观

关于企业的本质，社会科学有着广泛的研究和定义。按照目前通用的定义，企业一般是指以营利为目的，运用各种生产要素，即各类资源（土地、劳动力、资本和技术等），向市场提供商品或服务，实行自主经营、自负盈亏、独立核算的具有法人资格的社会经济组织。随着社会经济的不断发展，传统意义上的企业在内涵、外延、形态上也在不断突破、不断演进，并需要考虑到企业所扮演的社会角色。

马应龙从自身实践经验出发，结合目前市场经济环境下企业运行的特点，总结认为：企业的本质应该从"资源"和"利益"两个角度来定义，它应是通过相关资源吸纳、整合、转换、增值，实现客户、股东、员工、社会等相关利益均衡发展的经济组织，作为实现资源配置优化的微观主体，其实质就是"资源转换器"。

根据社会科学的普遍定义，广义上的资源是指社会经济活动中人力、物力和财力的总和，是社会经济发展的基本条件。在社会经济发展到一定阶段，相对于人们的需求而言，资源总是表现出相对稀缺性，从而要求人们对有限的资源进行合理配置，以便用最少的资源耗费，提供最适用的商品和劳务，获取最佳效益。资源配置就是对相对稀缺的资源在各种不同用途上加以比较作出的选择。

对企业而言，资源是企业之网能够网罗到的一切发展元素，是分布在企业内外部，对企业生存与发展构成直接关系的经济元素与非经济元素。它主要有三类：有形资产、无形资产、人力资源与组织能力。如图1-1所示，有形资产是指可以在公司资产负债表上体现的资产，如房地产、生产设备、原材料等。无形资产包括公司的声望、品牌、文化、技术知识、专利、商标等。人力资源和组织能力是资产与管理因素的现实的、复杂的结合，如员工拥有的知识、技能等，可以体现在精益生产、对市场的快速反应等方面。

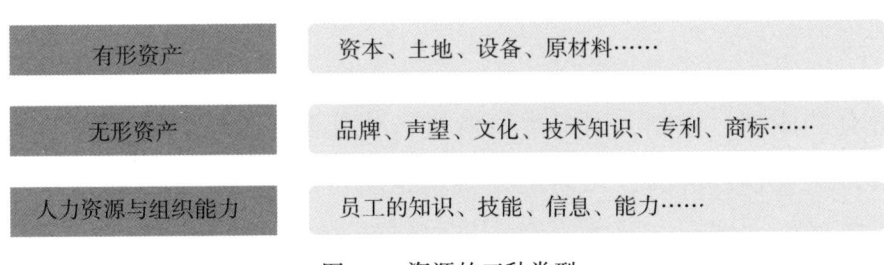

图1-1 资源的三种类型

资源是企业成长的基础，没有充分的优势资源，企业便难以发展。企业获取资源主要有三个途径：企业股东（投资者）、合作/协作者（社会有关机构）和企业员工。以马应龙的药品制造环节为例，投资者投入资本组建企业，通过吸纳人才、土地、设备、资金等要素资源，经过新药研发、精细生产、市场营销，将技术先进、疗效确切、安全可靠、经济适用的药品由医药商业公司、医院、药店和线上合规平台输送到目标病患者处，帮助病患者康复，进而实现营业利润。企业是连接投资者和消费者的平台，也是资源的转换器。以投资者为先导的各方主体搭建企业平台，以产品为载体吸纳资源、转换资源、输出资源，最终实现资源增值，具体如图1-2所示。

各方利益主体在企业平台上集聚，各类资源在企业平台上汇合，通过

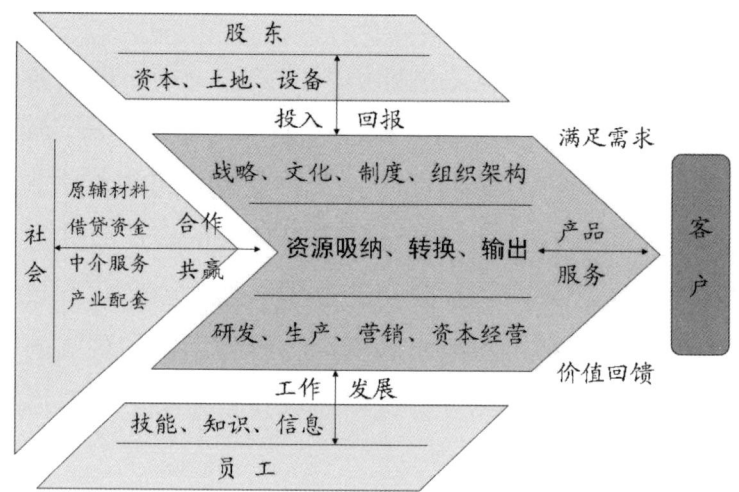

图 1-2　企业的实质是资源转换器

企业特有的体制、机制，对各类资源进行优化配置，促进资源的有效转换和输出，实现客户价值，从而最终实现企业价值的增值。若想实现企业价值的不断增值，持续满足客户需求是必经的道路。

1.1.2　马应龙的客户资源观

企业经营是通过运行实体完成资源转换，实现资源增值的过程，这就意味着企业有效的价值实现最终由客户来决定，企业有效实现的价值量大小最终也由客户来决定，而对于绝大多数竞争性企业来说，客户作为资源本身也是稀缺的。客户资源作为企业最重要的战略资源具有无可比拟的独特属性（如图 1-3 所示），具体表现为以下几方面。

（1）终极性。企业经营的经济价值，必然要通过创造客户价值、满足客户需求来实现。只有客户购买了企业的产品，才能实现营业收入和净利润，才能使企业所创造的经济价值转化为有效的客户价值。其他资源一般是投入性的，而客户资源必然是产出性的。

（2）排他性。企业以目标客户为导向的经营，实质上就是经营目标客户的内心世界，企业经营所形成的品牌，实质上就是在目标客户的内心

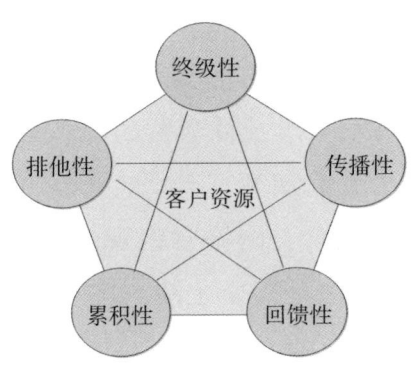

图 1-3 客户资源的特性

世界占据一个独特而有价值的位置。满足客户需求，进而培育客户忠诚，即是对消费终端的有效占据。

（3）累积性。企业的一系列客户经营行为，包括先见的客户洞察、精准的客户选择、规模的客户发展、高效的客户获得、个性化的客户服务、双向互动的客户体验、忠实的客户保有等，均可在企业品牌上形成有效沉淀，并不断强化。其他资源一般经历获取、消耗、升级、获取、再消耗的过程，而客户资源一般经历获取、累积、再积累的过程，只要不出现因经营失误导致的严重客户流失，客户资源将呈现显著的累积效应。

（4）传播性。企业选择目标客户，不断满足客户需求，争取赢得客户忠诚，随着客户之间的口碑相传和相互影响，客户资源将会自发地逐步放大。如果企业不能善待目标客户，导致客户流失，客户资源也会自发地加倍缩小。信息技术的加速发展，使得客户资源网络化越来越明显，客户资源这种自发传播特性将发挥更大的影响，这是其他资源所不具备的突出特性。

（5）回馈性。客户在购买企业的产品或服务，需求得到满足的过程中会向企业反馈大量信息，善用客户反馈的信息，可以直接推动企业经营升级。企业可以根据客户的购买行为、消费习惯等信息进行分析，优化面向客户的产品服务组合、解决方案以及提供相应的客户关怀，对于不同类型目标客户实行针对性的策略。这对于"肛肠健康方案提供商"定位目标的达成尤为重要。

著名营销学家菲利普·科特勒将营销观念发展总结为生产观念、产品观念、推销观念、市场营销观念及社会营销观念五个阶段。随着社会经济的发展，营销观念的理论不断演变、升级，形成了诸如大市场营销观念、关系营销观念、定制营销观念、网络营销观念，等等。但无论其怎么变，"关注客户、尊重客户"始终是一条主线。围绕着这一主线开展营销活动并持之以恒，企业才能健康、长久发展。具体如图1-4所示。

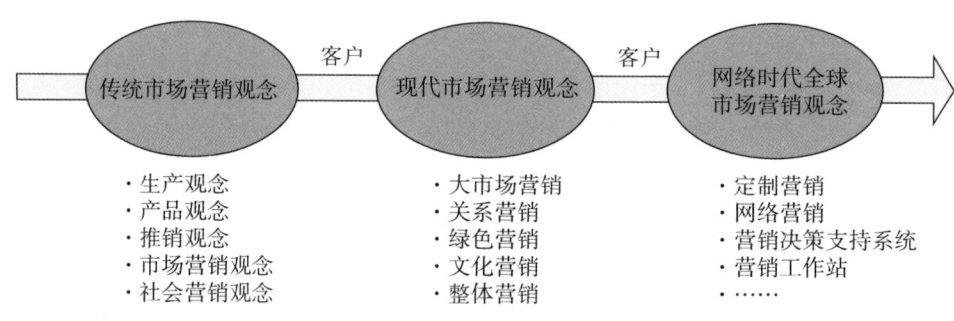

图1-4 市场营销观念的演变

在激烈的市场竞争中，拥有客户就意味着企业拥有了在市场中持续生存的空间，而拥有并想办法保留客户是企业获得可持续发展的动力源泉。这要求企业在广泛关注竞争环境的同时，增加对客户这一因素的关注力度。就马应龙而言，当前的核心任务一方面是提升企业核心竞争力适应客户需求的变化，以提高市场竞争力；另一方面以先进的管理思想为指导，采取科学的技术手段，通过科学处理企业与客户之间的关系来提高和维持较高的客户占有率。

"肛肠健康方案提供商"正是马应龙在纵观整个市场竞争环境，在理解客户对健康多样性诉求的基础上进行的战略性定位，其实质是定位于肛肠健康领域，以全病程的客户需求为导向，强化核心竞争优势，发挥资源整合能力，致力于为客户提供专业化、个性化、多样化的肛肠健康管理方案。提供商的定位要求经营导向从企业主导向客户主导转变，从产品导向向服务导向转变，最终形成以客户需求为出发点，以肛肠疾病、健康保健需求解决方案为切入点，集合产业链资源，提供全病程的产品和服务配备，精准满足个性化的客户需求，从而实现从发现需求到满足需求的持续运行的客户经营闭环流程。具体如图1-5所示。

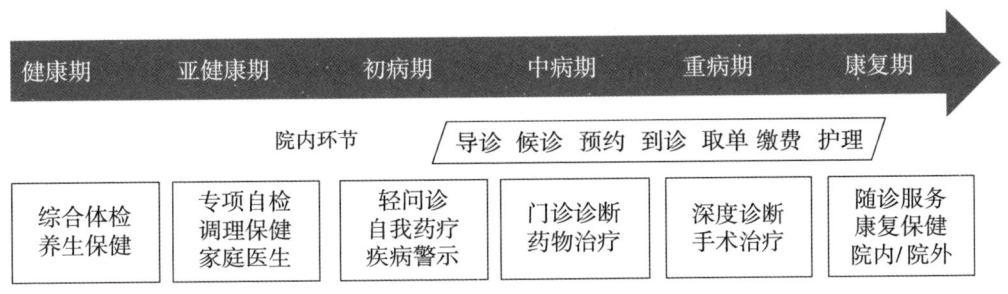

图1-5 客户全病程周期需求模型

这一定位在原药品经营模式基础上要实现三个要素转变，即：从疾病诊疗向健康管理拓展、从单一产品服务到立体化服务体系拓宽、从经营产品到经营平台价值转型。通过这三要素的转变，为客户提供专业化、个性化、多样化的产品或服务，以持续满足客户需求。

（1）从疾病诊疗向健康管理的拓展。健康方案提供商必须是基于人口结构变化和政策发展趋势，把握大健康领域的投资和发展机会；以满足客户需求为导向，以追求客户感知价值为目标，关注客户个性体验，延伸产品和服务范畴，为客户提供基于健康期、亚健康期、初病期、中病期、重病期、康复期的全病程服务；以品牌经营为核心，打通线上和线下资源，强化与健康供应商的联营合作。

（2）从单一产品服务到立体化服务体系的拓宽。健康方案提供商必须是实现以客户为中心的企业经营业态的延伸，以客户需求为出发点，进一步拓宽产品产业范畴，完善药品经营、诊疗技术、医疗服务的产业链，布局大健康产业，积极应对市场变化，以"马应龙"品牌和核心资源为基础，向特定消费者提供从健康预防、保健、治疗到康复的全流程健康解决方案的产业集群。不仅为肛肠患者提供药品治疗和医院诊疗服务，更致力于为客户提供专业化、个性化、多样化的健康管理方案；把握核心领域的疾病谱发展趋势，寻求新医药、新医疗、新技术的发展机遇，强化资源整合，升级产品，拓展服务范畴。

（3）从经营产品到经营平台价值的转型。健康方案提供商必须改变以产品为中心的传统产业经营模式，向以平台为基础、品牌为纽带的整合式经营模式转型，强化核心优势环节，整合肛肠健康管理全产业链资源，打造经营联合体，实现共享共赢；向上组织供应链，积极构建经营联盟，向下链接客户端，以满足客户需求为导向，构建强有力的产品运营通路，发挥平台价值效应；借力互联网平台的资源聚集能力，加快产业变革和转型，促进全产业链的参与互动，构建商业生态链。

正是基于在经营范畴和经营方式的拓展和转型要求，相应的运营机制和管理模式也必须进行适应性调整和优化。具体如图1-6所示。

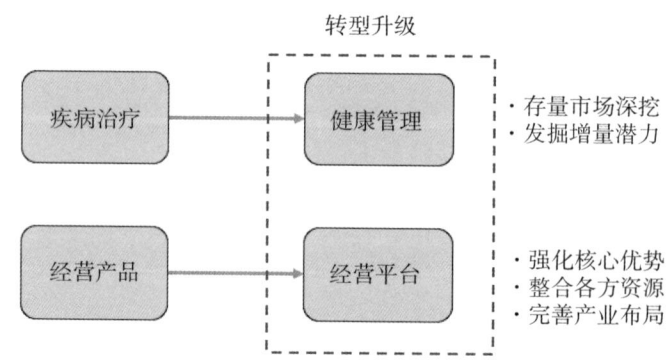

图1-6 健康方案提供商转型要素

1.2 客户经营系统的核心内涵

1.2.1 "以客户为中心"的经营系统核心内涵

在竞争日趋激烈的市场环境下，企业的竞争重心已经上升为品牌与客户。客户资源是最重要的战略资源，品牌竞争主战场就是客户的内心世界。马应龙力图打造的企业核心竞争力就是对目标客户的影响力，使品牌占据目标客户内心世界中独特而有价值的位置，这也是客户经营系统的目标。要实现这样的目标，基础就是要"以客户为中心"，这是客户经营系统的起点，也是其核心内涵。

"以客户为中心"不仅要求产品和服务要以客户为中心，企业的业务流程以及内部机制安排也要遵循这一经营理念，由此马应龙相较过去作为传统制药企业在理念和运行上开始作出以下改变。

（1）转变企业与客户的关系理念。"以客户为中心"促使马应龙将关注的重点由产品转向客户，在具体的经营中从一个注重内部业务管理的企业，转向外部业务-客户关系的管理，实现企业价值创造理念的飞跃。

（2）挖掘客户行为及客户价值。"中国成人常见肛肠疾病流行病学调查"揭示肛肠疾病领域市场的基本状况，"一高两低（发病率高，就诊率、认知率低）"提示了巨大的市场机会，将机会转化为企业的价值有赖于将对客户行为以及价值的关注渗透到经营理念行为中，纳入经营体制机制中，使之成为常态化的工作。

（3）提升客户感知价值。高度注重提升客户感知价值，强化体验式营销，只有从客户角度出发，才能引起客户共鸣。正如"马应龙东方神药"事件之所以得到网友自发的广泛传播，实质上是传播内容得到网友在体验中的共鸣。

（4）实现闭环的持续改进能力。一方面"以客户为中心"要实现从客户需求端到价值满足端的闭环循环，另一方面必须将客户价值作为绩效衡量和评价的重要标准，推动客户价值创造始终在正确的上升轨道中运行。

树立"以客户为中心"的理念只是经营调整迈出的第一步，最终目的是要将"以客户为中心致力于客户价值增值"的理念转化为"以客户为中心的价值驱动机制"的实践行为，将"价值创造"贯穿于客户经营系统的规划与执行过程中。

1.2.2 以客户为中心的价值驱动机制

构建以客户为中心的价值驱动机制,其实质是以"客户"为中心,构建从发现客户需求到满足客户需求的循环运营机制和流程,通过产品品质不断升级,持续为客户创造价值。

以客户为中心的价值驱动机制主要包括:牢固树立以客户为中心的经营理念、建立完善以客户为中心的价值创造体系、不断优化以客户为中心的运营和管理机制。最终要求企业的主体经营围绕以"客户"为中心进行,满足客户的个性化需求,努力为客户创造价值。

1. 牢固树立以客户为中心的经营理念

马应龙对于以客户为中心的经营理念基于三个层次的认同。

(1) 对于客户需求要从被动响应,到主动把握客户深层次需求。客户需求的反应从来都具备隐蔽性和不确定性,客户对于自身需求的认知和表达也会因为年龄、教育程度等诸多主、客观因素的影响而不尽相同,而发现和获取需求是企业提供解决方案的起点。为此,马应龙通过"主动出击",建设全渠道、多维度、广覆盖的发现需求系统,发现、发掘客户的深层次需求。

(2) 坚守"以客户为中心"理念,对客户最终满意度负责。"市场至上"不等于"客户至上",企业不应跟着潮流走,更不应一味地迎合市场的短暂机会,必须坚守"以客户为中心"的理念,不但要满足客户眼前的需求,更是要基于对客户潜在需求的深刻理解,从而为客户提供最好的产品。以客户为中心,不能简单地取悦客户,而应该从客户的立场出发,不断提高产品质量,提升市场竞争力,对客户最终满意度负责。

(3) 将"以客户为中心"固化到经营的每个行为。满足客户需求,为客户创造价值是经营的核心目标,要让以客户为中心的经营理念体现在战略导向和企业文化中,并在公司上下各层面贯彻,融入日常的经营管理的体制机制中去,固化到所有经营行为中,让经营的每一件事情都存在价值创造的意义。

2. 以客户为中心的价值创造系统

马应龙"肛肠健康方案提供商"的战略定位和价值主张是以全病程的客户需求为导向，强化核心竞争优势，发挥资源整合能力，致力于为客户提供专业化、个性化、多样化的肛肠健康管理方案。通过公司资源转换活动，为客户提供健康方案，就是为客户和马应龙创造了价值。

客户决定了企业资源流动方向，客户需求导向贯穿市场、研发、销售、制造、服务等公司价值创造全流程。价值创造不是某个部门或单位的职责，而是经营的各个环节合作的结果，需要企业内部所有部门或单位直接、间接发挥其发现、制造和整合能力。

马应龙的价值创造体系分为发现价值、制造价值和整合价值三大组成部分，以便综合衡量价值创造的过程和结果。其中，制造价值是发现价值和整合价值的支撑和保证；发现价值是整合价值和制造价值的前提和基础；整合价值是发现价值和制造价值的扩展和延伸。

（1）制造价值。当员工把资源（人员工作、设备、技术、产品设计、品牌、信息、能源和资金）转移到具有更高价值的产品中去时，企业就创造了价值。他们完成这些转移时所进行的工作就是制造价值的工作。制造价值体现了产品生产价值链上的各个生产单位的经济利益和经济责任，通过组织协调，激发要素价值，形成竞争优势，以尽可能少的资源投入来实现组织目标最大化，使企业整体获得"市场溢价"。通过对马应龙制造价值创造活动的系统梳理，可将其划分为业务运营、职能管理、专业支持和行政服务四大类。运营系统是与制造价值增值直接相关的活动，包括解决方案、产品交付、客服销售，以及资产运营、职能管理、专业支持和行政服务等支持性和间接性工作，促进制造价值增值活动顺利完成。

（2）整合价值。整合价值就是通过资源整合、重组再造、模式创新、资源吸纳等手段提高效能，从而达到整体价值最优，实现公司价值创造。其中，整合是手段，整合的目的是创造价值。整合价值的实施方式包括以下几种。

①资源整合。把公司内部各类资源，以及公司外部的协作伙伴整合成

1 客户经营系统概述

一个为目标客户服务的统一有序体系,取得1+1大于2的效果。

②重组再造。对公司的资金、资产、劳动力、技术、管理等要素进行重新配置,构建新的生产经营模式,使公司在变化中始终保持竞争优势。

③模式创新。公司价值创造提供基本逻辑的变化,把新的商业模式引入公司的价值体系,并为客户和自身创造价值。

(3) 发现价值。企业内外部存在潜在的、有价值的机会,只需要去寻找发现,就可以实现增值。发现价值主要是通过对经济政策、行业发展、消费趋势、市场动态以及内部经营管理现状相关的信息科学洞察分析,聚焦于发现投资机会点、市场机会点和内部提升机会点,最终实现增值。

①发现投资机会点。看得更大更远,读懂时代,从大环境变换里寻找有价值的机会点。通过对公司战略领域各行业及细分子行业现状及趋势分析,发现新的投资机会点,通过风险投资或外部孵化,进军新领域、新产业、新业态。

②发现市场机会点。看得更深更透,洞察客户,从用户真实需求里寻找有价值的机会点。围绕发现和满足客户需求,开展"人、货、场"研究分析,发现新的市场机会点,助力拓展新的产品和服务范畴。

③发现内部价值机会点。看得更精更细,掌握业务,从日常经营管理活动中寻找有价值的机会点。围绕技术创新、管理创新、制度创新,各单元从现有工作中发现机会点,通过优化调整改进,有利于促进企业发展,增强企业盈利能力,提高经营效能和管理效率。

3. 以客户为中心的运营体系

马应龙的价值创造体系是以客户为中心驱动的,客户的诉求是在预期的时间和地点,以合理的价格购买优质的产品,这就决定了必须更快、更省、更好地开展工作,才能有效地满足客户需求并创造价值。

围绕客户需求,构建形成包括解决方案、产品交付、客服销售三大功能系统,并进一步完善支撑体系建设。具体如图1-7所示。

(1) 解决方案功能系统。负责发现需求,并提供解决方案,帮助客

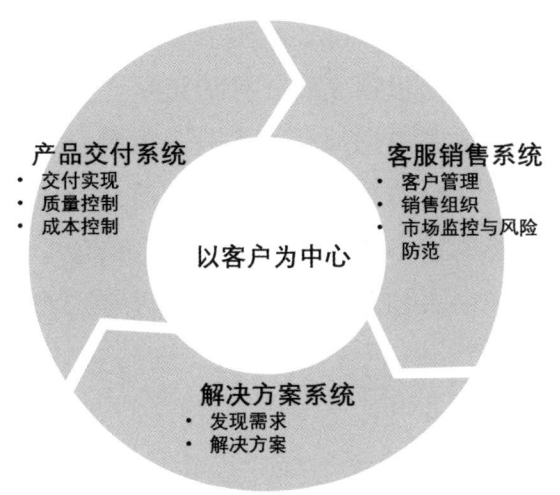

图 1-7 以客户为中心的业务系统

户实现目标或满足需求,对客户群解决方案的业务目标负责。通过客户沟通,需求洞察,挖掘机会点,形成相应的产品和服务,促进市场突破;理解和管理客户需求,制订客户化解决方案,提供相应产品或服务;组织制订客户化的解决方案并推广,保障解决方案的竞争力;在与客户对话中,提供技术层面支持,创造客户价值,获得客户信任。

(2)产品交付功能系统。负责产品的交付服务,为产品的销售工作提供支持,对交付服务客户满意度负责,对交付服务的经营指标负责,负责搭建交付侧客户关系平台,确保各项经营业务的落地。作为交付管理客户满意度的责任人,为客户提供及时、准确、优质、低成本的交付,对产品的交付满意度承担第一责任;作为交付经营目标的责任人,对项目交付经营目标(成本、效率、质量等)负责;作为交付项目管理者,对交付产品的使用监控以及客户使用满意度负责;作为交付资源管理者,负责产品交付资源管理,承担业务量预测和交付资源需求预测、规划、调配等交付资源的日常管理业务。

(3)客服销售功能系统。负责直接面向客户,沟通、传递并满足客户需求。它是业务系统的核心,也是价值驱动机制的组织者,是流程运作的责任主体,对客户的经营结果(规模、增长、盈利、现金流)负责。

作为客户群规划的制定和执行者，负责将客户的价值教育形成价值认可，实现客户价值与产品和场景的匹配，促进客户更加便利地获得产品，保持客户关系的黏性实现持续的价值变现；作为销售工作的领导者，组建销售团队，制定目标和策略，并贯彻执行；作为全流程交易质量的责任者，需要负责市场机会识别、客户群风险识别、合同签订质量把关、合同履行质量监控、收入和回款等工作；作为客户关系平台的建立和管理者，需要负责客户关系规划、客户关系拓展、客户关系管理等工作。

4. 以客户为中心的管理机制

在管理机制的设计上，始终围绕"以客户为中心"展开，在组织设计、资源配置、绩效评价等基本运行方面体现客户价值创造的核心理念，并以此为基础开展组织建设、员工评价和行为培养，使其成为组织运营的基因指导营运的开展。

（1）树立为客户创造价值的评价导向，持续完善顶层设计及组织架构。公司经营工作的导向是为客户创造价值，所有经营工作的展开都围绕客户价值的创造展开，且贯穿于企业从顶层战略设计到基础组织架构的建设，使其符合文化价值取向、满足客户经营的需要，并将其作为评价组织存在意义的根本标准。

（2）针对性地调整资源配置和绩效管理，满足组织发展需求。建立导向明晰，以客户价值创造评估为基础的资源分配及绩效管理机制。根据评价结果采取针对性的资本配置，形成对系统运行的有效支撑；放宽机制限制，鼓励整合内外部资源，加大激励力度，通过压力、动力和活力建设，提升人员产出成效。

（3）合理授权和内部控制的平衡，保障企业经营的持续稳定。开展充分合理的授权，减少沟通决策的时间成本，以提升企业经营的效率，同时通过合理的内控以解决营运流程贯通中的风险控制问题，保障企业的基业长青。

（4）加强企业文化建设配套，使客户价值创造成为组织基因。马应龙以"马应龙大学"为培养基地，将客户价值创造融入员工培训、团队建设的方方面面，促使这一理念深入每个具体工作之中，成为组织行为的基因，实现从理念到行为习惯的贯彻。

1.3 客户经营系统的架构

1.3.1 客户经营系统的构建逻辑

马应龙多年的实践经验表明，始终坚持"以客户为中心"的经营理念是一条正确的道路。在充满竞争的市场中，通过客户经营系统的运行，构建在客户内心世界的独特地位，获得了客户的认可和忠诚，带领公司走出了数次经济危机，取得了肛肠领域的比较优势地位。目前，马应龙由单纯的"药品制造商"向"肛肠健康方案提供商"转变，聚焦药品经营、诊疗技术、医疗服务，并向大健康领域延伸，其目的就是为满足患者多层次的需求（产品、服务、体验、关系、成功），实现"以客户为中心"理念的进一步升华与落实。具体如图1-8所示。

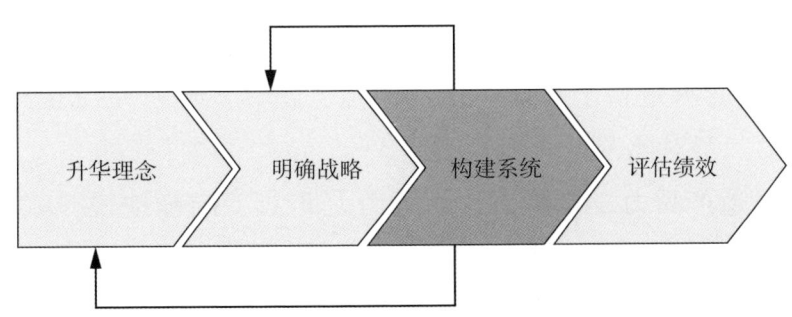

图1-8　客户经营系统构建的逻辑框架

在客户经营中，竞争优势是通过对客户的影响持续实现价值的转换，这个影响主要表现为以充分满足客户需求的产品力为基础，以高效提供客户价值满足的营销力为手段，以最终形成客户内心独特地位的品牌力为目标的三力集成，这构成了马应龙"客户经营系统"的基本结构。在多年实践的基础上，马应龙对客户经营系统进行了不断的优化和完善，逐步形成现有的系统架构，如图1-9所示。

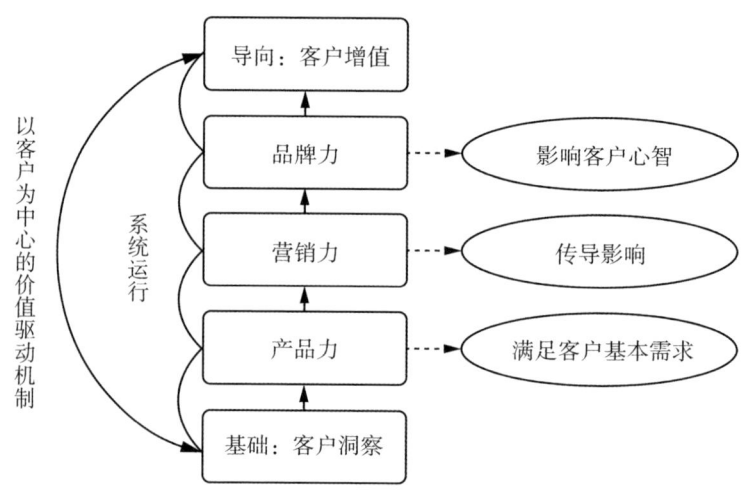

图1-9　客户经营系统的系统架构

（1）发现需求是前提。对客户进行深入调查研究，是客户经营系统运行的必要前提条件，也是贯穿于产品力系统、营销力系统、品牌力系统全过程的线索和行动依据。在客户经营系统中，客户调研主要是更深入了解目标客户、更深入了解市场结果、更深入了解竞争态势，统称为"三了解"。发现需求是整个营运系统的起点，是客户经营系统运行的基础，本书将在第二章对此进行详细的阐述。

（2）打造产品力、营销力、品牌力是重点。准确地说，就是客户经营系统通过建设具有主体性、系统性的运行机制，去打造产品力、营销力、品牌力。其中产品力是影响客户的基础，营销力是影响客户的手段，品牌力是影响客户的目标。

（3）客户增值是导向。发现客户需求甚至创建客户需求，满足客户需求，实现客户价值增值，是客户经营系统运行的根本导向，也是贯穿于产品力系统、营销力系统、品牌力系统全过程的行动准则。在客户经营系统中，客户增值主要表现为对产品力、营销力、品牌力的绩效评估和升级牵引。

（4）提高"三力"效应是系统运行的根本目标。"力"即压强，强调的是单位面积上的有效压力,因此"三力"同时要求系统运行的效力和精准性。一方面致力于通过"三力"系统的运行,不断提高产品力、营销力和品牌力的效力,另一方面也要求三力作用的精准,必须直接作用到客户,通过以客户为中心的价值驱动机制,让运行流程和管理机制都导向客户,引导和实现精准三力。

1.3.2 客户经营的三力

产品力、营销力、品牌力是客户经营系统中具有主体性、系统性的运行机制,合称为客户经营的三力价值创造。产品力、营销力、品牌力的作用对象均为客户,即是马应龙所提供的各类产品和服务的最终消费者。

产品力作用于为客户提供的产品或服务上,强化有形产品或无形服务对于客户使用需求的满足,是经营活动的基础;营销力致力于提升传导影响,通过营销服务和促销活动,强化对客户购买的影响力,是企业达成经营目标的手段;品牌力则是影响客户的心智,通过品牌传导直接作用于客户心智,引导或挖掘客户的消费潜力,在客户心中实现"马应龙"品牌长效反馈是终极目标。

客户经营系统的构建就是通过系统运作,形成组织合力,不断提升产品力、营销力和品牌力对客户的影响程度,也就是通过组织运行,针对性地提高"力"的作用和压强。

1. 产品力系统

根据产品的三层次理论,产品一般是由核心产品、形式产品、附加产品三层次组成。产品的使用价值,即满足客户需求的产品基本效用,是产品最基本和最实质性的内容,也是构建产品力的基石。一个产品的产品力凝聚着目标客户对核心产品的满意程度、对形式产品的认可程度、产品给目标客户带来附加值时的惊喜程度的相关程度属性。产品力便强调通过对产品这三个层次进行施力,从而获得产品力的整体提升,满足客户需求。

产品力系统是以构建强化产品力为内容的系统化、模块化、流程化、工具化的运作体系。在明确产品力内涵、经营目标、经营原则的基础上，细化产品力的经营内容，通过发现需求、解决方案、交付实现作为主线，以品质管理、精益管理、成本管控作为支撑来促进产品力的提升。产品力系统架构如图1-10所示。

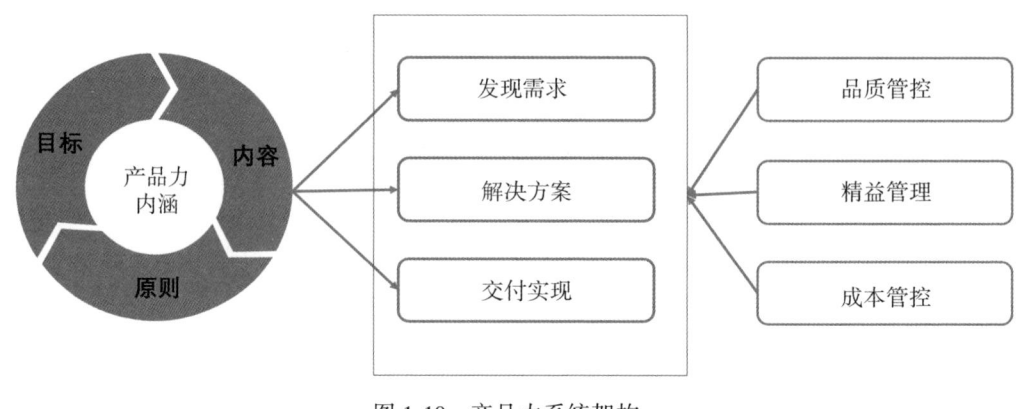

图1-10　产品力系统架构

（1）发现需求。通过深入的客户洞察和市场研究，发现客户的需求，这主要涉及两个环节，一个是获取有关客户需求的信息，另一个是将所获取的客户需求信息进行系统化组织，加以分析并发布。客户需求信息可通过市场调研、流行病学调查、信息监测等多手段、多途径获取，但不管是基于流调获得的信息也好，还是从马应龙多年市场营销经验中积累的信息也罢，大多呈现无序状态，若想将这些信息加工运用，就要进行系统化组织，将客户需求较有条理地表达出来。

（2）解决方案。是将发现需求环节获取的客户信息予以解剖、分析、重新排列组合，将客户需求信息转化为阐述清晰、易于理解、可操作性强的供给要求，通过整合肛肠领域全产业链资源，打造经营联合体，向上组织供应链，积极构建经营联盟；向下链接客户端，快速响应客户需求，通过与其他各环节的相关配合，转化为最终的产品、服务或相互交织的组合以满足客户需求。

（3）交付实现。是将产品（服务）从组织原材料进行生产到将成品（服务）交付至客户的整个流程。结合公司实际，主要涉及两个部分：内部交付和外部交付。内部交付强调在公司内部开展的生产管理、车间管理、物资保障、设备工程管理、产研销事务管理、物流配送管理或医疗服务等活动；外部交付则是在公司外部组织的一系列生产运作与管理活动；两者共同作用实现及时、准确、优质、低成本的产品（服务），然后通过"运输"环节，将"产品（服务）价值"最终交付到客户手中为止的全过程。

（4）品质管理。强调以"质量"为中心，以全员参与为基础，通过让客户满意而达到长期成功的管理途径。在产品力系统框架下，主要是全产业链流程的质量管控，包括但不限于药品等开发阶段技术质量管理、供应商管理、原材料采购质量管理、生产过程质量管理、销售环节质量管理等，同时辅以质量信息监测与沟通机制，高度重视员工与客户反馈的有关各环节质量信息，不断提升产品（服务）质量。

（5）精益管理。企业的竞争优势的取得不仅在于市场的获取，也有赖于精细化的操作，降低损耗实现，实现资源投入产出的提升。通过精益管理的推行，从根本上消除浪费，促使资源投入与产出比例相匹配，优化控制经营成本，协助产品、服务品质管理，提升交付的效率，增强自身的竞争实力，寻求最佳的方案向客户提供最有价值的产品。

（6）成本管控。产品的竞争，特别是产品高度同质化在很大程度上是对企业成本控制能力的考验。通过全面分析成本动因，优化整合供应链，提升内部效率，提高产出价值，实现成本管理与预算管理的深度结合，有效地应对外部成本压力，确保既定品质下成本的最优。

2. 营销力系统

企业营销是准确地获取市场有关信息，敏锐地判断市场发展趋势，制定正确的市场战略，准确定位目标市场，并对企业产品组织实施适当、有效的营销组合策略，从而与消费者顺利达成交易并将产品及时送达的过程。营销力是在这一过程中，强调通过系列营销活动对客户产生影响力和促进产品价值转化的能力。营销力系统的运行就是促进营销力持续发挥作用，并提升其影响和作用力的过程。

营销力系统是以构建强化营销力为内容的系统化、模块化、流程化、工具化的运作体系。在明确营销力内涵、经营目标、经营原则的基础之上,细化营销力的经营内容,并通过客户管理、销售管理、网络管理、市场监察与风险管控四个方面,促进营销力的持续提升。营销力系统架构如图 1-11 所示。

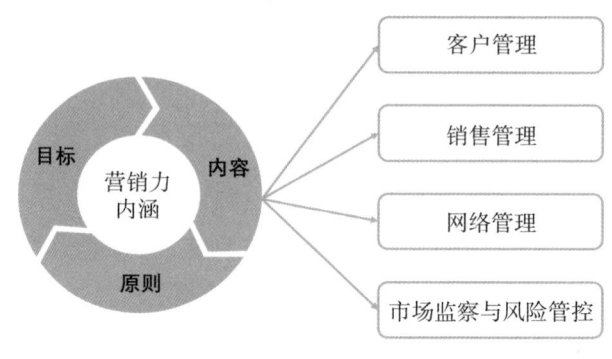

图 1-11　营销力系统架构

（1）客户管理。本质是对"人"的管理和维护。营销最根本的目标就是促使价值客户实现重复的购买行为,以实现价值的持续转换。通过识别有效的价值客户,运用价值体验、客户关怀、需求响应等在内的系列手段,综合提升其对公司的满意度、美誉度、依赖度,实现与客户从产品需求到情感需求的升华,牢牢占据其内心世界,维持与其良好的纽带联系,最终促使其购买行为的重复发生。

（2）销售管理。本质是对"货"的组织和传递。是公司以客户需求为出发点,进行人、货、场的合理配置,将满足客户需要的产品进行合理的组合,以达成交易为中心,根据市场规则结合合作伙伴客户特点制定市场营销策略、确定营销举措,进行合理有效的资源配置,构建营销网络管理及市场开发机制,并在执行力文化的牵引下将价值传递给目标客户,为客户提供任何时间、任何地点、任何方式,并且体验一致的需求解决方案。

（3）网络管理。本质是对"场"的设置和建造。网络管理,就是要

"全渠道布局、分类侧重",将线下和线上相结合,将零售到医疗相结合,将药店渠道到 CS 渠道相结合,将不同的产品组合置于合适的终端场景之中,不仅使客户能够按照自身意愿选择网络获取产品,并使客户能够在理想的场景中获得满意的体验。

(4)市场监察与风险控制。是公司通过运用系统化和规范化的方法,对营销系统各单元内部控制及风险管理的有效性、财务信息的真实性和完整性、市场各项行为的规范性以及资源使用的效率、效果等进行独立、客观的审查、核实和评价,揭示与查处存在的问题,促使营销系统不断改进和提升,形成营销系统闭环。

3. 品牌力系统

企业经营最终落脚在品牌的经营。在一些领域,说出某个品牌往往就联想到某个领域,我们几乎可以自豪地说"马应龙"等于"痔疮药",这是品牌经营形成的品牌力。在品牌经营中,品牌力是一个品牌在长期的成长过程中形成的,是一个品牌的知名度、美誉度和市场影响力的外在显示,代表一个品牌被客户自然接受的程度,或一个品牌的市场占有率,体现了一个品牌的价值。对于马应龙而言,传承与创新是其品牌经营的内涵,也是其品牌经营的最终目标。

围绕"传承与创新"这一核心内涵,马应龙构建了系统化、模块化、流程化、工具化的运作体系,谓之为"品牌力系统",希望通过系统化的品牌力建设,强化品牌力效应,去促使品牌的知名度、美誉度、联想度和忠诚度能够得到持续提升,占据目标消费者的内心世界独特而有价值的位置,确立在目标消费者心智中第一品牌。马应龙品牌力系统的建设主要围绕四个功能模板展开,分别是品牌创建、品牌执行、品牌评估与监管、品牌提升。具体如图 1-12 所示。

(1)品牌创建。企业要实现品牌的持续经营,首要是对品牌进行定位和规划,制定品牌发展战略。通过对马应龙品牌发展历史的是梳理,阐释马应龙对品牌定位维度和工具的理解与运用,以及马应龙品牌发展战略规划的研究与探讨。

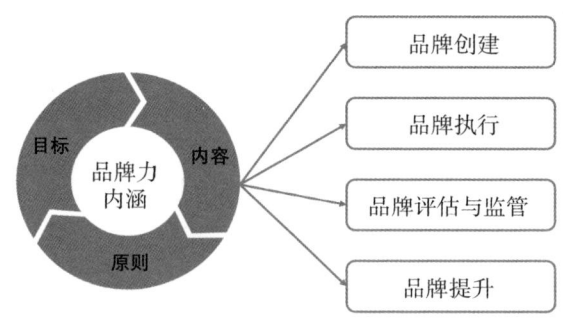

图 1-12　品牌力系统架构

（2）品牌执行。是对品牌识别符号进行设计，通过对品牌元素的组合与匹配，执行品牌营销活动，包括对品牌策划、传播等一些执行行为去提升品牌的认知率，充分表达企业品牌的价值述求，从而吸引匹配的价值客户。同时在执行的过程注重对品牌危机的处置与转化。

（3）品牌评估与监管。通过对品牌资产的来源进行全面审查，深入了解品牌的健康状况，提出改进和优化措施；对品牌价值组成进行综合分析以利于发现获取提升品牌价值的要素；监测品牌使用的合规性，建设系统性的保护屏障，防范品牌资产可能面临的危机。

（4）品牌提升。系统梳理品牌资产状况，对品牌资产进行定性与定量相结合的评估，从多个维度进行补充发展，形成对品牌资产运作的指引，全面提升品牌的价值。

1.3.3　客户增值引导三力建设

客户经营系统始终遵循"以客户为中心"的理念，最终目的是要实现客户增值，从而实现企业价值增值，这就需要明确客户价值的内容和来源。目前普遍观点认为，客户价值是客户对特定使用情景下影响实现自己目标和目的的产品属性，这些属性的实效以及使用的结果所感知的偏好与评价。该观点强调其来源于客户通过学习得到的感知、偏好和评价，并将产品、使用情景和潜在的客户所经历的相关结果相联系，它呈现出以下特征。

（1）主观性和个体性。客户价值具有强烈的主观性，因为客户价值并不是产品和服务本身固有的，而是由客户主观感知的，是客户心中的价值，是与产品、服务、品牌是否符合客户的需求紧密联系在一起的。这种主观性也同时体现为个体性，即客户价值因人而异，对一个人来说有价值的东西对另一个人并不意味着有价值。因为客户价值具有主观性和个体性，为了透彻理解客户价值，就必须要考察客户价值链，并对客户的价值期望和感知进行深入和全面的探查。因为只有确定了客户从企业的提供物中实际寻找的价值，企业才能把握向客户传递利益的起点。

（2）情景依赖性。客户价值是基于特定情景的，在不同的情景下，客户的个人偏好和对价值的评价会有显著差异。即使是同一客户也可能在不同的情景中对同一产品进行不同的评价，即客户价值与产品的特定使用情景具有高度相关性。如当就诊患者正饱受肛肠疾病折磨时，马应龙肛肠医院能为其提供周到的服务、专业的诊断以及有效的治疗，那就会产生较高的感知价值。这也是在公司体系内大力推行体验式营销的意义所在。

（3）层次性。客户价值的实现来自于需求得到满足，客户需求有五个层次，分别是产品需求、服务需求、体验需求、关系需求、成功需求。其中以满足产品需求为主的客户更为看重产品的质量与价格；追求服务需求的客户不再仅仅关注产品，同时还关注产品的售后服务，技术支持以及优秀的解决方案；强调体验需求客户希望事先对产品做一番"体验"，如使用、品尝等，体验记忆会长久保存在客户大脑中，客户愿意为体验付费，前提是体验感觉愉快、富有成效；追求关系需求的客户更为看重在一系列购买活动中拥有的社会关系网；成功需求是客户追求的最高级的需求。

（4）相对性。一种产品或服务的价值只有通过同一个客户比较另一种产品或服务的价值作为参考，客户价值不是仅局限于自身的感知，而是把对企业提供的价值感知与竞争对手的相关价值提供物进行比较，从而作出价值判断。

客户增值的实质内容是发掘客户需求甚至创建客户需求，引领需求走向，感知技术和市场的机会变化，满足客户需求，实现客户价值增值。客户增值的意义在于，它是客户经营系统运行的根本导向，也是贯穿于产品力系统、营销力系统、品牌力系统全过程的行动准则。在客户经营系统中，客户增值主要表现为对产品力系统、营销力系统、品牌力系统的绩效评估和升级牵引，只有明确客户增值这个根本导向，才能引导、推动、促进产品力系统、营销力系统、品牌力不断递进升级。

马应龙所倡导的客户增值的基本方法如图1-13所示。

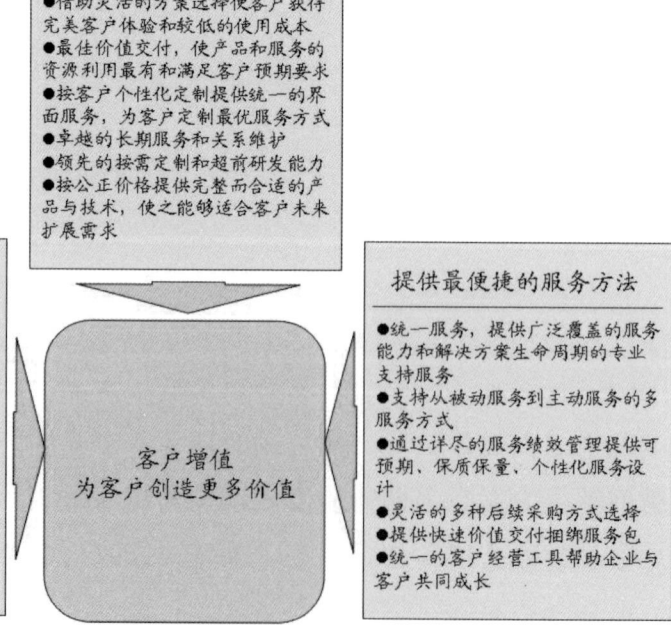

图1-13　客户增值的基本方法

马应龙客户增值导向对产品力、营销力、品牌力的牵引作用如图1-14所示。

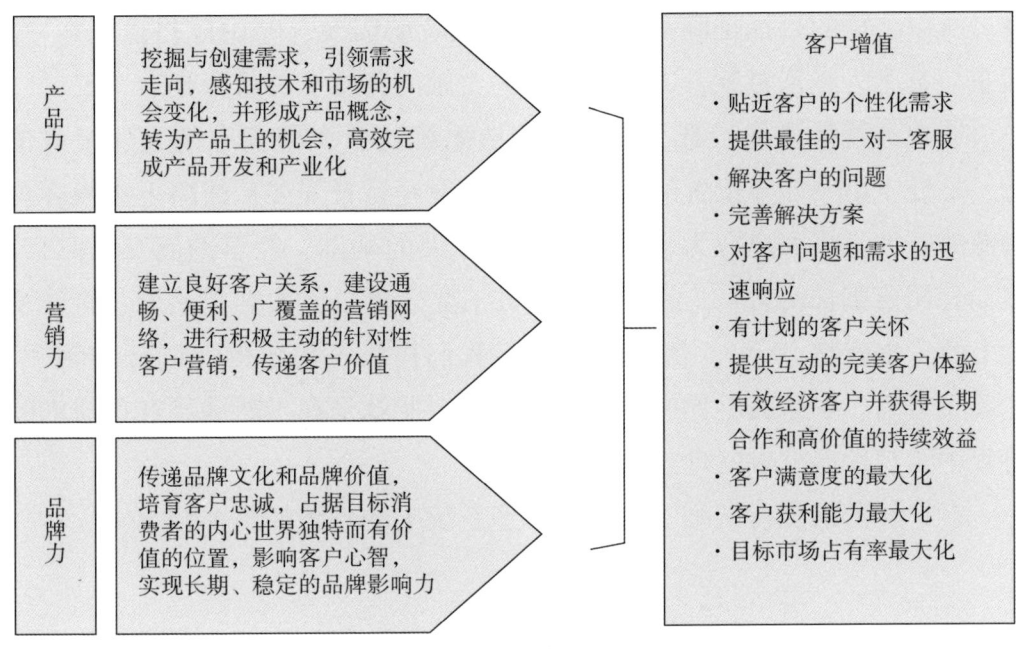

图 1-14 客户增值导向的牵引作用

1.4 客户经营系统的意义

构建客户经营系统,并不断地创新、优化,与时俱进加以完善,是对马应龙多年来企业经营管理实践的总结和提炼,是从经营机制的高度对具体经营行为的梳理和提升,也是对未来经营活动的思考和规划。

客户经营系统,是马应龙三维三力价值创造系统的重要组成部分,是一个以系统化为主线不断模块化、流程化、工具化的管理体系,是马应四个创造经营宗旨和品牌经营战略深化实施的承接载体,是马应龙商业模式升级的具体表达。

1.4.1 三维三力价值创造系统的重要支柱

在马应龙的经营过程中,倡导高度重视多元利益相关者的利益及需求满足。只有满足更多的利益相关者,才能为企业营造更和谐的经营环境,整合更丰富的经营资源，创造更丰厚的利润回报，促进更均衡的价值实现。所以公司的目标是满足多方利益相关者的需要，并由此打造以客户、股东、员工为经营对象，以方针管理为主轴的三维三力价值创造系统。

客户经营系统是三维三力价值创造系统这个大架构中的重要组成部分，是处于第一前导位置的重要支柱。企业经营首先要从战略上重视客户资源的开发，将客户视为马应龙生存与发展的基础，经营的起点与归宿。正如公司董事长所言："企业和每个员工要知道自己的客户是谁，将其视为上帝，也就是'天'。美丽的蓝天为我们提供了想象的空间任你翱翔，能够飞多高、多远就看你的本事和能耐。企业就是在不断满足客户需求的过程中实现发展、成就理想的。"

客户经营系统在三维三力价值创造系统中的位置如图1-15所示。

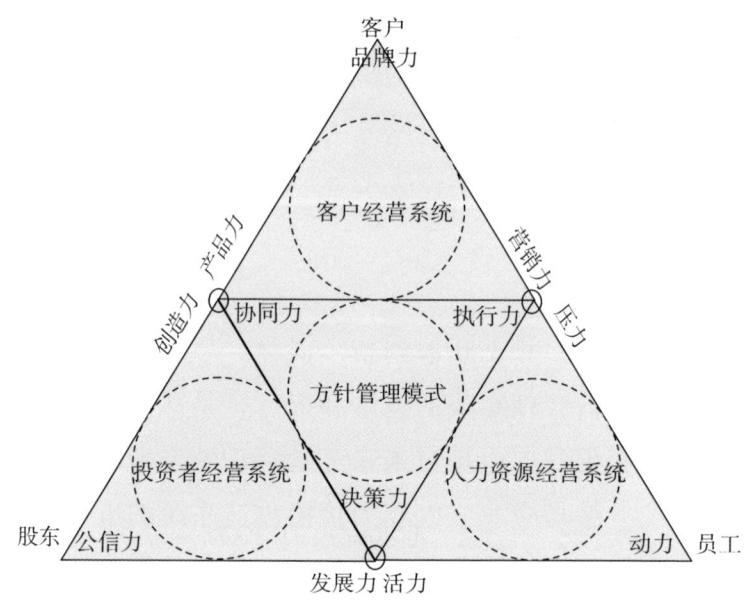

图1-15　三维三力价值创造系统平面展开图

1.4.2　模块化、流程化、工具化的管理体系

从经营实务角度看，客户经营系统主要包括三个模块：产品力系统、

营销力系统、品牌力系统，是对客户经营理念、品牌经营战略进行具体、细化、落实的产物，是将理念、战略在经营行为层面不断系统化的过程。在一般意义上讲，系统化的延伸方法主要为模块化、流程化、工具化。所谓模块化，即是将经营事项相对固化，逐步优化，纳入常态化运行轨道。所谓流程化，即是在模块化的基础之上进一步明确经营事项的处理程序，明确涉事相关的工作岗位及其权责，明确涉事相关的工作原则及策略，形成运行机制。所谓工具化，即是将经营事项的处理方法、判断依据、绩效评估标准提炼为具备通用意义的工具，然后广泛推广应用。系统化的一般方式如图1-16所示。

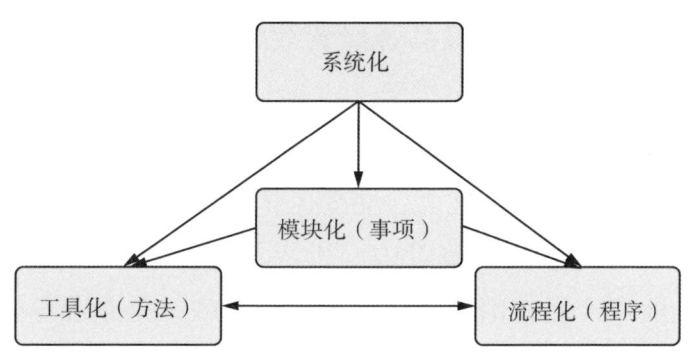

图 1-16　系统化的一般方式

1.4.3　深化品牌经营战略的承接载体

1996年公司正式恢复使用"马应龙"商号，企业名称由武汉市第三制药厂变更为武汉马应龙药业股份有限公司，同年荣获国家国内贸易部认定的中华老字号资质，标志着马应龙正式启动品牌经营战略并进入自发探索阶段。2002年在董事长的直接指导下，公司根据多年品牌经营的实践总结和战略前瞻，系统制定《品牌经营战略纲要》并全面实施，确立了"经营品牌即是经营目标客户的内心世界"这一核心理念，标志着马应龙品牌经营战略进入自觉的体系化阶段。随着品牌经营战略实施的不断深化，公司的经营管理架构逐步从传统的平面化的产业经营立体升华为以客户、股东、员工为经营对象的三维三力价值创造系统，2010年在公司董事长的亲自组织下，经过较为系统的检讨总结、梳理整合，编撰了三维三力价值创造系统的系列文本，标志着马应龙品牌经营战略进入相对成熟的立体化阶段。2016年，公司正式对外宣布由"药品制造商"向"肛肠健康方案提供商"的战略转型，这标志着以客户为中心的内涵不断丰富和深入。可以说，三维三力价值创造系统是马应龙不断深化实施品牌经营战略的产物，而客户经营系统即是三维三力价值创造系统的重要支柱之一。

从马应龙品牌实践的角度来看，品牌经营是迄今为止客户经营的最高形态，它不应该是脱离产业经营基础之外的跳跃演化，而应该是在产业经营基础之上的递进升华。由此而论，客户经营系统应当是产品力、营销力、品牌力的三力集成。实施品牌经营战略，就要以客户为中心配置资源，打造市场细分中的差异化优势，占据目标客户内心世界的有利位置，成为消费者的首要选择。在信息泛滥、商品充斥的年代，消费者很难从性能、质量上评估商品的好坏优劣，主要是依据内心的品牌地位作出消费抉择。品牌已成为企业通向消费者内心世界的通道和打开客户心扉的敲门砖。品牌是企业和产品在消费者内心的综合反映，是企业竞争的焦点，战场就是消费者的内心世界。企业和每一个员工要为打造和维护品牌而努力。从此意义上讲，客户经营系统就是在品牌经营战略指导下不断完善的运行体系，它实际承载了品牌经营战略向下沉降落实、向前突破创新、向外延伸扩张的经营任务。

客户经营系统与品牌经营战略的关系如图1-17所示。

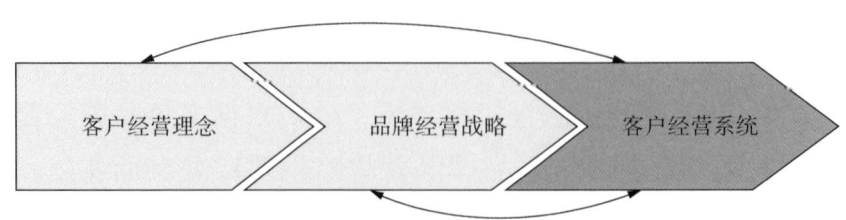

图1-17　客户经营系统与品牌经营战略关系图

2 产品力系统

产品力系统是客户经营系统的基础和起点,是以产品力的构建为内容的系统化、模块化、工具化的运作体系。它以系统化的思维从对产品力构成要素的认识着手,通过对产品力经营内容的分析,逐步深化到从系统的角度研究产品定位、质量保障、研发创新、成本控制的体制、机制和方法,最终通过对于整个系统的建设和维护促进产品力的提升。

2.1 产品力概述

产品包括有形的商品、无形的服务、组织、观念或它们的组合,产品因能满足某种需求而具有了一定的价值。消费者购买产品就是为了获取价值,而产品力正是通过产品的价值得以体现。产品力是产品满足客户需求的程度,是产品价值的进一步体现,其凝聚着客户对产品相关属性的反应程度,是产品的核心价值所在。

2.1.1 产品力的含义

产品的根本属性是满足需求,而需求是个体在实际状态与期望状态不一致时产生的改善需要的一种心理愿望,产品与需求之间存在着一一对应的关系,客户能通过购买某产品来获得某方面需求的满足,这种"一一对应的程度",即产品满足客户需求的程度称之为产品力,其对应的程度越高,产品力越强。

整体产品由三个层次组成,即核心产品、形式产品、附加产品。核心产品指产品的使用价值,即满足客户需求的产品基本效用,是产品最基本和最实质性的内容，也是客户需求的中心内容。形式产品是指产品呈现在市场上的全部外部特征，即呈现在市场上的产品的具体形态或外在表现形式，主要包括产品的款式、质量、特色、品牌、包装等，不同的产品形式能够满足同类消费者的不同要求。附加产品是指顾客因购买产品所得到的全部附加服务与利益，包括保证、咨询、送货、安装、维修等，这是产品概念的延伸或附加，它能够给顾客带来更多的利益和更大的满足。

从以上的表述，不难看出一个产品的产品力凝聚着目标客户对产品核心属性的满意程度、对产品存在形式的认可程度、产品给目标客户带来附加值时的惊喜程度的相关程度属性，是企业呼应消费者物质或精神需求的表现形式。在此基础上得出这样的公式：

产品力=（顾客对产品核心属性的满意程度+顾客对产品存在形式的认可程度+产品给目标客户带来附加值时的惊喜程度）×模仿难度

作为涵盖医药工业、医院诊疗、医药流通、大健康四大业务板块，并以构建肛肠健康方案提供商为战略目标的企业，马应龙着力打造基于药品、医疗器械、保健食品/食品、其他大健康产品、医疗服务等产品的核心竞争力，以有效性、安全性、便利性、经济性、合规性为出发点，参与客户全病程健康管理，并不断完善全病程管理信息库，以协助进行医疗行为、服务过程的实施和质量监控，达成经济效益改善、人民健康提升与整体医疗产业的创新进步。

2.1.2 产品力经营目标

产品力经营目标就是要提高产品满足消费者需求的程度，为客户创造价值，进而巩固提升企业实现转换价值能力。产品力的经营目标要符合公司客户经营、品牌战略的整体规划和既定方向，通过产品力系统的运营，实现有效性、安全性、便利性、经济性、合规性的价值创造目标，促进公司战略目标的实现和核心竞争力的构建。

（1）有效性。公司生产的药品、化妆品以及提供的医疗服务，必须"对症下药"，能够达到标称的疗效，解决消费者生理或心理上的问题。

（2）安全性。公司的产品从工艺配方设计，到设备配备、物料采购、生产制造、质量监控，再到最终临床应用，都必须保证客户的使用安全。

（3）便利性。公司提供给客户的产品，应该是便利的，能够使客户最为简洁、明了地知晓使用方式，并简单、安全地进行使用。

（4）经济性。公司提供给客户的产品，应能使客户在进行综合衡量后，感觉到物有所值，性价比高。

（5）合规性。公司涉足的领域具有高规范性要求，在经营的各个环节均要注重规范性的满足，确保企业经营持续良性地展开。

产品力系统就是将产品从最初发现需求变为实际产品交付的运营过程，通过这一过程的实施促使企业资源增值。持续实现产品力系统价值创造的目标，它的运行要符合以下基本原则的要求。

（1）要符合需求与价值主张原则。这就意味着公司所有的产品推出的前提是对客户需求的深刻洞察，在需求满足的基础上，设计出具备马应龙独特性的品种去满足客户多样化的需求。

（2）要符合优势与资源保障原则。市场是竞争的，产品的设计和生产必须要立足马应龙的定位，围绕自身优势资源展开，使产品能够从一出生就具备相对市场竞争优势。

（3）要符合效率与运营组织原则。产品必须要满足市场时效性的需求，这就要求所有产品组织单位必须能够高效地运行，将需求从发现到满足的时间压缩到最短，保证能够抓住"风口"。

（4）要符合增值与价值创造原则。企业的经营最终是要盈利，产品力系统的运行必须要实现其经济性，要能够通过生产的转化实现资源的增值，为企业创造价值。

2.1.3 产品力系统主要结构

产品力系统的基本结构主要包括发现需求、解决方案、交付实现三大功能，以及品质管理、精益管理、成本管控三个支持。

（1）发现需求是指通过各种渠道、平台、反馈收集客户需求信息并整理分析。对大量的客户需求，经过"去粗取精、去伪存真、由此及彼、由表及里"的归纳、分析、综合，总结出需求解决方案并定期予以发布，以便能够准确把握需求，为方案设计提供准确的市场信息。

（2）解决方案是指针对需求信息解决方案与需求信息发布的具体内容，通过不同途径引进、获取产品，构建分布于全产业链的产品体系，实现产品、服务资源的优化整合，帮助客户实现需求满足。它与发现需求一并构成马应龙解决方案功能系统。

（3）交付实现是指以确定的产品解决方案为载体，以汇总的需求量及时间要求为准则，满足交付需求，是产品交付功能系统的核心。

（4）品质管理是指以产品质量为中心，以全员参与为基础，通过使客户满意而达到长期成功的管理途径。

（5）精益管理是通过去除企业经营管理中的浪费，从而推动实现资源利用的集约，提升产出交付的效率，进而推动整体经营品质的提升。

（6）成本管控是通过供应链的整合，以及自身工艺技术水平的提高，实现产品成本的最优，提升产出的效能。产品力系统功能如图2-1所示。

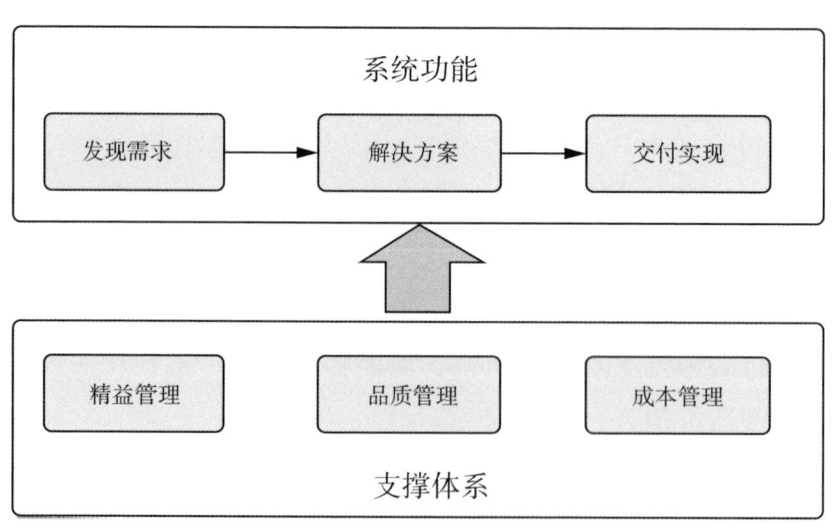

图2-1　产品力系统功能

1. 发现需求的主要内容及框架

发现需求是通过流行病学调查、体验式营销、网络收集、搭建全球信息系统等多种渠道、方式收集客户需求数据信息，建立全方位的客户信息收集体系，完善常态化市场调研机制，强化大数据量化分析，把握细分市场发展趋势和客户需求变化，从深层次去理解客户需求，并以更为深度的方式让客户获得最专业、最有效的解决方案。发现需求架构如图 2-2 所示。

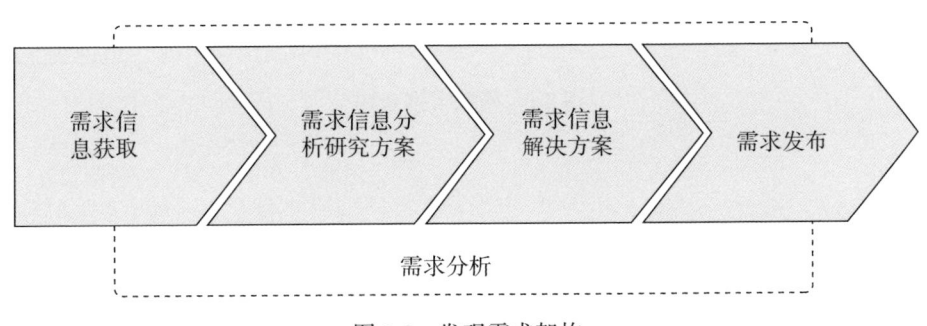

图 2-2　发现需求架构

2. 解决方案的主要内容及框架

解决方案是在客户需求研究的基础上，通过全球资源的搜寻和合作，整合肛肠健康管理全产业链资源，打造经营联合体，向上组织供应链，积极构建经营联盟，向下链接客户端，快速响应客户需求，构建强有力的产品运营通路，发挥平台价值效应；借力互联网平台的资源聚集能力，加快产业变革和转型，促进全产业链的参与互动，构建商业生态链。解决方案架构如图 2-3 所示。

3. 交付实现的主要内容及框架

交付实现是建立必要的组织架构，明确定位、功能、职责、建设原则，并在此基础上整体计划和统筹，有效运行并持续改善；基于发现的需求，以对应确定的解决方案为载体，产品以客户实际需求、总需求量及时间要求为准则，通过不同途径的产品供给，实现客户需求的满足。交付实现架构如图 2-4 所示。

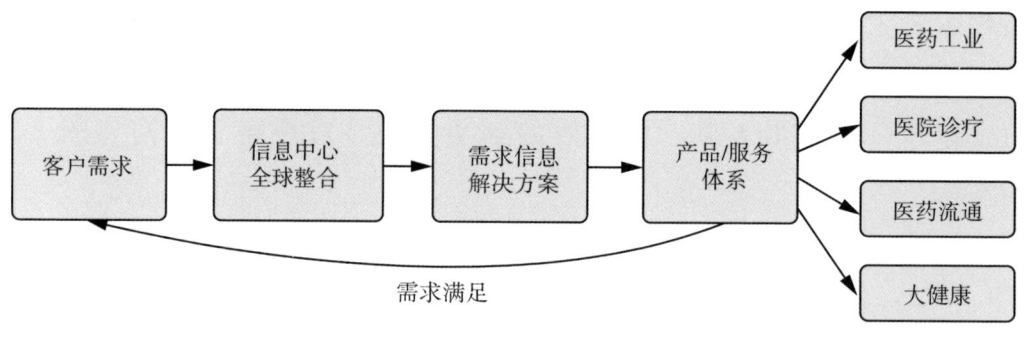

图 2-3 解决方案架构

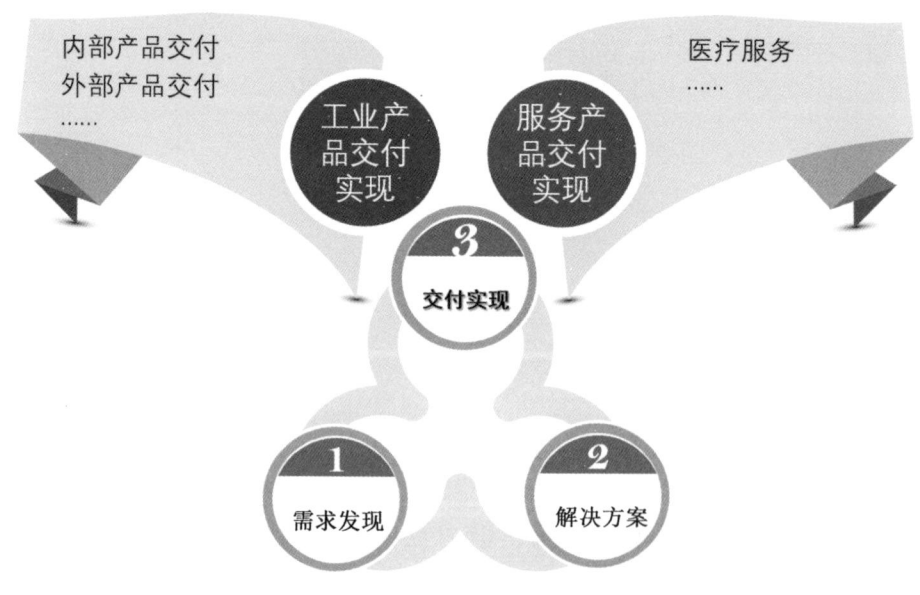

图 2-4 交付实现架构

4. 品质管理的主要内容及框架

品质管理是以"产品零缺陷、服务零缺陷、工作零缺陷"为目标，建立全员参与、覆盖公司全经营业务范围，由质量管理组织、品质文化教育、标准化实施、质量监督、品质改进、品质衡量、工艺管控、产品监测等部分构成的具有马应龙特色的品质保障体系，以防范质量安全风险，赢得和保持顾客和其他相关方的信任来实现企业的持续发展。品质管理的主要内容及框架如图 2-5 所示。

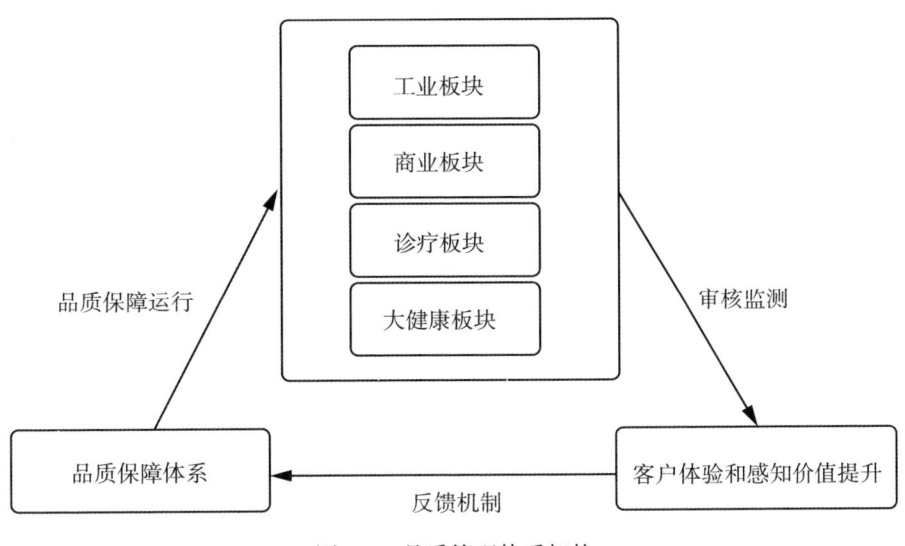

图 2-5　品质管理体系架构

5. 精益管理的主要内容及体系框架

马应龙的精益管理是在研究先进企业经验的基础上，制订适应自身属性需要的手段和方案，通过提升资源利用和工作开展效率，保持产品竞争的相对优势。精益管理通过对公司经营管理的流程进行全面的梳理和优化，重新设计和构建通道，促进企业经营更好地满足市场。精益管理的体系架构如图 2-6 所示。

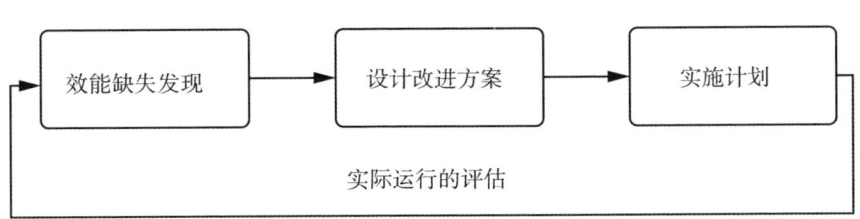

图 2-6　精益管理的体系架构

6. 成本管控的主要内容及体系框架

成本管控就是要结合内外部环境发展需求,突出资源增值的价值导向,通过全面分析成本形成要素,开展供应链整合,强化内控手段运营,实现成本管理与预算管理的深度结合,践行战略发展路径要求,优化资源配置,挖掘资源效能潜力,提升成本产出质量。成本管控的体系架构如图2-7所示。

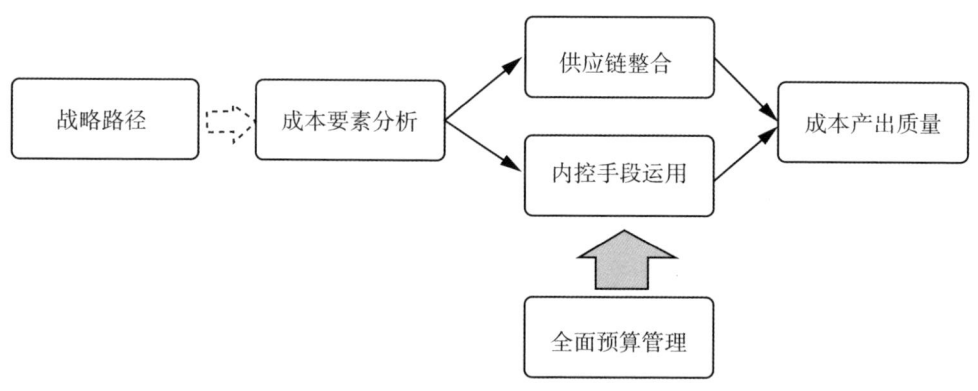

图 2-7 成本管控的体系架构

2.2 发现需求

发现需求是客户经营系统的起点,强调以客户需求为导向,以解决客户多样化、个性化需求目标,以肛肠及下消化道领域的核心品牌经营战略及大健康产业发展规划为核心,通过统筹利用公司内外部资源,开展多维度、全方位的信息收集和分析,发现客户需求和潜在需要,创新产品设计理念,快速地为客户从诊断、预防、治疗、康复及保养提供全方位的产品和服务资源,满足基于健康期、亚健康期、初病期、中病期、重病期、康复期全病程的健康方案需求。

2.2.1 需求信息收集

1. 需求信息收集分类

发现需求体系的运行，就是要向公司全面、真实地展示出客户的需求信息，但客户的需求往往是众多因素综合性影响的结果，这些信息并非由单一类型组成，而是包括了从宏观政策到微观网络的整体概况，这也意味着发现需求所需要掌控和了解的信息至少应包括表2-1所示的内容。

表2-1　　　　　　　　　　　　需求信息分类表

信息类别	主 要 内 容
宏观社会环境信息	现行政策、法规及行业主要情况
	社会经济状况，社会购买力、消费层次水平等
	社会群体主要文化水平、教育程度、宗教及相关社会意识形态状况
行业发展状况与趋势信息	主要领域技术水平状况及发展趋势
	主要竞争对手技术发展、产品更新及市场营销状况
	潜在替代品种、技术手段的发展及市场状况
内部技术情况信息	主要产品技术更新、功能扩充的可能性及经济性
	新产品技术所处阶段及同类竞品相关情况
	产品、技术上游服务商的更新及供应稳定性情况
	用户对产品使用的安全性、便利性等情况
消费者信息	不同背景消费者的消费偏好包括价格敏感度、消费场景偏好等情况
	产品促销手段刺激反应度情况
	消费者对公司产品（品牌）与竞争对手的对比情况
渠道信息	经销商（代理商）市场信息，产品售卖偏好与能力评估
	销售网络与新产品匹配度
	潜在网络的开发能力及能效评估

2. 需求信息收集机制

信息收集是一个持续不间断且涉及众多领域的工作，收集的目的是为了更好地为解决方案和营销工作的开展作铺垫。为了有效开展信息收集工作，公司形成了以健康研究院为主体，着眼打造更加完善的解决方案的产品需求信息收集机制，其主体结果如图 2-8 所示。

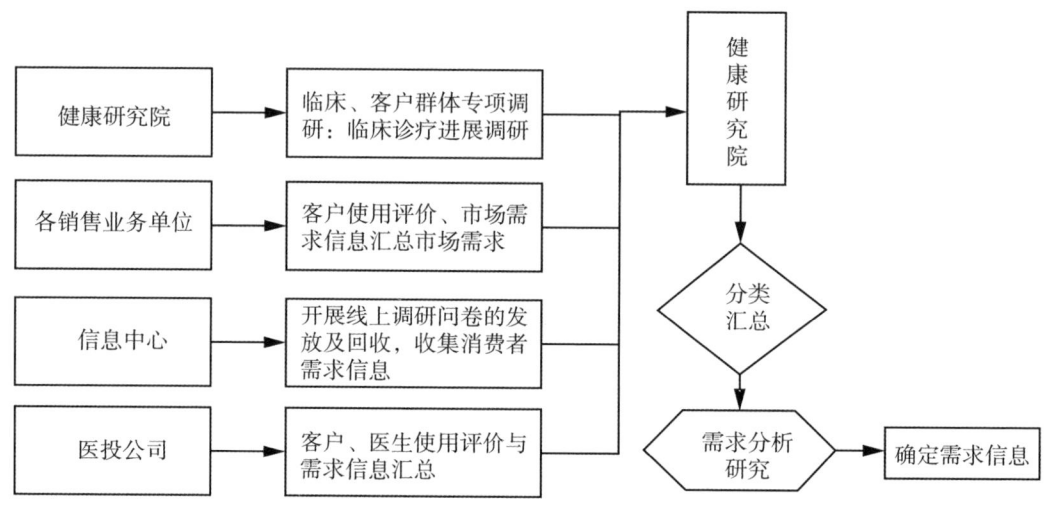

图 2-8　发现需求主要工作流程

客户需求信息收集的各个组成单位主要功能如下。

（1）健康研究院。是公司设立的"解决方案系统"的核心业务单位，以"发现有效需求，满足真实需要"为定位，负责统筹利用公司内外部资源来收集需求信息；通过与知名医药信息研究机构建立合作关系，动态监测全球肛肠健康产品和诊疗技术，及时掌握全球公司战略领域最新产品动态和相关疾病最新治疗手段。针对性开展专项调研，了解消费者对现有市场药品、医疗器械、护理品、食品等产品使用感受与不足；及时梳理医生、患者和潜在客户需求。在发现的基础上通过资源整合，引进、研发新产品、新技术，组合完善"肛肠健康供应方案"。

（2）信息中心。借助网络平台优势，通过综合性的调研手段运用，开展产品需求专项调研，收集消费者需求信息，并将结果反馈至健康研究院进行信息统计及分析，形成专项调研报告，为研究院研究工作的开展提供支持。

(3) 各销售业务单位。充分利用一线销售资源优势，通过与客户接触、参加各类商业互动，获取客户反馈信息和市场需求信息；针对性分析客户反馈信息和市场需求，关注市场发展趋势，深入开展市场调研。

(4) 医投公司。利用医院窗口优势，通过与就诊患者接触，收集患者需求信息；由医投公司收集医生反馈的产品/市场需求信息，包括公司现有产品的不足、不良反应、改良建议、临床或市场需求变化（包括疾病谱和临床诊治方案变化）、市场潜力品种等信息，为研究院整体方案设计提供参考。

2.2.2 需求信息分析

需求分析是将收集到的信息准确地进行处理变成研究机构的语言，指导研究工作的开展。马应龙健康研究院制订需求信息分析研究方案，对各类产品信息进行汇总、分析、总结与评价，组织相关部门召开需求分析研讨会，形成需求信息解决方案。通过现有产品的实际表现情况与最终用户体验，分析产品的优劣势，找到产品在市场上的表现情况及差异情况，从而在满足客户需求的目标中丰富公司产品结构。通过对客户接触、商业互动中收集的客户反馈和需求信息进行甄别，分析市场发展趋势，挖掘潜在的客户需求和进一步引导客户需求。

1. 需求信息分析研究

将收集的各类信息进行分类统计，进行针对性的市场调研，主要包括以下方面的内容。

(1) 疾病研究。

①疾病的流行病学研究。查阅国内外专业数据库，行业协会研究报告，明确该疾病的发病率及发病率趋势、易患人群及影响因素、地区分布等。

②明确该疾病的定义、症状及临床表现。通过文献资料查询以及向临床医生咨询，明确该疾病目前的主要症状及临床表现。

③明确该疾病的发病机理。查阅国内外专业研究资料，明确该疾病的发病机理。

④疾病的诊断和治疗。查阅国内外权威机构发布的该疾病的诊治指南，便于从整体上把握，目前该疾病主流的治疗方法。针对性地查找目前市场上对该疾病的治疗药物、健康产品或医疗服务，以及各治疗产品或服务的主要优缺点。

（2）市场研究。

①该疾病治疗产品及服务的总体市场状况。通过中国医药商业协会、米内网、药智网等多渠道的收集该疾病治疗产品及诊疗服务的总体市场概况和市场规模，以及发展趋势。

②重点治疗产品的市场份额分析。对该疾病重点治疗产品的销售数据进行收集和分析，明确该疾病领域产品的名称、价格、医保资质、市场份额及相关产品及诊疗服务的评价等，明确该市场的供求状况及存在的不足。

③该领域产品的研发状况。通过国家局网站、药智网、美国FDA官网、ClinicalTrials.gov等网站查询药物的在研、申报临床及注册情况。

④品类及延伸品类市场状况。以市场调研信息为基础，结合行业领先企业布局，围绕核心品种进行品类产品线，收集产品种类，评估市场状况。

（3）需求信息的提炼。

①对消费者需求信息进行分类统计分析，用图表形式罗列消费者不同领域的需求信息。

②结合消费者需求的分类分析以及针对性的市场调研，总结公司现有产品存在的不足和改进方向，并预测有市场需求的领域。

2. 需求信息处理

健康研究院将会根据信息分析的结构，发布需求分析结论并组织召开需求分析研讨会，形成需求信息的处置方案。

健康研究院各业务单元根据发布的需求分析结论，分别调研所属领域相关内容并制备文件资料参加需求分析研讨会，这些研究内容包括但不限于如下内容：①信息库中是否有合适的产品满足需求。②如有合适的产品，获取产品的资源通过何种方式引进，其周期和费用的情况；综合考虑技术可行性方面的壁垒，以及未来收益与获取产品资源的方式相关及相关性强弱情况。③如无合适的产品，市场中是否有成熟产品或正在研究的产品满足需求，能否开发相应的新产品满足客户需求，以及相应的研究周期和费用情况。④如无合适产品，能否引导客户需求向新的产品资源进行转移从而满足客户需求。

会议内容主要针对需求分析结论及产品资源问题进行讨论，在满足需求的前提下就如何获取产品资源达成共识。各业务单元按会议结论进入"获取产品资源工作流程"，进行各类产品的立项引进推动工作。

3. 需求信息发布

采用按季度发布《医药信息情报》的方式进行客户需求信息发布；对时效性较高的产业政策、需求分析或相关产品信息随时进行反馈和发布。

以产品需求为核心，初步将《医药信息情报》分为国家宏观政策、药品、医疗器械、食品/保健食品、其他健康产品五大板块。除国家宏观政策是对国家政策进行介绍或解读外，药品、医疗器械、食品/保健食品、其他健康产品四大板块可根据收集信息及需求分析结果分为法规及简析、行业简讯、影响事件、产品需求、项目信息、重点项目推荐、注册申报热点等。

2.3 解决方案

发现需求分析最终要落脚到企业产品的提供，通过系统的解决方案满足客户的需求。基于马应龙作为"肛肠健康方案提供商"的定位，在多年经营的基础上逐步构建了肛肠健康产品体系，精准满足个性化客户需求。具体如图2-9所示。

2 产品力系统

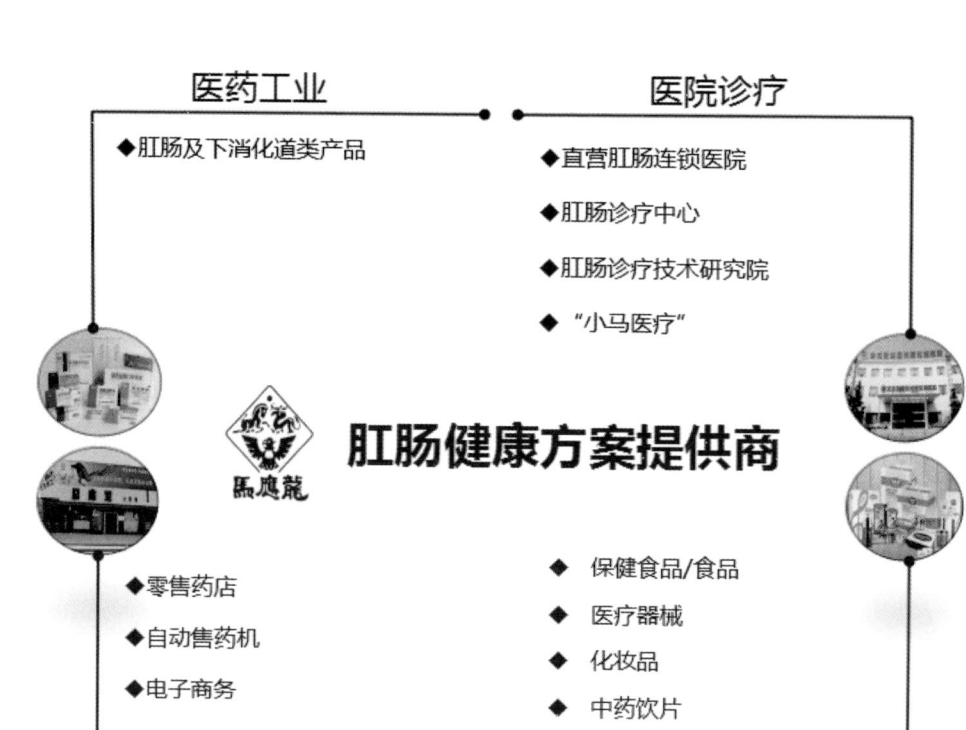

图 2-9　肛肠健康产品体系

马应龙肛肠健康方案提供的支撑基础是能够有一个针对影响肛肠健康全病程周期，通过广泛的自研、引进各方产品、技术等各种资源进行系统整合，形成最优组合以满足客户对肛肠健康的需求的组织有序地开展基础性工作，为满足客户需求提供源源不断的"炮弹"。为此，公司重组相关部门，设立马应龙健康研究院承接系列的工作。

2.3.1　解决方案目标

解决方案提供的根本目标就是通过资源的整合，形成经营的联合体，促进全产业链的参与互动，构建商业生态链。通过解决方案提供实现以下目标。

2.3 解决方案

1. 聚合产业链资源，促进销售的全面转型

基于客户需求方案组织产品线，实现精准营销。发挥资源整合能力，促进营销方式的转型，由单一的销售职能转变为整合代理功能，通过聚合全产业链资源，努力为客户提供全方位服务。

2. 整合各方资源，形成体系化、纵深化配套的产品组合

强化立体化的产业架构，形成覆盖药品、医疗器械、保健食品、化妆品、消毒产品、日用品等系列化的产品结构；整合产业链资源，进一步丰富大健康类产品，包括医生护理包、患者护理包、便秘或腹泻保健品、基于核心功能延展的化妆品等。

3. 发挥互联网医疗的资源聚集能力，完善产业链生态格局

依托马应龙在肛肠领域的基础优势，整合肛肠领域全产业链资源，构建闭环的专业化、垂直化、开放化的肛肠健康移动医疗平台；用肛肠诊疗保健大数据和前沿 IT 技术，为肛肠病患群体提供健康资讯、体检保健、自检服务、用药指南、轻问诊、空中医院、康复随诊及家庭护理等多样化、个性化的健康服务和智能终端产品，实现为客户提供从疾病诊疗、预防保健到健康管理的全方位服务体验，满足消费者个性化需求。促进线上和线下产业的深度互动，搭建全产业链数据共享平台，发挥供应链组织能力，提升互联网平台价值，完善产业生态链格局。

2.3.2 解决方案组织

解决方案是产品力构建的基础。马应龙采用双螺旋的建构优化和完善解决方案，一是通过健康研究院从需求与产品的对应出发，优化和完善产品在功能开发的落地工作；二是通过品类管理，设置产品经理以对市场的理解为基础，快速地寻找、引进品种实现品类的集群，从而共同构建相对完善的用户解决方案。具体如图 2-10 所示。

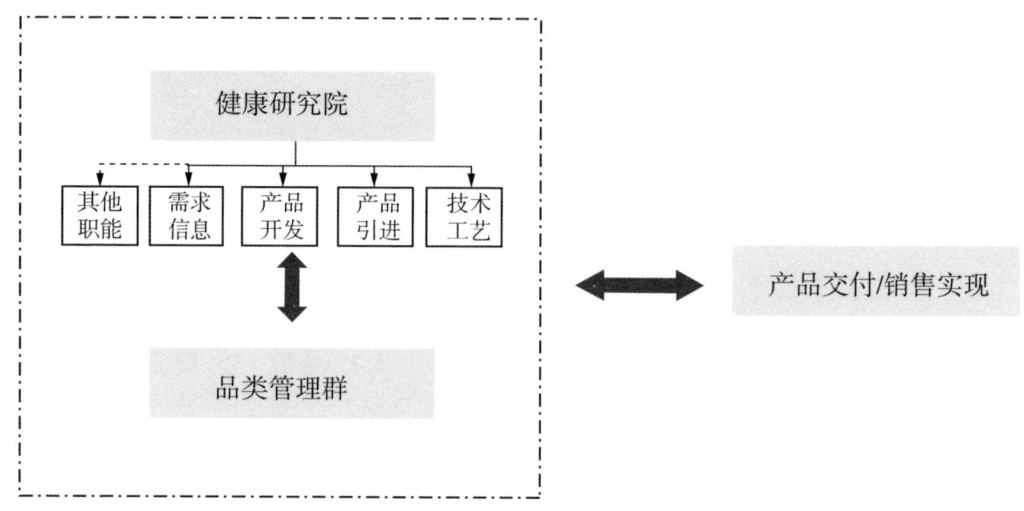

图 2-10　解决方案组织基本示意图

1. 健康研究院

在本书前面章节中对马应龙健康研究院进行了简要的介绍。作为马应龙研究工作的承接单位，它是客户需求解决方案研究和设计的主导，是马应龙产品集聚的核心单位，下面将对健康研究院的机构职能和运作模式进行详细阐述。

（1）健康研究院的目标和职能。健康研究院的设立就是要助推公司"平台经营，构建肛肠健康方案提供商"重大战略快速落地，深化专业分工，强化马应龙对核心产品和诊疗技术的掌控能力，持续提升马应龙品牌形象，整合客户发现需求、产品立项、产品研究开发、老产品改良、肛肠诊疗新技术研究应用、新产品学术推广、技术创新平台建设。

作为马应龙药品、大健康产品、新型诊疗技术资源导入和新产品学术推广的支撑机构，健康研究院通过对目标客户需求信息的收集和分析，发现客户需求，并根据客户需求整合全球资源，提供产品和技术服务解决方案，帮助客户满足需要。它的功能主要有以下几个方面。

①整合发现需求职能及资源，引进、开发新产品、新型诊疗技术等相

关工作。

②负责新产品研发及老产品改良，实施已上市产品的技术改进工作。

③开展产品的临床研究，夯实产品的临床理论基础，并以此为基础开展学术推广。

④实施新型诊疗技术应用推广及临床试验服务供给，负责临床试验基地的建设和运行。

⑤整合研发平台优势资源，开展目标客户一元化、服务功能多元化与大专院校、科研院所、院士团队等外部专业团队合作的重大创新课题项目开发。

（2）主要研究平台介绍。健康研究院坚持以客户需求为导向，以技术创新为依托、以超越客户期望为目标，通过多种途径了解客户需求，紧抓客户关注焦点，挖掘客户原始需求，引导客户潜在需求，发现和创造市场机会；精准把握客户需求，整合社会资源，及时高效提供优质的产品和服务，充分满足客户需要，提升客户感官价值。为更加高效地实现解决方案的设计和提供，公司在健康研究院设立产品研发和临床试验两个主要的研究平台。

①产品研发平台。以国家企业技术中心为依托完成平台搭建，重点打造肛肠药物工程技术研究中心、经皮给药技术研究中心、缓控释给药技术研究中心、共建实验室四大技术创新平台，院士工作站、博士后工作站两大科研工作站及肛肠诊疗技术研究院，建设中药提取实验室、外用制剂实验室、固体制剂实验室、分析检测中心、中试基地五大专业实验室，使之具备中药、化药、功能性食品、功能性化妆品及医疗器械的研究开发能力。

②临床试验基地。在肛肠诊疗技术研究院的配合下，根据 GCP 有关规定在公司连锁医疗系统和共建中心筛选有建设意愿且具备建设条件的医院，指导其搭建临床基地管理组织架构，组织进行临床研究专业培训，制定临床研究质控管理文件，并进行临床研究基本基础设施配备和建设，指导医院向主管部门进行报备申报临床基地。基地建成后，肛肠诊疗技术研究院负责外部临床项目的商务引进以及所有临床基地的合规性技术指导，

临床基地根据临床试验方案和 GCP 规定进行临床入组研究工作以及临床基地的合规性管理。

（3）职责功能简介。总体来说，健康研究院履行产品和技术的基础性研究、开发，并同时以研究结果为基础设计学术推广方案配合市场销售的开展，其主要职能包括产品、技术的研发、引进，以及医学服务工作。

①产品、技术的研发、引进工作。一是新产品研发。在项目经理的推动下，为公司品管会决定的立项研究项目根据标准化的研究流程进行高效的研究推动，积极跟进研究进度，适时调整研究方向，高效满足市场需求。二是新诊疗技术引进。统筹新型肛肠诊疗技术的立项引进和研究工作，根据新技术属性的不同，针对性地采取相应的学习和推广，确保新技术在体系内安全、高质地使用，更好满足客户需求。三是老产品改良。针对市场信息的反馈和公司相关部门实际经营中发现的问题，对公司老产品在工艺技术革新，或原辅包供应商等常规性变更的研究，采取项目经理制，根据监管部门要求开展相关工作。

②医学服务工作。一是临床研究。统筹项目临床研究，组织拟订临床试验方案、临床研究的进度和质量监控、合规性监查以及临床研究报告的撰写，为公司解决方案的科学验证提供支持。二是学术推广。统筹公司产品的学术推广工作，负责产品的全国和区域年度学术推广方案的策划、学术活动组织、学术材料制作、专家网络搭建以及销售的专业培训，指导带领销售人员开展区域学术推广活动，以科学的理论助力公司产品的价值认知和销售转化。

2. 品类管理群

由肛肠产品、皮肤外用产品、特药及精神产品、眼科产品、大健康产品与其他产品品类等共同形成的品类管理群是马应龙系列产品快速集结的重要平台，其主要定位于品类管理和专项业务拓展。它由数个品类工作组组成，履行品类产品集结、产品资源配置、产品立项、产品引进、渠道选择和自建职责；致力于打造一线蓝军队伍，促进专项业务突破。

品类管理采取产品经理负责制,产品经理拥有产品资源配置权、产品立项权、产品引进权和渠道选择以及自建运营权,负责跟踪产品的全过程,督导需求发现、需求满足等相应工作按规划展开,统筹产品资源配置和自营队伍运营。

(1) 产品经理职责与价值评估。产品经理作为公司产品系列化集聚的第一责任人,负责产品经营全流程的管理,统筹协调产品整个生命周期中各种经营活动,根据不同阶段制定不同的产品策略,布局资源配置,督导上市运营,挖掘产品价值,提供学术支持,推动产品经营规模增长,实现产品利益最大化。其主要职责如表 2-2 所示。

表 2-2 产品经理职责表

工作职责	工 作 事 项
需求调研	收集分析客户需求、竞争状况及市场容量,制定品类规划
产品引进	提供产品引进或改良建议,开展拟立项产品市场运营评估,协同解决方案系统推动产品资源引进
生产交付	统筹开展产品包装设计,使其符合产品定位;统筹产品成本管控,结合市场情况,明确成本构成,强化成本控制;统筹供应链优选,协调供应链建设,保障供应合理稳定,确保交付稳定、及时、高效
上市运营	主导或配合开展产品资质获取及优化、备案等;制定产品年度整体任务目标,明确各渠道任务目标,统筹整体销售资源配置,协同进行营销方案、销售政策制定,督导评估运营效果
推广支持	策划组织并统筹协调全国性推广活动;构建维护国家级专家或专业机构网络,强化产品价值背书;在药品领域组织开展品类领域医学调研,拓展医学价值,指导监督区域性学术推广并评估实施效果,为销售一线及客户提供学术支持

产品经理的工作职责同时也是产品经理存在的价值,通过这些职责的履行,实现其对企业价值的创造,一般我们从如表 2-3 所示的几个维度将定量和定性相结合对产品经理的价值进行考量。

表 2-3　　　　　　　　　　　　产品经理价值评价表

评价维度	主要评价内容
客户维度	客户需求准确性、目标人群画像、客户认可度、客户满意度、需求满足及时性等
产品维度	产品价值主张清晰程度、品类产品线广度与深度、产品成本对比、产品先进性（使用、效果等）等
财务维度	品类规模增长率、品类规模绝对值、品类利润率、品类利润绝对值、市场占有率、渠道覆盖率等

通过对产品经理价值创造能力的评估，推动产品经理通过产品集聚准确、快速、高效地满足客户需求，推动公司经营品类规模的放大，提升市场竞争的相对优势。

（2）产品经理工作流程。产品经理工作始于对品类集聚的需要，贯穿于产品全生命周期，针对具体的项目和产品，一般遵循如图 2-11 所示的工作原则。

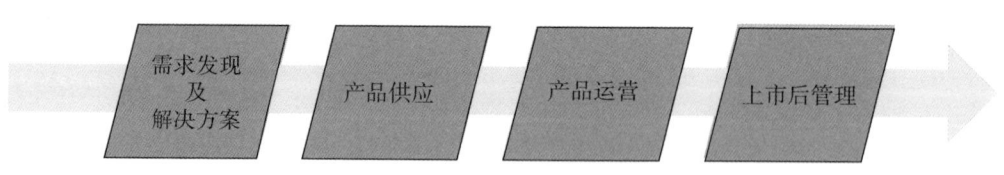

图 2-11　产品经理工作流程图

①需求发现与解决方案。制订调研方案并付诸实施，发现客户、市场潜在需求；根据调研结果，结合公司战略及实际情况，会同研发部门制订品类开发计划，确定引进产品品种及引进方向，形成系统的立项报告，通过商业基本运行效能评估，经公司品管会批准后开展引进工作。

②产品供应。包括产品引进过程中和引进后持续经营两个方面。在产品立项确认引进过程中，产品经理应同步统筹开展供应链建设和实施准备各项工作，确保产品引进后能迅速实现其快速供应。在持续的产品供应

中，确保供应链全环节的畅通，保障产品稳定供应，并保证产品成本控制在合理水平。

③产品运营。根据年度目标在各渠道进行目标计划拆解，并根据市场发展及预算方案协同制定年度产品销售政策；针对市场经营的实际情况统筹设计年度营销策划方案，并协同各渠道推广予以实施；全力打造专家和专业机构网络，提升专业背书价值；针对药品特殊属性，统筹组织开展专业性学术研究工作，组织专业学术推广基础性资料，支持推广工作的开展。

④上市后管理。配合质量监督部门，开展产品上市后的不良反应监管及质量问题的处置，协助渠道运营单位妥善处置产品相关投诉，防范产品质量风险；配合研发部门，推进产品质量改进研究及上市后相关研究工作，进一步提升产品质量，寻求产品用途的改进和扩大。

产品经理职能覆盖产品的全生命周期，在履职过程中，涉及对解决方案、交付管理等功能系统和渠道一线的综合协调，它的工作范围不仅只是单纯地提供解决方案，更要将解决方案转化为实际的生产供应及销售达成。图2-12简要地描述了产品经理各职能与功能系统间的联系。通过品类经营工作的开展，促使产品能够更加高效地投入满足消费需求之中，满足消费者的多种偏好。

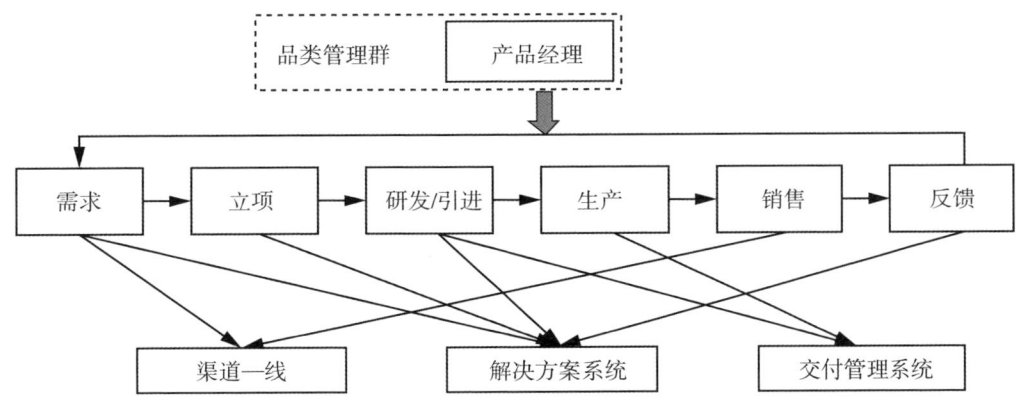

图 2-12　产品经理职能与功能系统联系示意

2.3.3 解决方案流程

在解决方案的具体工作中,根据产品内容的不同,又遵循不同的流程。

1. 产品项目获取的一般流程

一般而言,药品获取的流程主要是制定获取产品资源 3 年规划,根据规划制订年度产品资源获取计划,寻找与推荐项目信息,完成筛选后,根据评估结果选择获取的方案并提交公司品牌管理委员会审议。具体流程如图 2-13 所示。

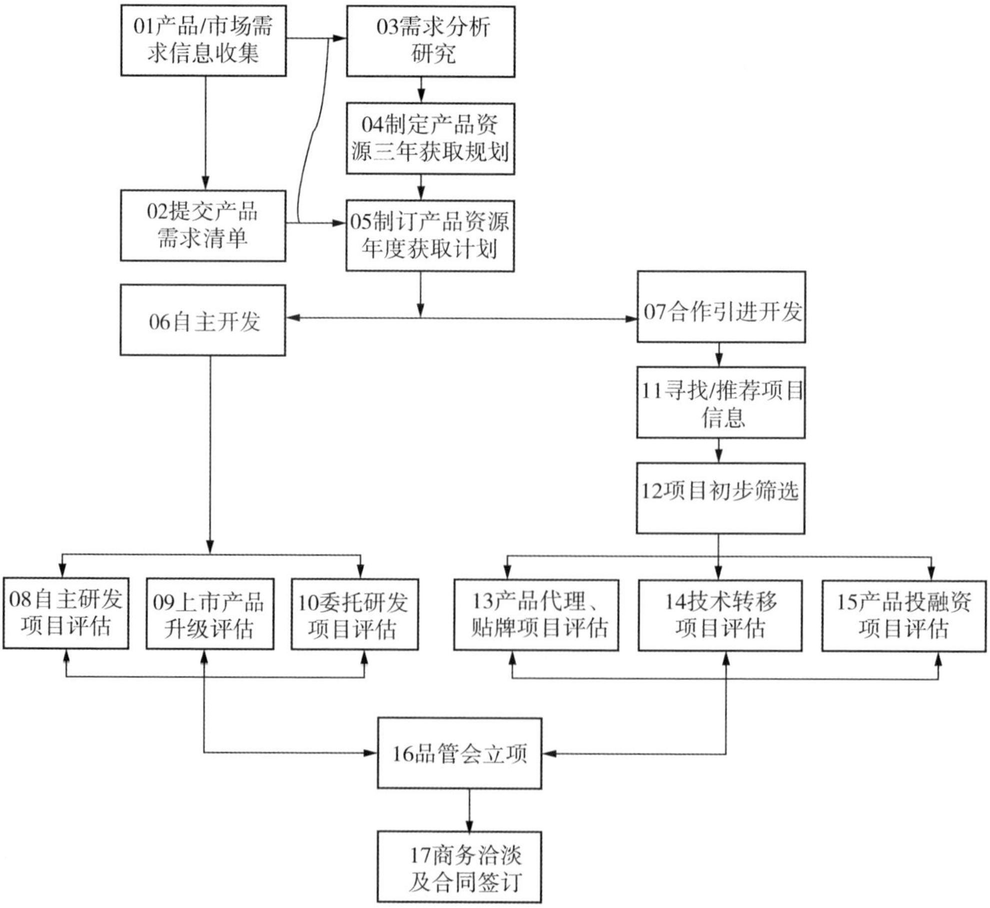

图 2-13 制定药品获取方案流程图

(1) 制定资源三年获取规划。健康研究院基于消费者需求分析研究结果，制定未来3年获取药品资源规划，明确产品引进方向及类别、各阶段引进目标、引进方式方法、上市品种升级、自主或委托研发等。同时，根据每年的消费者需求调研与分析结果，及时进行相关产品规划增补和立项引进工作。通过产品开发规划，丰富现有肛肠及下消化道产品及大健康产品结构；完善现有产品结构，对治痔等优势领域结合消费者需求进行进一步的细分，对肠道疾病等潜力领域进行战略延伸，完善产品结构。

(2) 制订年度资源计划。健康研究院每年初依据产品资源获取规划，结合产品经理及相关业务单位提交的产品需求清单，分解制订年度产品获取计划，明确产品引进目标、各相关部门的工作任务等，提交绩效管理委员会审议。同时，根据每年的消费者需求调研与分析结果，及时进行相关产品规划增补和立项引进工作。

(3) 寻找与推荐项目信息。健康研究院与产品经理系统负责药品项目信息的获取工作，主动寻找和引导相关部门推荐符合公司战略定位的产品项目信息。公司销售业务单元负责寻找和推荐符合公司战略定位的产品项目信息。公司鼓励员工推荐符合公司战略定位的产品项目信息。

(4) 项目初步筛选。根据项目内容，健康研究院协调组织产品经理汇总获取的产品项目信息，按照公司对产品引进方向和类别要求，对项目信息进行初步筛选，确定重点跟踪项目，并对项目引进方式进行评估。根据项目的类型，组织公司相关单位进行联合评估，以便对项目能够形成更加综合、客观的评价，为公司提供决策支持。项目评估单位职责如表2-4所示。

(5) 项目审议。健康研究院结合各部门意见，判定经过评估后的自主立项项目、上市产品改良升级项目、技术转移项目和投融资项目是否提交项目预审，拟订《项目立项调研报告》，提交公司品牌管理委员会成员及外部专家征求意见。然后将按照品牌管理委员会成员和外部专家的反馈意见，调整和修订形成《项目立项可行性研究报告》，提交品牌管理委员会审议。

2 产品力系统

表2-4　　　　　　　　　　　　　项目评估单位职责表

项目类型	责任单位	主　要　职　责
自主立项项目	健康研究院	组织各有关部门对拟开展改良升级的上市产品开展全面调研评估，并就产品的技术先进性、安全性、临床方案及国内外注册情况等技术问题进行评估
	产品经理及相关单位	负责从市场需求、销售渠道、关键资源支持、营运系统的设计与安排、全口径的收入预测等角度评估拟自主立项研发项目的市场价值以及存在的市场风险，提出评估建议
	生产中心	负责评估拟自主立项研发项目的产业化厂房设施、原料可获得性、生产安全性、生产成本、环保风险等，提出评估建议
	财务管理中心	负责核算拟自主立项研发项目的投入成本，预测产品盈利能力，评估产品运营风险，提出评估建议
上市产品改良升级项目	健康研究院	组织各有关部门对拟开展改良升级的上市产品开展全面调研评估
	产品经理及相关单位	负责从市场需求、客户使用反馈、关键资源支持等角度来评估拟改良升级产品项目的市场价值以及存在的市场风险，提出评估建议
	生产中心	负责评估拟改良升级产品的生产安全性、生产成本、环保风险等，提出评估建议
	质量保证部	负责评估拟改良升级产品的合规性，以及存在的质量技术风险，提出评估建议
产品代理、贴牌项目	健康研究院	组织各有关部门对拟引进的代理、贴牌项目开展全面调研评估，形成评估报告；负责评估拟代理、贴牌产品的先进性和功效性
	产品经理及相关单位	负责从定价、渠道、销售等角度来评估拟代理、贴牌产品的市场价值以及存在的市场风险，提出评估建议；负责代理、贴牌产品的营运方案的初步设计
	质量保证部	负责审查拟贴牌合作企业的经营资质，对拟贴牌产品的质量进行评估，提出评估建议
	外协管理部	负责对拟贴牌产品的生产技术、产能进行评估，提出评估建议
	品牌管理部	负责评估拟贴牌产品的品牌风险，提出评估建议
	法律事务部	负责评估拟代理、贴牌产品在知识产权和项目合作方式等方面存在的风险，提出评估建议

续表

项目类型	责任单位	主 要 职 责
技术转移项目	健康研究院	组织各有关部门对技术转移项目（含在研产品和已上市项目）开展全面调研评估
	产品经理及相关单位	负责从市场需求、销售渠道、关键资源支持、营运系统的设计与安排、全口径的收入预测等角度来评估拟技术转移产品项目的市场价值以及存在的市场风险，提出评估建议
	生产中心	负责评估拟技术转移产品的产业化厂房设施、原料可获得性、生产安全性、生产成本、环保风险等，提出评估建议
	质量保证部	负责评估拟技术转移产品技术工艺的合规性，以及存在的技术风险；负责审核拟技术转移产品的质量标准与稳定性、评估有关监管政策及质量风险，提出评估建议
	财务管理中心	负责核算拟技术转移产品的投入成本，预测产品盈利能力，评估产品运营风险，提出评估建议
	品牌管理部	负责评估拟技术转移产品的品牌风险，提出评估建议
	法律事务部	负责评估拟技术转移产品在知识产权和项目合作方式等方面存在的风险，提出评估建议
产品投融资项目	健康研究院	组织各有关部门对药品产品投融资项目开展全面调研评估，形成评估报告；负责评估投融资产品的先进性和功效性
	产品经理及相关单位	负责从市场需求、销售渠道、关键资源支持、全口径的收入预测等角度来评估投融资产品项目的市场价值以及存在的市场风险，提出评估建议
	资产营运中心	负责组织产品投融资项目的投入产出分析和营运方案的初步设计，评估存在的运营风险，提出评估建议
	财务会计部	负责投融资项目成本核算和收益预测，向资产营运中心提供相关数据
	品牌管理部	负责评估产品投融资项目的品牌风险，提出评估建议
	法律事务部	负责评估产品投融资项目在知识产权和合作方式上存在的法律风险，提出评估建议

对项目的选择遵循以下原则：

①战略符合性原则。开发和引进的产品应符合国家的政策导向、行业的发展趋势、公司的发展方向和战略规划。

②产品价值导向原则。开发和引进的产品必须具备疗效（功效）确切、安全性优异，能够切实解决消费者面临的健康问题，提升客户对产品价值的感知。

③客户需求导向原则。开发和引进产品必须进行客户定位，以客户为中心，突出客户价值导向，确保产品资源导入的精准性，最大限度地提升客户感官体验，满足客户需求。

④经济效益性原则。开发和引进的产品生产工艺可行、生产成本适中，产品质量可控、具有较好的市场容量、市场成长性和经济效益。

⑤风险可控性原则。开发和引进的产品在产品开发、生产供应、市场销售等环节可能存在的风险应具备可识别性和可控性。

（6）项目实施。根据品牌管理委员会的审议结果，按照项目的性质，分别由各单位承接执行，如表2-5所示。

表2-5　　　　　　　　　　　　项目执行责任表

责任单位	责任内容
健康研究院	负责统筹完成药品技术转移项目、委托研发项目的商务洽谈及合同签订；参与药品投融资项目的商务洽谈
产品经理	负责统筹完成产品代理项目的商务洽谈及合同签订
外协管理部	负责统筹完成委托、贴牌项目的商务洽谈及合同签订
资产营运中心	负责统筹完成产品投融资项目的商务洽谈及合同签订
法律事务部	负责参与完成各类产品引进项目的商务洽谈工作，提供法律意见；负责审核和修改各类产品引进项目的合同文件，协助完成合同签订

（7）服务产品需求的其他要求。服务产品需求与工业产品需求相比较，还有一些自身的特点，同时也将通过服务需求的满足实现自身平台和能力的提升。

①推动直营医院及肛肠诊疗中心建设。通过以包括健康期、亚健康期、初病期、中病期、重病期、康复期的全病程的客户需求为导向,深入研究疾病发展趋势,挖掘流调等市场调研数据结论,结合国家医改政策导向,制定和推动直营肛肠医院及肛肠诊疗中心的建设。

②构建移动医疗平台。同时发挥互联网医疗的资源聚集能力,强化线上线下的产业互动。依托马应龙在肛肠领域的基础优势,整合肛肠领域全产业链资源,构建重度闭环的专业化、垂直化、开放化的肛肠健康移动医疗平台。

③提供多样化、个性化服务产品。用肛肠诊疗保健大数据和前沿IT技术,为肛肠病患群体提供健康资讯、体检保健、自检服务、用药指南、轻问诊、空中医院、门诊诊断、深度诊断、手术治疗、康复随诊及家庭护理等多样化、个性化的健康服务和智能终端产品,实现为客户提供从疾病诊、预防保健到健康管理的全方位服务体验,满足消费者的个性化需求。

2. 自研品种的工作流程

对于引进实体产品,特别是决定自研产品,还要在研发阶段予以重点跟进,确保符合预期,将经过小试研究、中试研究和工艺验证等环节。

(1) 小试研究。小试研究采用项目小组运行机制,每个项目由一名健康研究院竞聘或指派产生的项目经理负责组织,各专业负责人或研究员作为项目小组成员分别开展药物小试研究工作,一般由制剂、质量、工艺、药理毒理、临床五个部分组成。各部分工作由各自专业负责人负责,总体工作进度和任务衔接由项目经理协调。各专业工作由各部门技术负责人(部长或总监)进行研发质量和规范性考核。

主要包括如下流程:

①确定小试研究方案。项目经理组织各专业负责人制订小试处方筛选研究方案,并交由拟开发药物所属药物研发部技术负责人和研究院分管领导审核通过。质量负责人起草质量研究方案,并交由质量研究部负责人和研究院分管领导审核通过。

②项目经理协调各专业负责人开展小试研究的准备工作,包括物料、

对照品、参比制剂和所需试剂、仪器的采购。

③RLD 逆向工程。

④开展处方筛选。进行原辅料及内包材的相容性、处方筛选、工艺优化和与参比制剂的质量对比研究。

⑤进行质量控制指标和方法的研究。进行实验室批次的制备并进行批样品的质量对比研究，初步建立成品/中间产品的质量标准。

⑥项目结项。研究结束后，项目经理集中整理制剂负责人、质量负责人提交所负责工作的研究资料和小结形成小试研究小结，由拟开发药物所属药物研发部负责人、质量研究部负责人和健康研究院分管领导审核确认。

（2）中试研究。中试研究的开展采用健康研究院项目小组作为主体负责组织实施。生产中心相关部门辅助项目小组开展中试研究工作。由项目小组技术工艺研究员会同制剂研究员、质量研究员制订中试研究方案，然后在生产中心协助下进行中试研究工作。一般情况下项目经理或制剂负责人作为中试研究第一负责人，统筹各部门成员开展中试研究工作。

中试研究的主要工作流程如下：

①中试研究申请。药物研发部以部门名义向生产中心、技术工艺部、质量研究部书面提出中试申请（沟通函），由各中心、部门相关负责人接受申请（沟通函）并指定人员和时间进行本次中试研究。

②中试研究前准备。主要包括物料准备和文件准备。物料准备由项目经理统筹，各部门按照中试方案，分工协作开展中试研究前准备工作。包括原辅包的采购检验、对照品的购买和供应商审核。文件准备即制订中试研究方案，制剂负责人起草《中试研究方案》《工艺规程》《批生产记录》《操作规程》，交由药物研发部负责人修订审核，药物研发部负责人和健康研究院分管领导审核确认。质量负责人起草《原辅料质量标准和操作规程》《中间产品质量标准和操作规程》《成品质量标准和操作规程》《分析方法验证或转移方案》，交由质量研究部负责人审核修订，质量研究部负责人和健康研究院分管领导审核确认。

③设备、仪器准备。由生产中心完成生产设备的改造和校验；质量研

究部确认所涉及检测仪器均在校验周期内。

④中试研究实施。研究项目组开展中试研究，各部门负责人负责相应工作，生产中心和技术工艺部配合。需要注意的是，如中试过程中出现结果异常，质量负责人应立即向项目经理和质量研究部负责人汇报，质量研究部负责人协同项目经理开展异常检验结果调查。

⑤中试研究报告与总结。各研究分别结束后，由制剂负责人整理提交批生产记录给药物研发部负责人审核确认；制剂负责人整理提交中试放大工艺研究总结报告给药物研发部负责人和健康研究院分管领导审核确认；质量研究结束后，质量负责人提交原辅料、中间产品和成品检验报告、检验原始记录给质量研究部负责人审核确认；质量负责人提交分析方法验证或转移总结报告和中试批稳定性研究方案给质量研究部负责人和健康研究院分管领导审核确认。项目经理整理所有资料，提交中试研究总结报告。

（3）工艺验证。生产工艺验证由技术工艺部牵头，生产中心、质量保证部、技术工艺部三部门配合开展。技术工艺部向生产中心提出生产工艺验证申请后，由技术工艺部作为主要实施部门，技术工艺部、质量保证部辅助，以工艺验证小组的形式开展工艺验证。工艺验证小组由一名组长和多名组员组成。工艺验证小组由健康研究院相关负责人出任组长，三个部门挑选组员。组长全权负责验证工作的组织协调、项目进度、项目质量监督。各组员按照各自部门的责任分工开展工作，同一部门工作任务由工艺验证组长分配。

工艺验证的主要流程如下：

①首次会议，成立工艺验证小组，明确分工。技术工艺部以部门名义向生产中心、质量研究部、质量保证部书面提出工艺验证申请（沟通函），召开项目启动会。由各中心、部门相关负责人接受申请（沟通函）并指定人员和时间进行本次工艺验证，成立工艺验证小组，选择组长，组员职责分工。技术工艺部提出项目初步计划，会上明确项目目标、周期、初步计划、标准和要求，明确各部门职责分工等。

②物料准备、文件准备等工艺验证前准备工作。工艺验证小组组长组织各部门组员和相关部门按时完成如表2-6所示的准备工作。

表 2-6　　　　　　　　　　　　工艺验证项目内容

准备项目	主　要　内　容
物料的准备	技术工艺部进行原辅包采购量核定，交给物资保障部审核采购，采购物料由质量保证部负责进行供应商审计和检验。验证所需对照品由质量研究部核定，并由质量保证部购买。质量保证部进行原料、辅料、包装材料和成品的检测
文件准备	首先由技术工艺部起草《工艺验证方案》，由生产中心（车间、物资保障部、设备工程部）、质量保证部修订审核，以上各部门负责人和工艺验证小组组长审批确认；《工艺验证方案》确定后由车间起草《工艺规程》《操作规程》《批生产记录》《清洁验证方案》《共线风险评估》，质量保证部审核确认；质量研究部完成原料、辅料、包装材料、中间产品和成品的《质量标准》《检验操作规程》的起草和修订，质量保证部部长审核确认；质量研究部起草成品、中间产品《分析方法转移方案》，质量保证部修订，质量保证部负责人审核确认
设备、仪器和生产系统准备	由设备工程部完成生产设备、空调系统、水系统等公共设施的改造和系统确认；质量保证部完成所有验证涉及检测仪器的效验

③分析方法转移。由质量保证部和质量研究部共同完成成品/中间产品分析方法转移，由质量负责人起草《成品/中间体分析方法转移方案》，质量保证部修订、确认，最后质量保证部和质量研究部共同完成分析方法转移的实施与总结。

④生产前，各部门对验证准备工作进行最后确认。

⑤质量保证部进行人员培训并签发文件。

⑥开展工艺验证。验证小组组长对整个工艺验证过程进行监督，组员和各部门负责人组织工艺验证生产的实施。其中验证生产实施由车间负责，技术工艺部、质量保证部配合；生产过程中的中间产品相关检验工作由质量研究部负责；成品的检验工作由质量保证部负责；上市前成品稳定性研究由质量研究部负责。工艺验证过程中发生的 OOS 由质量保证部开展调查和处理。

⑦质量和规范性核查。完成工艺验证后，组长组织对整个工艺验证过

程进行质量和规范性核查，核查后协调各组员整理本次工艺验证资料。

⑧资料整理。资料整理和总结报告完成后，组长召开工艺验证总结会议，总结本次工艺验证。

⑨项目总结。根据工艺验证总结会议内容，组长组织相关组员撰写工艺验证总结报告，由各部门负责人分别审核，组长汇总审核确认，本次工艺验证结束。

在小试研究、中试研究和工艺验证的整个环节，公司都设置了相应的考核机制，以确保相关工作研究的及时性和规范性，使研究项目能够真正满足立项要求，更好地服务于解决方案。

2.4 交付实现

在以客户为中心的价值驱动机制中，产品交付功能系统是交付的责任主体，负责客户需求的物化、实现或满足。交付体系以确定的产品解决方案为载体，以汇总的需求量及时间要求为准则，满足客户交付需求。从交付的标的来看，包括产品和服务两大类。

2.4.1 工业产品交付实现

构筑有效的产品交付功能系统，明确功能系统的定位，建立合理的功能系统架构，明晰功能系统的目标、职责及建设原则，在此基础上对功能系统的运行进行整体的计划和统筹，充分利用内部资源和外部资源完成产品交付实现，并配套完善支持保障系统，确保快交付、高品质、低成本、多增益。

交付实现过程中，关注的价值点在于三个方面，一是品质，二是效率，三是成本，通过组织的有效运行，实现快交付、高品质、低成本、多增益的价值目标。

关注品质，健全质量管理体系，完善品质管控组织，提高全员品质意识，定期开展质量分析、现场检查和质量回顾，挖掘潜在质量风险，提高产品品质，建立生产系统风险管控机制，定期开展生产、质量、安全、环保风险危险源辨识，制定有效风险监控与防范措施，针对各类风险建立应急预案并开展演练，确保生产经营活动的合法、安全、有序进行，杜绝质量、安全事故发生。

关注效率，以"实现产品交付战略"为目标的价值导向，完善交付系统建设，高效组织生产制造，通过先进技术的开发、引进、储备、转化、应用，实现工艺技术的革新、智能制造的升级、产品服务的迭代升级，更好地满足用户需求，形成技术壁垒和优势，提高效率效能，追求卓越绩效。

关注成本，以战略成本管理为导向，建立成本管控机制，定期开展成本统计、成本分析与成本结构优化工作，挖掘降低成本的潜力，实现效益最大化，提高产品竞争优势。

1. 产品交付功能系统的定位

产品交付功能系统负责产品的交付服务，通过对生产和提供产品的系统进行设计、运行、评价和改进，以达成质量、成本、时间、柔性最优为目标，对产品的前期销售工作提供支持；该体系对交付服务客户满意度负责，对交付服务的经营指标负责，负责搭建交付侧客户关系平台，确保各项经营业务的落地。

2. 产品交付功能系统的架构

产品交付功能系统主要是将产品从生产到交付再到客户端涉及的内外部组织、机制、流程、工具等相互联系、相互制约的要素组合而成的有机整体，通过需求分析、制订交付方案、输出产品等流程运作，帮助客户实现目标或满足需求，并能够随着企业内外环境的变化而适时作出相应调整。

从职能划分来看，产品交付系统发挥交付平台资源整合的职能作用，主要包括两大板块。

（1）交付主体板块。以获取的产品需求信息为基础，以支持服务板块为支撑，通过对内外部产业链资源进行整合式评估，决定最优路径，制订产品交付方案，确定内部交付或外部交付方式，最终通过过程管理，实现产品需求的满足。

（2）支持服务板块。涉及要素包括人员、设备、工程及能源、工艺技术、质保检验、其他服务等。

产品交付功能系统架构如图 2-14 所示。

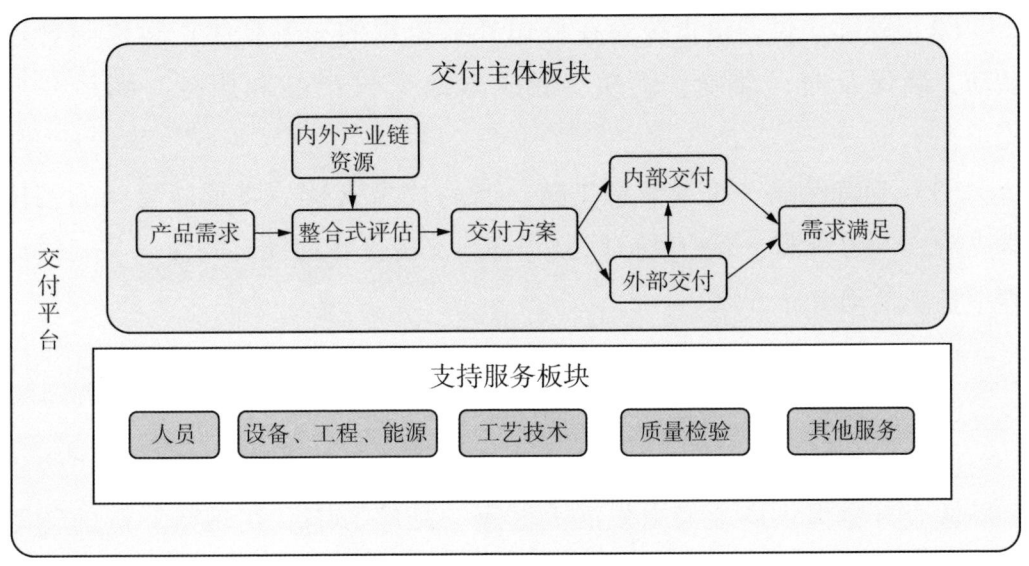

图 2-14　产品交付功能系统架构

3. 产品交付功能系统的功能、职责及建设原则

产品交付的功能就是要整合组织能力，满足交付需求，其职责包括以下几点。

（1）作为交付管理客户满意度的责任人，为客户提供及时、准确、优质、低成本的交付，包括产品物流配送，对产品的交付满意度承担第一责任。

（2）作为交付经营目标的责任人，对项目交付经营目标（质量、效率、成本等）负责。

（3）作为交付项目管理者，对交付产品的使用监控以及客户使用满意度负责。作为交付资源管理者，负责产品交付资源管理，承担业务量预测和交付资源需求预测、规划、调配等交付资源的日常管理业务。

具体到各个部分，其职责包括以下几点。

（1）内部交付。负责组织在公司内部开展生产管理、车间管理、物资保障、设备工程管理、产研销事务管理、物流配送管理或医疗服务等活动，确保及时、准确、优质、低成本地交付产品和服务，满足客户需求。

（2）外部交付。负责统筹在公司外部组织的一系列生产运作与管理活动，确保及时、准确、优质、低成本地交付产品和服务，满足客户需求。

（3）支持保障。通过信息支持、产品技术支持、质量监管、工艺技术支持、人力资源、客户反应监测等各项支持保障活动，确保产品交付过程中各项活动有序开展。

产品交付功能系统需要进行系统的建设并持续的优化，其建设优化应该遵循以下原则。

（1）战略性原则。产品交付功能系统的建设优化应符合公司"构建肛肠健康方案提供商、大力发展大健康"战略方向，实现产业链的转型升级。

（2）协同性原则。产品交付功能系统的建设优化应考虑外部供应链的协同，考虑三大体系之间的协同，考虑体系内部的协同。

（3）效率性原则。产品交付功能系统的建设优化应基于品质和效率，明晰职责，优化流程。

（4）精益性原则。产品交付功能系统的建设优化应借助先进的精益管理理念，强化精益工具运用，以快交付、高品质、低成本、多增益为原则开展。

（5）整体统筹原则。产品交付功能系统的建设优化应达到整体统筹的要求，确保交付体系高效有序稳定运行。

（6）资源整合原则。产品交付功能系统的建设优化应尽量采取轻资产扩充提升交付能力，充分整合内外部资源。

产品交付功能系统应该是由客户、合作者、员工共同组成动态有机的价值创造体系，应致力于建立信任、开放、共享共赢的组织文化，实现信息交互、业务实现、服务提供功能。

基于此，需不断优化完善基于信息技术的交付系统平台建设，通过信息化手段形成采购、生产、销售、财务体系的高效协同，提升整体交付效率和交付质量。

产品交付系统信息平台架构如图 2-15 所示。

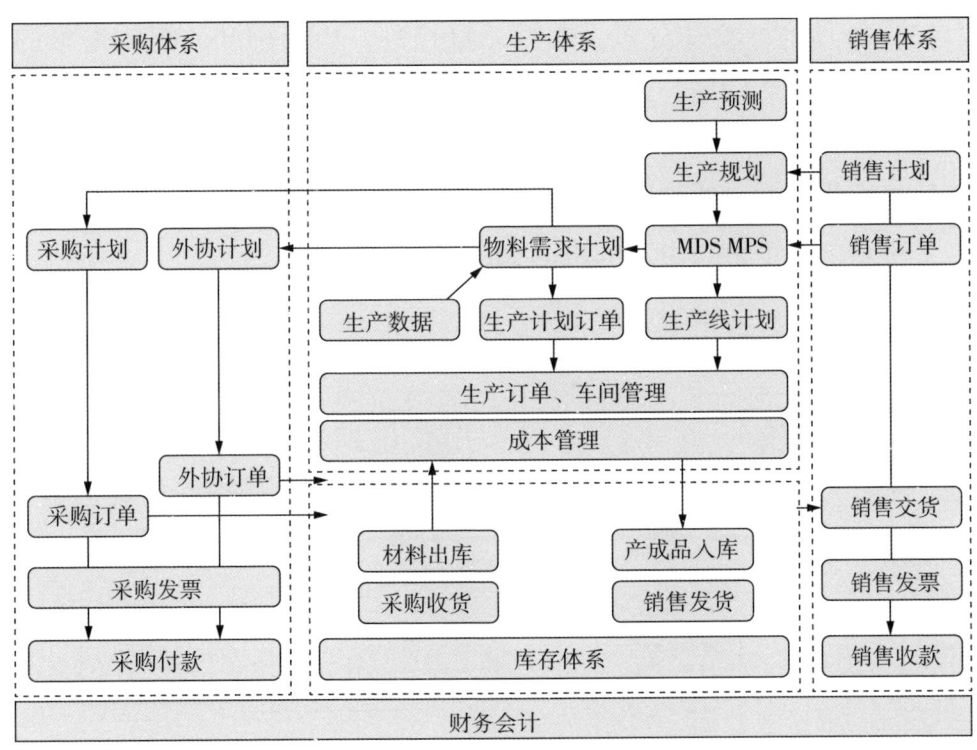

图 2-15　产品交付系统信息平台架构

4. 产品交付计划和统筹管理

计划和统筹，是交付体系的中枢，是交付体系的灵魂。在交付组织管理与改进中，通过计划和统筹管理的实施，为下游客户提供高质量、有竞争力的产品。

在不同的时间节点，应根据业务部门的市场需求分析，强化事前预测，合理化、精细化安排生产各项工作。

（1）当系统性产能瓶颈显现时，应进行长期产能规划并付诸实施或通过外部资源的有效利用予以化解。

（2）每年年初根据年度生产计划及任务分解情况，组织进行生产资源需求分析，从设备、人员及物料等方面进行需求分析，确定自产和外协的品种和数量，提前安排瓶颈设备的改造，落实各车间淡、旺季生产组织形式及人员安排，制定重点物料的采购策略。

（3）每月进行滚动分析，遵循总量控制、均衡排产、响应需求的原则，制订月度生产计划。

（4）车间将生产计划分解到每一天，通过灵活生产调度，尽量使同一品种规模化生产，使相同装量规格的产品集中生产。

交付系统中销售与生产的协同如图2-16所示。

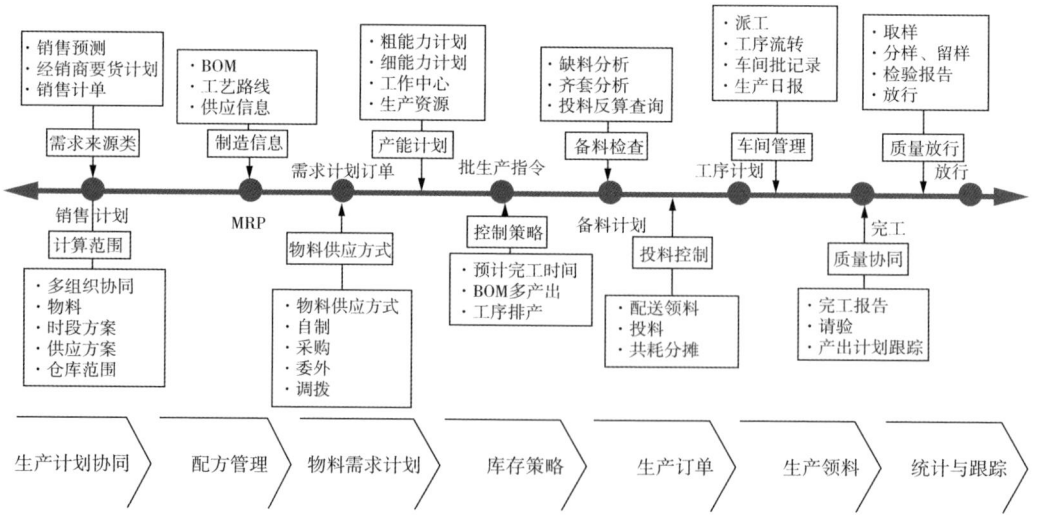

图2-16 交付系统中销售与生产的协同

交付系统的统筹，涉及交付体系的日常运作管理及绩效管理；涉及交付体系流程设计与优化；涉及交付体系各部门工作督导的落实；涉及交付体系与其他业务体系的协调；涉及交付体系资源的管理及效能的评价；涉及交付体系整体计划的统筹。

5. 产品内部交付运行

产品内部交付主要是运用内部自有资源完成的产品交付。其运行相对复杂，涉及采购管理、生产组织管理、设备管理、安全管理、质量管理、成本管理等方方面面，占有资产较重，但可控度高。

（1）采购管理。在采购管理与改进中，围绕"以最低的总成本为企业提供满足其需要的物料和服务"的总体目标，遵循"适时、适量、适质、适价"的原则，把握"掌握行情、控制风险、开发维护、建立联盟"的工作重点。致力于建立完整的管理体系，致力于采购行情的掌控，致力于采购风险的控制，致力于供应商的开发管理，致力于战略供应商队伍的建设。

（2）生产组织管理。在生产组织管理与改进中，追求"高效、低耗、灵活、准时生产交付合格产品"的管理目标，通过对系统进行设计、运行、评价和改进，为下游客户提供高质量、有竞争力的产品及优质的服务。在此过程中，应充分运用计划的指导性，强力调度，付诸实施，保证计划的刚性；应充分利用产能规划及阶段性资源需求分析的结论，保证交付体系的交付能力与市场需求相匹配；应有效建立并充分利用 ERP、MES 等信息系统，对生产全过程实现有效控制和精细化管理，提高决策的准确性和调度的针对性；充分运用 6S 活动、改善提案、TPM 等精益管理工具，提高生产组织的效率与效能。

（3）设备管理。在设备管理与改进中，积极探索适合自己的设备管理模式，推行流程管理和制度建设，培养具备高级职业技能和素养的设备维修与保养队伍，保证设备的正常稳定运行。基于业务需求，引进适宜的生产设备，从生产规模、产品品质、产品性价比等多个方面保证了产品的核心竞争能力，在设备维修团队建设、设备引进及消化吸收、维修保养、适应性改造、备件国产化等方面进行系统化的工作，借力精益 TPM 的推行，进行自主保全、计划保全、焦点改善、初期管理、教育训练等支柱搭建，培养专业化的保全员工，培养设备专家级的操作员工。

（4）安全管理。在安全管理与改进中，注重健全安全生产网络，落实安全责任；注重完善安全管理制度，确保系统性、实效性和可操作性；注重加大改造投入，确保本质生产安全；注重推进现场安全管理标准化，控制安全生产风险；注重重视安全教育培训管理，提升员工安全意识和技能水平；注重安全事故管理，增强各级人员责任意识和风险意识。

（5）质量管理。在质量管理与改进中，倡导"第一次就把正确的事情做对"的价值观，围绕"工作零缺陷、产品零缺陷、服务零缺陷"的质量目标，坚持"全员参与、全过程受控、以卓越品质赢得客户忠诚"的质量方针，协同标准化实施、质量监督、质量教育、品质衡量、质量改进五大系统保障体系的建设，找到质量的载体和落脚点，关注过程，关注细节，加强过程管理和细节管理，基于数据和事实改善组织，优化流程，从预先控制的角度，从隐患排查的角度，从质量风险辨识、质量风险分级管理的角度防范和控制质量风险，从而得到根本性的改善，提高质量管理水平，保障企业健康运行。

（6）成本管理。在成本管理与改进中，通过科学合理的管理，力求以最少生产耗费获得最大的生产成果。从局部到系统，从粗放到精细，在实践中逐步形成符合自身特色的成本管理思想，克服不利因素，实现总成本费用率的有效控制，确保了公司主营品种毛利率处于行业领先水平。

成本控制方面主要包括采购价格控制机制、生产流程优化机制、工时控制机制、费用控制机制、物料消耗控制机制、生产成本动态分析机制六个方面。

①采购价格控制机制。建立价格管控机制，规范价格控制流程，强化市场信息的收集、分析与应用，确保采购价格的合理，为成本优势奠定基础。通过建立价格控制流程，明确采购价格信息历史数据收集的要求，明确市场信息收集的途径和要求；分析比对数据，强化信息的应用，使采购价格合理，并通过策略采购等方式节约采购成本。

②生产流程优化机制。系统梳理生产流程，建立评估模型，分析影响生产效率的因素，制订针对性的改善方案和措施，使生产效率明显提高，提高生产精细化管理水平。

③工时控制机制。鼓励提高工作效率，建立主动调整工时定额的机

制，按比例进行成果分享，建立虚报工时的惩罚机制，确保工时符合实际状况。在绩效管理方案中，设置虚假工时申报及不主动调整不合理工时标准的惩罚性的条款，针对不同的比例建立不同程度的惩戒强度，以保证工时申报时不仅仅只以车间利益为出发点；鼓励车间主任主动评估现行工时标准的合理性，提高工时核查人员核查的积极性，参考年度生产总量及工时核减的额度，按一定的比例给予车间主任和工时核查人员奖励；建立改进利益分享的机制，鼓励车间通过工艺改进、设备引进等方式降低工时耗用水平。参考资源投入的程度、年度生产总量及工时降低的额度，按逐年降低的模式，使工时定额标准渐进式地达到实际水平，使车间分享改进利益。

④费用控制机制。重点针对厂房维修、设备维修、低值易耗、水、电、燃动六项可控费用，强化预算和过程控制，建立消耗的测算与评估机制，形成数据、改进措施相互作用的良性反馈、逐步提升工作机制。重点关注厂房维修，设备维修，低值易耗，水、电、燃动消耗的合理性控制，采取定性的模式控制消耗总量；逐步安装计量设施，改善前期数据特别是水、电、燃动基础数据缺失的现状，为消耗水平的评估和消耗水平的控制提供数据，逐步采取定量的模式来控制耗用水平；探索合理的费用分摊模型。

⑤物料消耗控制机制。采取 ABC 分类管理方法，监控重点物料的动态消耗，确保稳定物料消耗水平。根据比重，对重点品种进行 ABC 分类；每季度发布 A 类品种动态消耗水平；责成分析消耗水平异常的品种，分析原因，落实改进措施；跟踪改进措施的落实及效果。

⑥生产成本动态分析机制。从问题的揭露、数据的统计与发布、工作亮点的发掘等方面着手建立并完善成本分析模板，定期进行发布，创新成本管理模式，为成本管理的深入、成本措施的强化提供支持。

6. 产品外部交付运行

外部交付主要是利用外部资源完成的交付。其运行相对简单，占有资产较轻，可控度偏低。

外部交付不可控的因素相对较多，应基于风险的有效控制，注重相关方的考察，注重协议管理，注重订单管理，注重质量管理，注重交付管理，注重成本管理，注重外部资源储备。

（1）相关方资质管理。应根据公司经营范围的调整情况，有针对性地开展外部生产资源调研，建立外部生产资源信息库，对资源资质进行合规审查。

（2）外部生产资源的利用。外部生产资源的利用应合法合规，在药品、化妆品、保健食品、医疗器械等产品的行业管理法律法规允许的范围内开展相关业务，在此基础上进行考察，确认、收集或办理以下内容：经营质量、行业知名度；经营资质体系认证证书、质量控制水平；产能、人员情况；安环管理情况；供应商管理情况；共线产品风险分析；委托生产批件；其他必要的技术资料或文件。

（3）协议管理。在与相关方达成合作意向后，将考察报告及相关资质文件复印件归档备查，并进行成本测算，在此基础上进行商务谈判和技术谈判，并签订合作协议，签订质量保证协议或附属质量保证条款。

（4）订单管理。按业务部门需求计划，结合协议内容下达生产订单，并跟踪订单进度情况。

订单作为协议的附件，应视为协议审慎对待。

订单应有订单号，明确品名、规格、数量、交货时间等关键信息及补充交货要求，并明确要求合作方传回执单。

（5）质量管理。进行产品委托生产风险评估，根据风险等级确定质量监督方式，可采用免检、自检、驻厂监督等不同方式。

免检产品需合作方提供检验报告，作为入库、放行的依据。

自检产品需明确检验项目及检验标准，并以自检检验报告作为入库、放行的依据。

视产品风险等级、审厂结论等，对相关产品可采用驻厂监督的方式予以质量管理强化，以确保产品质量。

（6）交付管理。依据协议、订单等进行交付验收，必要时进行质量信息反馈及督导落实。

交付验收应严格对照协议、订单进行，在外观、数量等项目验收后进行预入库，并凭厂检报告或自检报告、放行报告办理入库。

应注重质量信息的收集，并制定针对性的改善措施，致力于外部交付产品质量的保障和提升，并督导改善措施的落实，明确时间节点及要求，确定责任人，确保产品质量。

（7）成本管理。强化市场信息的收集、分析与应用，为价格谈判提供依据，确保外部生产价格的合理，真正实现合作双方的共赢。

针对优势品种，利用外部抢单、梯度对赌方式实现低成本交付。

（8）外部资源储备。不断拓展外协信息渠道，多方位整合信息资源，扩大覆盖面，丰富信息容量，挖掘外协合作潜力，拓展可合作领域，储备外部生产资源。

注重外部资源的有效性及实用性，强化外部交付柔性，针对上市产品爆点式增长、合作方临时变更等情况能够及时、安全地应对。

7. 支持保障系统

围绕交付系统的正常运转，需要有全方位的牵引和保障。通过客户反应监测的牵引，可以明确交付系统运营改善的方向；通过信息技术的支持，可以保障交付系统运营的高效；通过产品技术支持可以实现客户需求解决方案的物化；通过工艺技术支持可以实现客户需求解决方案物化成果的转换和优化；通过质量监督可以保障客户需求解决方案物化成果的品质；通过人力资源管理可保障交付体系的正常、稳定、高效运转。

（1）客户反应监测。客户反应监测是对客户需求满足响应的反馈，是交付系统持续改进的方向和数据源泉。客户反应监测包括对交付产品的使用监控、客户使用满意度调查、交付满意度调查、产品生产过程的咨询、客户投诉及改善等内容。

（2）信息支持。在中国制造2025的背景下，数据采集技术和自动化技术的发展，使得对交付体系过程监控和智能决策成为可能，可逐步利用信息系统实现办公、财务、人力、渠道、供应链、制造及服务等各环节的信息化管理，实现信息的准确、及时、详尽。

（3）产品技术支持。在客户需求解决方案确定后，产品开发或产品引进部门应指导技术部门主导、生产部门协作进行转化，指导质量保证部门制定相关标准，负责小试、中试以及大生产过程中的技术支持。

（4）工艺技术支持。工艺技术支持部门负责现有产品的工艺优化、工艺改进和技术革新，负责新项目的工艺评估、新产品工艺设计以及其他相关活动，指导生产部门实现客户需求的物化工作，架立解决方案体系与交付体系间工艺技术的桥梁。

（5）质量监督。质量监管部门负责从生产到交付过程中的质量监管以及风险控制活动。质量监督应基于服务于交付体系稳定、高效、风险可控的原则展开。

（6）人力资源。人力资源部门负责交付体系的人力资源管理、绩效管理、薪酬与激励管理、员工培训、招聘工作，部分工作可通过业务统筹指导下专员派驻予以管控，完善用工与分配机制。

2.4.2 服务产品交付实现

本书中的服务产品主要是指马应龙医疗体系所提供的医疗服务。为构筑有效的服务交付体系，需明确服务交付体系的定位，建立合理的服务交付体系架构，明晰服务交付体系的经营原则，构建以运营、技术和服务为三轮驱动的标准化运营体系，并配套完善安全保障系统，为患者提供安全、有效、方便、优质的医疗服务。

1. 服务产品交付体系的定位

医疗服务交付体系通过改善就诊环境、优化就诊流程、提升服务质量、保障医疗安全、促进医患沟通、建立合理机制等措施，为患者提供安全、有效、方便、优质的基本医疗服务，改善患者就医体验，提升患者满意度，努力构建和谐的医患关系。

2. 服务产品交付体系的架构

医疗服务交付体系主要是将服务从提供到交付给患者所涉及的内外部

组织、机制、流程、工具等相互联系、相互制约的要素组合而成的有机整体，通过需求分析、制订解决方案、输出服务等流程运作，帮助客户实现目标或满足需求，并能够随着内外环境的变化而适时作出相应调整。

当前马应龙的医疗服务交付系统主要包括以下几个部分。

（1）技术支持。马应龙肛肠诊疗技术研究院。

（2）线下运营。连锁医院与共建肛肠诊疗中心。

（3）线上运营。肛肠健康云（小马医疗）。

（4）商业拓展。马万兴医药公司。

（5）学术合作。基因诊断等前沿领域合作方。

医疗服务交付系统如图 2-17 所示。

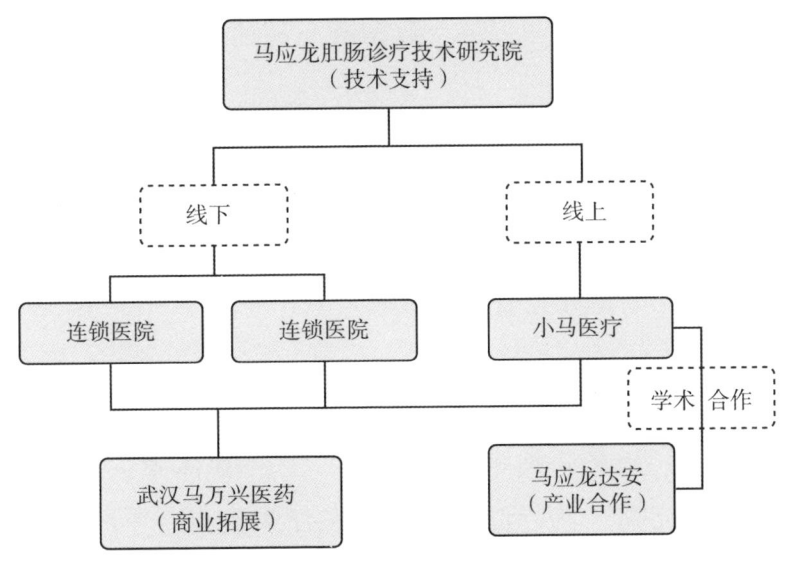

图 2-17　服务交付系统

3. 医疗服务交付体系的使命愿景与经营原则

马应龙的医疗服务产品的使命就是要全心全意地呵护民众的肛肠健康。希望通过发展全中国乃至全球最好的肛肠专科，打造品牌化、专业化、生态化的医疗集群，助力中医药现代化发展。它遵循客户至上、人才本位、专业主义、整合共建、卓越运营等基本运营原则。

（1）客户至上原则。坚持客户至上，建立以患者为中心的价值观。从高层到一线员工全面达成共识，共同围绕患者设计医疗和护理服务流程，促进医护人员之间的沟通，共同关注患者健康，以患者实际需求为根本出发点。

（2）人才本位原则。坚持以人为本，尊重员工，让员工做有意义的工作。打造事业平台，提升员工能力，授权员工参与到发现问题、分析问题、解决问题的行动中，在努力的工作中获得成就感，实现自我价值。

（3）专业主义原则。坚持专业主义，倡导专业主义精神和技术优先理念并达成全员广泛共识，以肛肠研究院为依托，不断夯实技术体系建设。

（4）整合共建原则。坚持整合共建，持续推动直营圈、共建圈、连接圈三圈联动，供应链、知识链、数据链三链递进，用户端、医生端、医院端三端增值。

（5）卓越运营原则。坚持卓越运营，建立基于客户导向及其决策影响者的口碑运营机制，基于专家导向的经纪运营机制，基于公益导向的马应龙肛肠健康基金运营机制，基于奋斗者导向的人才成长评估规划机制，基于明细效益导向的单元经营会计机制。

4. 标准化经营体系

建立"运营、服务、技术三轮驱动"的经营体系，以"运营牵引、服务转化、技术支撑"为导向，以精益医疗为支点，不断优化以客户为中心的业务流程，提升客户感知质量、技术能力和整体运营效益。

（1）运营体系。从整体运营体系的高度出发，建构立体营销系统，充分激活营销工作的直接现实作用，支撑运营工作的统筹、分转以及应急功能的有效落地。推行学术交流、公益慈善、党群活动、社区营销、事件营销、网络营销、关系营销、客群营销及广告营销相结合的立体营销形式，摒弃无效营销（投放不精准）、粗放营销（营销过程不闭环）和过度营销（客户价值感知不匹配）。

①提高各医院的信息化建设水平。借力互联网医疗平台，积极推进

医院线下业务与互联网医疗线上业务的深度对接，提升过程营销的水平。

②建立基于客户导向及其决策影响者的口碑运营机制。基于专家导向的经纪运营机制，基于公益导向的马应龙肛肠健康基金运营机制，基于奋斗者导向的人才成长评估规划机制，基于明细效益导向的单元经营会计机制。

③促进医院内营销与服务工作的深度融合。以病患者视角审视检讨，不断开展微创新、微改进，提升在院环节的客户感知，开展体验式营销。

（2）服务体系。健全医疗质量控制系统，不断升级完善，确保医疗质量的安全、稳定和可靠。各医院应切实执行医疗质量年度自我评价制度，定期组织医疗质量分析，切实贯彻"三可"原则（可报告、可检测、可核查）。

梳理建构统分结合的客户服务体系，融解贯穿到医院经营管理的各环节之中。优化服务体系与技术体系、运营体系的流程衔接、资源配置、响应能力。将服务能力建立在流程化、工具化、标准化的基础之上，保障服务的稳定性。

①建立客户离院评价机制。通过客户回访等手段，实现服务的可测性。

②推行服务改进的 SDCA 循环。鼓励全员参与的微创新，以软件服务能力为主，以硬件服务能力为辅。

③建立危机管理的机制和预案。有效防控医疗纠纷，妥善处置可能出现的突发性问题，引导建立和谐的医患关系，适时监测社会舆情。

（3）技术体系。以马应龙肛肠诊疗技术研究院为依托，健全学术委员会体制设计和职能范畴，增强系统资源配置。制定实施技术进步专项规划，强化协调运作。构建肛肠诊疗知识库，完善临床技术规培系统，建立知识产权管理机制，推动更加开放的对外技术合作。尊重并发挥专家作用，为内外部专家多点执业或参与巡诊提供平台化基础服务，建立面向专家的经纪运营机制。

（4）精益医疗。以"价值创造和价值体现"为导向，通过精益管理在马应龙医疗集群的全面应用，探索并形成具有马应龙特色的精益医疗管理模式，为标准化连锁化医院经营体系创建支点。以场景化服务为切入点，逐步延展到技术、运营层面，借力管理咨询机构，嫁接产业链各方的开放合作，争取精益医疗的卓越绩效。健全医疗服务板块的质量管理架构，引导各医院构建完善的质量管理体系。强化医疗服务板块的财务工作，率先建构与发展战略适配的财务体系，滚动实施肛肠健康公益计划，逐步辐射到共建圈。

5. 支持保障系统

在医院投资公司及各医院层面全面推行方针管理模式，优化方针管理运行方式，提升决策力、执行力和协同力，建立健全督办机制和沟通机制。

①建立马应龙健康慈善基金。制定经济化可持续的运作机制。滚动实施肛肠健康公益计划，覆盖面逐步辐射到共建圈。

②统筹强化人才培育和文化建设工作。帮扶骨干员工的职业规划和学习成长，优化经营团队结构化配置和班子建设；全面开展员工培训宣教，健全系统化、模块化的员工培训交流机制。

③强化人力资源管理能力。滚动实施"四定"工程，切实提升"工作分析、绩效考核、薪酬分配"等核心技术的理解应用。创新激励组合，探索建立长效激励机制。

④强化资源统筹和分配能力。切实提高经营统计能力和成本核算能力，加快信息化建设步伐，专项强化医投本部及各医院的档案管理；整合资源资质，优化公共关系，积极争取政府支持，扩大医保、商保及第三方合作。

⑤强化安全管理和风险管理。坚持不懈地做好消防、环保等基础工作，完善危机处置预案，建立社会舆情监测机制，规避经营风险，维护品牌声誉。

2.5 品质管理

质量是满足客户的基本要求,也体现在对合作上下游各方的影响。产品的质量不仅包括其预期的功能和性能,而且还涉及顾客对其价值和利益的感知。马应龙品质管理是以质量为中心,以全员参与为基础,目的在于通过让客户满意而达到长期成功的管理途径。公司以客户为关注焦点,以"零缺陷"为目标,建立全员参与、覆盖工业板块、商业板块、诊疗产业等全产业链的质量管理体系来实施品质管理,业务范围涵括药品制造、药品流通、诊疗板块、医疗器械、中药饮片、化妆品、消毒产品、食品的生产经营等领域,以防范质量安全风险,赢得和保持顾客和其他相关方的信任来实现企业的持续发展。

2.5.1 品质保障体系

质量是公司赖以生存和发展的基石,是公司产品力的内涵体现,更是公司品牌实现"基业长青"的重要砝码。公司在多年的质量管理活动中,坚持以维护客户权益为己任,树立了"第一次就把事情做对"的品质价值观,制定了"全员参与、全过程受控、以卓越品质赢得客户忠诚"的质量方针,明确了"产品零缺陷、服务零缺陷、工作零缺陷"的质量目标,而这些方针、目标的落实,有赖于品质保障系统的建立。

公司质量保障体系以品牌战略为指引,根据马应龙全产业链等各个环节、各个要素的管理需求,构建由组织体系、质量教育、标准化实施、质量监督、品质改进和品质衡量等部分构成的具有马应龙特色的品质保障系统,强调的是使产品或服务满足给定的质量要求所必需的全部有计划、有系统的方法和活动,并不断完善以质量保证和质量控制为核心,各部门各级人员参与的全面质量管理体系,质量管理体系的有效运行为公司生产经营提供了有力保障。马应龙品质保障体系如图2-18所示。

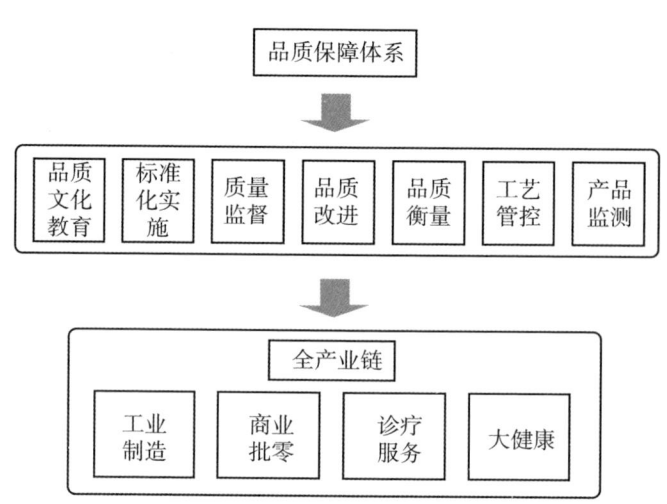

图 2-18 马应龙品质保障体系

1. 品质文化与教育

公司的一切工作质量都是靠人来保障的，通过普及质量管理知识，完善品质文化建设，使企业全体员工了解、掌握全面质量管理的基本思想和方法，树立起牢固的"质量第一""客户至上"的质量意识，培养"第一次就做对事情"的良好工作习惯，是质量保证的关键。

通过品质文化教育引导集团各营运单元及所属公司深入贯彻集团的品质文化纲要，大力推行工匠精神，开展品质文化宣贯和质量研讨、质量教育及制度辅导等，强化各层级员工的品质保障意识，使每个员工充分了解公司的品质价值观、零缺陷管理的基本理念、质量方针、质量目标，并充分理解自己在品质管理工作中所担负的责任，让追求工作完美和零缺陷成为习惯，并逐渐成为员工的自觉行为，创建公司新型的品质文化。

2. 标准化实施

全面质量管理过程实质上是企业标准化的管理过程。公司通过巩固并延伸标准化、流程化管理，加强各标准化管理体系的有机结合和各环节的有效协调，提升综合管理水平，实现质量保证体系的稳定运行。公司标准化体系架构如图 2-19 所示。

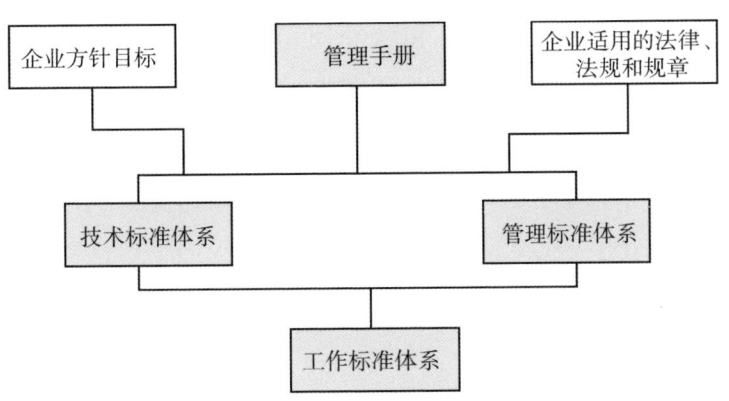

图 2-19 马应龙标准化体系框架

按国家规定实施 GMP、GSP、医疗质量管理办法，并借鉴 ISO9000 系列标准，在专业化、规范化、数字化、法制化的基础上，建立覆盖工业板块、商业板块、诊疗产业的标准化体系，全面实施标准化管理。建立量化的品质管理评价方式，以品质管理结果作为衡量品质管理的唯一标准。

开展 ISO14001 体系及 ISO45001 体系认证工作，推进质量体系、环境、职业健康与安全管理体系基础流程的整合优化，对重要环境因素、重大危险源进行有效控制，开展节能减排、绿色环保专项工作，保障员工的工作环境和职业安全。

3. 质量监督

在品质保障促进委员会的领导下，根据全面质量管理纲要要求，按照工作计划开展相关工作；按照集团架构下的品质管理与监督方案，组织对覆盖集团工业板块、商业板块、诊疗板块、大健康等板块的全产业链的各营运单元及所属公司开展质量审计、质量评估和飞行检查，搭建覆盖全产业链的质量管控和监督体系，防控质量风险。

4. 质量改进

质量改进是企业为了使自身及客户实现资源和价值的增值而采取的提

高生产质量管理活动效果与效率的措施，是对现有的质量水平加以提高从而使质量达到前所未有的高度的突破过程。公司为推动技术进步，推进产品和服务的持续改进，提高产品和服务质量及效率，改善经营管理，通过合理化建议和质量改进项目的遴选和实施，深入开展品质改进活动，使每个员工拥有便捷地向公司高级主管反映任何工作上的缺失、浪费或改进的机会，并通过项目管理使工作品质和产品品质得到提升，不断满足或创造客户需求。

5. 品质衡量

企业在经营过程中会产生质量成本。作为总成本的一部分，质量成本是企业为了保证和提高产品或服务质量而支出的一切费用，以及因未达到产品质量标准，不能满足用户和消费者需要而产生的一切损失。质量成本包含三个部分，即无失误运作成本（EFC）、符合要求的成本（POC）和不符合要求的代价（PONC），其中无失误运作成本、符合要求的成本是企业在运营过程中原计划投入的设施、装备、材料、人力等以及为了确保不出现偏差所投入的验证、审核、检测、实验等费用；而不符合要求的代价则是由于质量不良而造成人财物、时间及信誉等方面浪费的金钱价值，即用货币衡量各项工作中不符合要求的损失，它是可以避免和防止的成本。品质衡量的目的就是要核查覆盖集团全产业链的各种资源系统和程序的运作，通过用货币衡量实际工作中出现偏差的代价，评估质量管理工作的成效，促进业务流程再造与持续的品质改进，避免"漏财"。

6. 工艺管控

加强公司产品工艺管控，确保产品生产可行性、合理性、合规性，主要包括以下几个方面的内容。

（1）工艺衔接：进行研发新产品的投产交接，包括工艺可行性的复核、设备匹配性的复核、检验方法操作的复核等。

（2）工艺评估：新品立项引进、恢复生产、变更原辅料等工艺评估，包括工艺可行性、人力物力成本、生产条件匹配性等。

（3）工艺查证：注册文件与工艺文件、实际操作的一致性查证，合规合法性查证等。

7. 产品监测

产品监测强调对产品的不良反应、药物滥用、质量、客户体验等信息进行收集、核实、评价、上报，对收集到的信息的风险/效益评价进行定量分析，发布相关信息，促进产品生命周期的持续改进管理和预先指导临床用药，采取改进措施及预防性措施，提升产品品质。

2.5.2 工业品质保障运行

实现质量保证体系的有效运作，需要建立与之运行规律相适应的基本准则及相应制度，来引导和制约各级人员的质量管理活动与公司的质量目标保持一致。根据药品生产企业的特点，其品质保障运行机制包括在质量受权人管理、质量责任制、供应商评审、药品不良反应监测、质量信息反馈、质量风险管理等方面构建支撑质量保证体系运转的制度和规定。

1. 质量授权和质量责任制

企业是产品质量的第一责任人。作为药品经营企业，实施质量授权管理，推行全员质量责任制，明确各级人员质量责任，是提高质量管理水平的有效措施，也是进一步强化企业责任意识的有效手段。同时，公司将药品质量管理延伸融入所有工业制造品管理中，用最严格的控制标准向消费者提供高品质的产品。

（1）质量授权制度。药品质量授权制度是药品生产经营企业授权其药品质量管理人员对药品质量管理活动进行监督和管理，对药品生产经营的规则符合性和质量安全保证性进行内部审核，并由其承担药品准入、放行责任的一项制度。实施授权制度是从企业内部入手，强化内部管理，落实企业质量管理责任。

马应龙于2007年率先实施了药品质量受权人制度，制定了《药品质量受权人和授权管理实施制度》，建立了有效的质量监控机制、责任职责分明的质量责任体系和专业的质量管理团队，并将这一监控机制延伸到包括药品、大健康产品在内的全体系，形成了符合公司多产业经营需要的"质量授权人制度"，扩充和完善了生产、经营质量管理体系，强化和提升全面质量管理，通过以产品放行的方式和质量一票否决实现对产品质量过程的系统管理和监控，保证了质量保证体系的完善和有效运行。

（2）质量责任制。质量责任制是为了保证产品或服务质量而明确规定企业中每个人在质量工作上的责任、权限与物质利益的制度。建立质量责任制是企业开展全面质量管理的一项基础性工作，通过明确企业中每一个部门、每一位员工的具体任务，应承担的责任和权利范围，做到事事有人管，人人有专责，办事有标准，工作有检查，考核有依据，形成一个严密的质量管理工作系统。

公司在质量授权制度下建立了覆盖集团全产业链的全员质量责任制，由质量保证部作为归口管理部门，在质量总监的组织、指导下，根据公司的质量方针目标及相关规定，拟定公司各部门及营运机构的质量目标和责任，并通过年度质量责任书形式予以签署落实；各部门和营运机构负责人作为所在部门和机构的质量责任人，对部门和本机构质量目标的落实负责；各机构负责人按照逐层分解、分级负责的原则，进一步明确部门和机构内各层级人员的质量责任，并督导各级人员质量职责的良好履行。通过持续推进质量责任的全员覆盖和深化落实，强化质量责任的层层分解及督促，公司的质量管理职能职责向上下游环节延伸，逐步前置了质量管控关口，有效减少了质量问题发生的可能。

2. *产品及相关方准入质量控制*

产品及相关方准入控制，一般来说是指允许产品及相关方的主体（产品的研发、生产与销售）和客体（产品）进入企业经营控制的程度。为保证企业产品的安全，只有具备了规定条件的产品才允许进行研发、生产与销售。因此，在产品生命周期内，产品研究部门、生产部门、质量保证部是产品各阶段的控制主体。产品及相关方准入质量控制，是产品力系统重要的规则符合性控制和质量安全保证性控制。

提高和控制产品的质量设计是控制产品质量的关键，产品设计过程决定了产品的固有质量、固有成本、性能和可靠性，且产品设计阶段通过控制质量也相对更经济，对产品质量的影响力更大。

（1）药品开发阶段的技术质量管理。构建集团全面质量管理体系，将质量管理向全产业链前端设计阶段延伸，建立新产品开发阶段的质量监督和控制机制，对拟开发引进产品开展生产质量评估，规范公司新产品研究开发阶段的技术质量管理流程，明确公司新产品研发过程中各部门职责，强化新产品开发的规范性，降低产品研制过程质量风险，满足产品设计及研发符合 GMP 要求，确保新产品从研发阶段顺利完成生产上市。下面将以药品作为代表进行论述。

①新产品立项阶段。根据客户需求及新产品立项要求，质量保证部配合产品研发部门参与对新产品拟立项项目的质量标准、检验方法等方面进行评估，内容包括但不仅限于：产品设计目标，研究技术水平，产品质量水平的影响，质量标准的合理性，涉及的法律法规，预期目标评价等。

②临床前研究阶段。根据健康研究院研究情况，生产中心、质量保证部对新产品品种剂型及配制工艺结合生产实际进行评估；对中试试验方案进行审核，跟踪监督及参与了解中试研究、质量标准复核和稳定性研究过程。必要时，由中心化验室对样品进行质量检验和进行长期的稳定性试验。

③药品临床试验注册阶段。根据药品注册管理办法规定，临床试验用的药物应当在符合《药品生产质量管理规范》的车间制备，制备过程应当严格执行《药品生产质量管理规范》的要求。质量保证部对试产、工艺验证方案进行审核，根据产品质量控制关键点制定质量标准，跟踪监督及参与了解工艺验证、质量标准复核和稳定性研究过程。

④申报生产阶段。新产品获批生产前必须通过国家药品监督管理局的注册现场核查，通常在申报生产前完成三批规模化生产样品的工艺验证，连续三批试产成功，并顺利通过国家现场核查，证实批量生产工艺的稳定性，获批生产则表明新产品工艺技术正式移交大生产。

（2）化妆品新产品技术质量管理。公司覆盖全产业链的全面质量管理体系，将质量管理向化妆品等大健康产品设计阶段延伸，建立公司化妆品等大健康产品新产品上市阶段的技术质量管理流程，依据相关法规要求，参考公司药品研发质量管理要求，规范化妆品等大健康产品新产品开发、生产和质量管理，确保化妆品等大健康产品新产品从研发阶段顺利完成生产上市。

①产品配方设计及技术资料的移交。健康研究院根据需求经营单位等的需求进行产品开发，化妆品产品研究结束后，负责将产品相关的技术资料（处方、工艺、质量标准、稳定性研究等）向公司档案室交档，同时分别向相关部门移交技术资料，以便于启动质量标准制定、生产工艺研究、包装材料设计、产能布局等工作。

②化妆品新产品包装设计。化妆品营运单元、所属公司等相关部门根据确定产品说明性文字设计产品包装，按《药品包装材料的设计、审核、批准、印制管理规程》要求进行包装审核，质量保证部对设计初稿、打样稿中的文字、药品标识、条码进行审核确认。最终供应商打样稿经共同确认盖章后，由质量保证部给定版号，开始印刷。

③产品备案、注册申请。根据国家化妆品相关法律法规和工作办法要求，健康研究院向相关行政管理部门完成告知性备案或注册申报。完成备案的产品由健康研究院提供样品，并送相关法定检测机构检验，取得产品检验报告书。由生产中心提出 ERP 系统新增，质量保证部审核后，由信息中心录入。

④产品生产阶段。首次生产，由健康研究院起草试产方案，生产中心、质保部审核后，生产中心综合管理部根据试产方案下达批生产记录。根据健康研究院提供的资料，质量保证部负责起草相应质量标准，并负责审核生产中心下发的批生产指令和集团生产产品试产过程中的现场监控和取样。试产结束后生产车间根据试产小结起草正式的工艺文件。

其他大健康产品新产品的技术质量管理参照化妆品的流程进行。

（3）供应商评审。供应商评审是企业在生产用物料采购之前，为确保所购物料质量合格，前置了对供应商的全面审查，包括审计供应商的资质、治理结构、财务状况、信用和合作记录、服务水平、社会责任度等基本情况以及产品质量和价格等，只有达到规定条件、通过评审的供应商，才具备向企业供应物料的资格。实施供应商评审有助于企业从源头把控产品质量，将质量管理活动向上延伸。

3. 质量审计

马应龙在多年质量经营实践的基础上，逐步建立起覆盖全产业链的全面质量管理体系质量审计系统，覆盖公司药品、化妆品、食品、医疗器械、消毒产品、日用品生产。

GMP 内审是通过全面的自检，以评价公司执行 GMP 的符合性。按照《药品生产质量管理规范》的要求，公司质量保证部每年针对生产制订 GMP 内审计划，指定专业人员组成的审计小组对生产质量运行情况进行独立、系统、全面的审核。

通过 GMP 内审，全面排查企业药品生产经营过程中的风险，并针对排查出的缺陷制定相应的纠正与预防措施，持续改进并不断完善质量管理体系，为企业稳健经营和发展壮大奠定坚实的基础。

4. 质量风险管理

质量风险是在产品的生命周期中存在的不确定性，特别是药品，其发生损害及造成的危害往往更加严重。产品的质量是产品力的基本要素，因此本节将详尽描述公司药品质量风险管理行为。

风险管理强调的是前瞻性的预防行为以及对问题根本原因的调查。质量风险管理可以帮助企业找到质量管理的重点，确定必要的验证项目和必须采取的风险控制措施，从根本上优化管理，提高质量风险防范能力，控制损失，创造价值。在公司的全面质量风险管理工作中，各职能部门负责本部门的质量风险因素辨识，组织有关人员进行评价，确定质量风险关键控制点，制定质量风险控制措施并通过各部门的协同加以落实，消除质量风险。

（1）质量风险评估。质量风险评估是在质量风险辨识、分析的基础上，系统地、连续地运用一定的方法对质量风险发生的可能性、频率、可能造成的危害及损失进行衡量。

①质量风险辨识。围绕产品设计、生产、销售等全过程中的各个环节，以问卷调查、小组讨论、专家咨询、情景分析、政策分析、行业标杆比较、访谈法等方法，对尚未发生的、潜在的各种质量风险进行系统全面的辨别、收集与归类，认识公司所面对的潜在或需要注意的风险因素和风险发生的原因与条件。

②质量风险分析。采用定性和定量相结合的方法，分析风险发生的可能性、严重性、可检测性以及风险之间的相互关系，明了质量风险发生的概率、风险发生后对产品质量造成后果的严重程度以及风险在将要发生或已经发生后是否可以容易被发现，并对辨识出的风险进行关键控制点分析，确定关键控制点。

③质量风险评价。根据风险分析的结果，评价风险对实现企业目标的影响程度，通过风险评估模型对各项风险进行比较，初步确定质量风险管理的类别。

（2）质量风险控制。依据风险评估的结果，结合质量风险发生的原因以及承受度，权衡风险与收益，选择风险应对策略，并根据风险应对策略，针对各类风险制订风险控制方案。

方案应包括风险控制的具体目标，所涉及的管理及业务流程，所需的条件、手段等资源，将关键环节作为控制点，制定全面的、切实可行的控制措施。制订质量风险控制方案应注意风险与管理策略相匹配，并考虑方案的成本有效性，根据需要灵活选择风险应对策略，最终目的是在于把质量风险损失控制在企业可以承受的范围，通过工艺优化改良或加强管理来降低风险发生的概率。

通过及时实施质量风险控制方案，以及定期监督与测量、预案演练和应急准备等措施，加强对重大风险的防范或控制，确保生产经营稳定运行。

（3）质量风险信息沟通。质量风险信息将通过信息中心平台扭转在各职能部门之间的集成与共享，既能满足单项质量风险管理的要求，也能满足公司整体和跨职能部门风险管理的综合要求。

公司也会及时组织开展质量风险回顾评审，在风险评估和风险控制的基础上，通过将实际控制措施与以前的政策与程序进行对比，检查风险控制方案是否合理适当，执行是否有效，及时发现缺陷并改进。同时随着内外环境以及各项影响因素的变动进行相应的、适时的调整。

5. 质量信息监测与沟通

质量信息是反映覆盖马应龙全产业链的产品质量和产供销各个环节的基本数据、原始记录以及产品使用过程中反馈的各种情报资料。质量信息是改进产品质量、改善各环节工作质量最直接的原始资料，是正确认识影响产品质量诸因素的变化和产品质量波动的内在联系，掌握提高产品质量规律性的基本手段，是进行质量决策和质量控制，制订质量计划和措施的重要依据。

公司目前已经建立起一套完整的方法和程序，准确、及时、全面、系统地收集、储存、分析质量信息，正确认识导致质量波动的原因并迅速作出反应。同时公司高度重视质量信息的反馈，使每个员工都拥有便捷的向高级主管反映任何工作上的缺失、浪费或改进的机会，让所有员工随时知道现行品质改进工作的进度和已取得的成果，以保证质量信息反馈的持续和畅通。

（1）质量信息的范围。质量信息涉及全员的、全过程的、全面的质量管理各个方面有关质量的信息，涵盖产品从设计、生产到销售、使用，以及政策法规、竞争产品及其企业等内外部信息。

目前公司收集的质量信息包括：生产过程信息，产品质量信息，产品经营信息，工作质量信息，顾客对公司产品满意度信息，国家新的药政法律法规信息，国家各级药政部门对公司产品的咨询、抽查以及处罚等信息。

（2）质量信息的反馈和处理。马应龙成立专门部门处理各种来电来函后指定专人进行有关质量信息的汇总和统计分析。

公司以各地方业务主管作为当地质量信息员，负责收集市场上的产品质量信息并向业务支持部门反馈，由业务支持部门汇总后转质量保证部统计分析；各部门及车间及时向质量保证部汇总日常工作各环节、各类质量信息。质量保证部收到各部门反馈的用户投诉，以及收到药监部门对公司产品的质询、抽查以及处罚等信息后，及时组织分析、评价，采取有力措施消除不利影响。

各营运单元销售或客户服务人员负责处理各种来电来函后指定专人汇总有关质量信息，报各单元质量部门统计分析；各子公司及时将重大的质量信息传递给集团质量保证部，让集团能有效了解子公司所面临的质量风险，及时提供质量资源，妥善处理各类质量危机。

质量保证部门指定专人收集国家新的药政法规信息，并进行汇总分析和解读，报公司相关领导和质量受权人，为公司领导提供决策参考。同时将相关法律法规信息传递至各级相关的职能部门，并汇总到公司指定的信息情报平台，由信息管理部在公司内部整合管理。

质量保证部定期对各渠道收集的质量信息进行汇总及统计分析，协调相关技术部门，不断寻找改进机会。

2.5.3 医疗服务品质保障运行

医疗服务与有形产品和一般服务不同，一方面，服务产品具有无形性，并和消费同步，个性化程度较高难以制定明确的标准予以衡量。另一方面，医疗服务专业性强，普通人员难以对其进行评价。因此，一般研究理念认为医疗服务质量概念的关键是从"提供者导向"向"服务对象导向"的转变。

马应龙自从设立第一家连锁医院"武汉马应龙中西医结合肛肠医院"以来，一直在积极探索如何将现代医疗服务的标准与企业经营模型有机结合起来，使公司的医疗服务保持高质量的运转。本书仅将当前的实践予以阐述，以求能够引起共鸣。

1. 医疗质量和安全管理组织

马应龙下属医院参照众多医院制度，实行院科二级负责制，院长、科主任为院、科医疗质量安全管理工作的第一责任人，班子成员做到定期专题研究医疗质量安全工作，主要职能包括组织实施医疗质量安全管理工作，负责指导、监督、考核、分析、评价医疗质量安全工作，定期进行医疗质量、安全指标的检查分析并督促落实，监督检查做到有分析、反馈、整改措施、实际效果记录；临床科室、护理、药学、医技等科室主任有效履职本科室医疗质量安全监测、预警、分析、考核、评价及反馈工作。

同时，根据医院质量管理重点内容，成立多个管理小组，指定负责人，明确工作职责，将质量管理有条必循、有事可查、有人能管。其组织结构如图2-20所示。

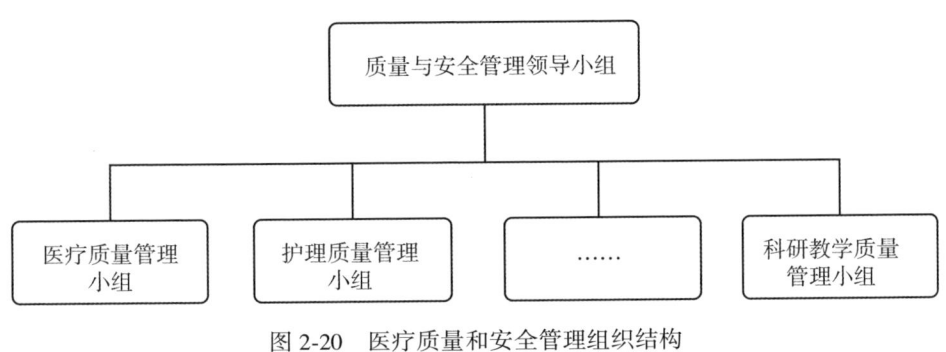

图2-20 医疗质量和安全管理组织结构

①医疗质量与安全管理小组负责对医院的医疗质量进行全面管理。召集例会和专题会议对医疗质量各方面内容进行分析和讨论，推动医疗质量的持续改进。

②各质量管理小组负责自身体系的医疗质量管理工作。制定符合规范要求的，适合马应龙医院实际情况的管理程序和各种质量标准、达标率指标等规范性文件，设定质量目标等内容，并根据相关系统的运行状况积极进行干预和修订，不断提升领域内的医疗质量。

2. 医疗质量与安全管理工作

（1）制度化的推进。将安全工作表述为文字的制度，通过制度让医疗质量和安全管理有据可依。在行业标准的基础上，根据自身经营的特点，制定了包括《医疗质量与医疗安全管理制度》在内的各项管理制度，并不断完善和健全《医疗质量考核的奖惩措施》，通过约束激励机制引导员工将质量和安全放在工作的首位。

强化培训学习制度，营造质量安全氛围。通过培训学习使医务人员牢固树立医疗质量安全意识，营造医疗质量安全氛围，提高医务人员医疗质量安全参与能力。不定期开展检查，确保培训效果达成要求。

抓好细节，落实医疗质量和安全管理。抓好医疗质量核心制度的落实，重视保障医院健康安全运行的重要性，做到核心制度执行率达100%，无差错、事故发生，严格执行门诊患者医疗管理相关规定，做好重点病人、重点环节和重点操作的安全风险管理工作。

（2）提高医疗质量，保障医疗安全。强化质量负责人制度。针对科室质量管理是环节管理的中间环节、关键环节，确立科主任、护士长作为科室医疗管理第一责任人，及时发现、纠正医疗过程中的质量问题。

运用科学方法强化质量控制。综合运用病理检查、病例讨论的定期和随机抽检及时发现质量问题，分析、评价、促进整改；强化缺陷管理登记和回溯，以环节管理为主，将质量控制工作落实到每日，推动质量管理的不断提升。

（3）大力开展继续医学教育。加强医药技术人员在职继续医学教育，营造一个人人认真地在职继续医学教育的氛围，使其熟练掌握基础理论、基本知识和基本技能，学习现代医学科学技术发展中的新理论、新知识、新技术和新方法，提高卫技人员整体业务水平，为伤患者提供优质的医疗技术服务。每年院内组织安排相关培训，不断提高院内医护业务水平，做到各项诊疗技术操作规范化，进一步提高诊疗质量。

（4）大力开展医德医风教育。医院的核心使命是"救死扶伤"，通过加强职业道德教育和行业作风建设，树立良好的医德医风，发扬救死扶伤的优良传统，也是符合"以客户为中心"的经营述求；将医德医风建设与执业医师考核、护士执业证书再次注册相结合，强化执业医师廉政行医，以医技赢得客户。

2.6 精益管理

"精益"起源于国际汽车计划组织（IMVP）专家对"丰田生产方式（TPS）"的赞誉之称。从字面上理解"精"是少的意思，不投入多余的生产资源；"益"代表利益、效益，即所有经营活动都要有效益的体现，具备经济性。"精益管理"的核心就是要消除企业经营管理中的一切浪费。

2.6.1 精益管理的内涵

企业竞争优势的体现包含对外市场开拓能力和对内成本控制能力两个方面，两者相辅相成，共同推动企业的发展。要始终保持竞争优势，就要寻求最佳的方案向客户提供最有价值的产品，努力将浪费向价值进行转换。全力推行精益管理，就是要让精益管理的思想融入经营的每一个环节，实现有效的成本管控和高效的产品交付。

（1）有效的成本管控。通过精益管理的实施，要能够有效提升资源利用效率，降低成本损耗，促进单位成本的有效控制，保持企业在市场竞争中成本领先优势，保证产品的合理利润空间。

（2）高效的产品交付。通过精益管理的实施，对流程进行全面的梳理和优化、优化、构建并行通道，加快程序流速，使产品交付能够更加高效地响应市场的需求。

精益管理的推行采取的方法概括起来主要满足以下六个原则。

（1）从客户的角度定义价值。所谓"价值"是能为客户增加效用，客户承认它的必要性并愿意为其付款的活动，以客户的观点来审视企业从设计到生产再到交付的全部过程非增值的消耗，实现客户需求的最大满足。这种以客户为关注焦点的价值观将企业和客户的利益统一起来，而非过去那种对立的观点。

（2）识别企业价值流。价值流是指企业运营过程中被赋予价值的全部活动。它包括从产品设计到工艺设计的技术过程；从订单处理到送货的信息过程；从原材料到成品的物质转换过程。从识别企业价值流过程中暴露出大量错综复杂的浪费，据此制订改善计划，提升增值比例。

（3）流动。让创造价值的各项活动流动起来，强调不间断的流动，持续地为客户创造价值。避免质量问题、设备故障、瓶颈堵塞所导致的过程中断，流动越快，生产周期就越短，对变化的响应就越及时。

（4）拉动。只有流动是不够的，流动的产品若不是客户所需要，则只会形成浪费，拉动原则将生产计划与需求直接对应，消除过早、过量投入导致的库存风险，提升周转速度。

（5）尽善尽美。固化前期改善成果，持续消除过程浪费，形成一种改善的良性循环，为客户提供尽善尽美的价值。同时，尽善尽美就是打造一个充满活力、追求完善、不断进步的企业。

（6）用数据说话。真实、准确的数据是精益推行的基础和依据，数据可以增加信息的准确性和可信度，用数据来检视工作中的浪费，为尽善尽美地改善指引方向，这也是衡量工作效果的有效手段。

马应龙在精益管理运行的过程中，结合自身的特点，对精益管理的方法予以消化吸收，为己所用，聚焦于企业品质、效率、成本的改善，搭建起持续改进的运营机制，以提升企业的综合竞争力。

2.6.2　精益管理的运行

1. 精益管理运行组织

精益的运行是一个长期在实践中不断优化的过程，公司设立精益管理推进委员会领导下的项目制运行组织，持续、高效地推进精益管理的开展，其基本结构如图 2-21 所示。

（1）精益管理推进委员会是推行精益管理的领导和决策机构。它的主要职责是规划精益管理推行方向，明确工作方针和原则；根据调研结果决定项目立项，组建相关项目推行组织，并确定资源的配备；对项目推行的过程和结果进行价值评判。

（2）精益管理推进办公室为精益改善项目日常管理机构。它的主要

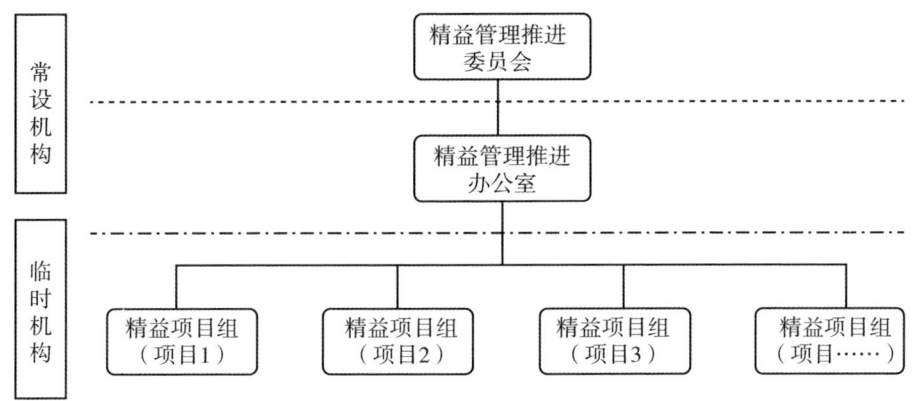

图 2-21 精益管理组织结构

职责是制定精益管理制度，搭建精益推行体系；制订年度精益管理目标与推行计划；完成委员会项目决策前的研究准备工作；组织精益的人才梯队建设等日常事务性工作。

(3) 精益管理项目组是精益改善项目执行单位。项目组根据精益管理推进委员会决策设立，其成员有委员会确定之组长提名组成，实行组长负责制，按立项规划实施项目内容。

2. 精益管理的逻辑框架

精益管理，以企业运营价值流为主线，从物流、人流、信息流、资金流四个方面进行展开，以期保持良好的运营状态和健康发展，依托各项规章制度、流程体系及执行力来保障四个流的畅通无阻。在实施过程中，将四个流分解成十三个管理模块进行规范和提升，把控实施要点，探索持续改进、精益求精的方法。具体逻辑框架如下。

物流——实物的流转，具体指产品主体流向"原材料→组件→半成品→成品"全过程中对"采购管理""存货管理""设备管理""生产管理""品质管理"五个模块的提升，追求不间断的生产，并在最短的时间内将产品保质保量地送到客户手中。

人流——人的变换，四个流的健全与行之有效的决定因素就在于人，在企业，每位员工从入职到离职整个周期里，伴随人员的更替变化，要确保各项经营活动及业务流程保持优质高效、忙而不乱，对"组织结构""绩效管理"两个模块作出规范。

信息流——顾名思义就是信息流通，体现在企业内部和外部之间各种工作沟通、授权委托、回访反馈，以及企业内部组织及个人在日常工作中的信息共享与分级流通，多个相互联系的信息个体有机融合构成企业整体信息系统，具体包括对"战略管理""决策管理""计划管理"三个模块的优化，保障信息流的畅通是企业有序运行的关键。

资金流——更多体现在企业财务方面，财务数字是一切经营活动的浓缩，主要涉及的经营活动包括"预算管理""应收管理""融资管理"三个模块，对资金流的运作就是如何将有限的资金运用得"恰到好处"并及时获取利润，掌控好了资金流才能确保企业正常经营，其决定了企业的生存和发展。

通过对上述十三个管理模块的提升，聚焦企业品质、效率、成本的改善，搭建五大运营机制，全面提升企业的综合竞争力。

（1）基于持续经营工匠精神的品质改进机制。坚持"质量就是生命"的真理，一个企业不讲质量就无法生存，一件产品没有质量就失去市场，一件工作不求质量就会存在各种隐患，细微之处彰显非凡品质。工匠在历经千锤百炼之后对于每一个动作，每一个细节都力求做到精益求精，杜绝丝毫偏差和漏洞，因为在头脑里已经形成"重视质量、崇尚创新、追求卓越"的思维习惯。利用"工匠精神"开创"质量时代"，改变员工身上的"差不多精神"，树立起对职业的敬畏、对工作的执著、对产品的负责，养成精益求精，追求完美的质量意识。

（2）基于流程化管理的效率提升机制。每个企业都有很多流程，将各项职能拼接成相互关联的、网络化的管理体系。流程化管理则主要针对公司当前实际运作的业务流程，借鉴精益的思想识别并消除浪费，通过流程优化或流程再造的方式提升管理效率，但流程优化不是一次就停止了，要结合系统的思维分析建立起PDCA的流程管理循环来实现持续改善，提升组织绩效。

（3）基于价值创造的成本管控机制。受市场经济影响，价值创造成为企业生存发展的关键而备受关注，在企业的各项活动中对价值的判定一般应满足三方面要求：首先是客户的需求并愿意为此付出代价；其次使产品发生物理或化学变化；最后是确保一次做对。除此之外的价值创造都被视为浪费，其中包括为实现价值而必要的Ⅰ类浪费和不必要的Ⅱ类浪费，精益则以消除Ⅱ类浪费、简化Ⅰ类浪费为目标。在此思想基础上建立价值创造的成本控制模式，合理分配各部分预算，建立成本管控目标，对影响成本目标实现的因素和条件采取一系列预防、调节措施，最大化地为企业创造价值。

（4）基于分工合作的协同运作机制。企业在运营过程中会面临各种错综复杂的问题，单靠个人能力根本无法妥当处理，所以必须依靠团队合作的力量。之所以称之为团队，就要求成员之间既要有明确的分工和角色定位，又要相互依赖、共同合作，在统一的目标牵引下保持良好的沟通和协同运作，持续激发团队的应变能力和创新能力，提升团队业绩。

（5）基于共享经济的价值生态链形成。未来的市场竞争将是资源的竞争，谁率先打造自身的产业价值生态链，拥有更多产业资源，谁就将在竞争中占据优势。当前，企业的商业模式已向平台化、集成化转型，通过整合上下游外部资源，突破企业能力边界，以平台化运营，构筑产业生态链，提升竞争优势。价值生态链形成的一个重要原则就是合作共赢、互利共惠，要充分利用共享经济这一新的经济模式，在互联网媒介下，整合对形成产业价值生态链有益的社会资源，对资源使用权重新分配并使其被最大化地利用，供需双方均能从中获取经济红利，以此奠定合作基础，促进价值生态链的形成。

3. 精益管理项目运行流程

精益管理项目的运行一般有申报、立项、培训、实施、验收、总结六个阶段组成。

（1）项目申报。各单位根据年度精益管理计划设立改善项目，组建项目实施团队并填报项目立项申请，财务管理中心根据立项内容对精益成效进行初步测算。

精益管理作为产品力系统的重要支持手段，公司对其立项有严格的要求，它的来源一般包括以下方面。

①基于公司发展战略及年度经营目标需要的改善项目。

②客户不满意、存在强烈要求的改善项目。

③通过价值流分析在管理方面存在巨大改善空间的改善项目。

④针对各单位日常工作瓶颈问题的改善项目。

⑤针对重大、突出质量问题的改善项目等。

精益改善项目要求目的明确，目标清晰，遵循 SMART 原则。

①具体性原则。项目范围可控，针对生产、质量、工艺、库存、成本、管理等具体问题，避免存在争议。

②可度量原则。项目有可以量化的指标来衡量成功与否，指标定义清晰，数量不宜超过 3 个。

③可实现原则。项目目标具有一定挑战性，经过努力可以达到。

④相关性原则。与各单位工作目标挂钩，能得到管理层支持。

⑤时间限制原则。项目实施一般 4—8 个月能输出结果。

（2）项目立项。精益管理推进办公室进行预审，预审结果报精益管理推进委员会批准，通过后正式任命项目组长，完成项目立项，立项结果由精益管理推进委员会以红头文发布。

精益管理推进办公室将项目预审结果根据重要程度、实施难度、预期效益、实施周期、投入资源多寡等因素分为三类。

①重点精益改善项目。纳入公司精益管理推进办公室进行统一管理。对于重点精益改善项目进行编号管理，并要求项目组一周内提交主计划，以 WBS（工作结构分解表）为核心，分层分块制定，由精益管理推进办公室备案，以便后期考核和跟踪。

②一般精益改善项目。由精益管理推进办公室提供必要的支持，各单位自行实施。

③暂不适宜的改善项目。由精益管理推进办公室说明原因并退回申请单位。

(3) 项目培训。根据精益改善项目的整体实施进度，合理安排培训，以精益管理系统理论知识、精益模拟实战、精益相关应用工具、项目管理、计算应用软件等为主，同时根据项目的实际需求进行适当调整。

(4) 项目实施。项目实施过程中应充分运用精益的工具和语言，不断提升对精益的理解；各项目严格按项目计划推进，原则上不允许延期，如遇特殊情况需更改时，应出具书面的项目实施计划调整说明报精益管理推进办公室批准；每周由项目组组织小组周例会，例会主要对上周计划落实情况进行检讨，并制订下周项目实施计划，同时对疑难问题点进行讨论，形成会议记录报精益管理推进办公室；每月由精益管理推进办公室组织项目评审会，各项目应在规定时间内提报项目阶段报告与汇报人，精益办成员将对各项目实施进度、计划管理、指标管理、小组活动、工具应用等方面进行评审与质询，评选出月度"精益之星"和"精益团队"；项目组充分发挥团队协作解决项目实施过程中的问题，对于超出项目团队能力范畴的问题及时反馈协调；项目实施过程中所产生的文案资料指定专人负责整理，以便追溯核查；项目实施过程中建立项目指标推移图，对指标趋势进行跟踪，关注各项改善实施效果；项目变更与注销需满足必要条件并履行相应程序。

(5) 项目验收。达成目标并完成总结报告，由项目组长填写精益改善项目结案申请表报精益管理推进办公室，启动项目结案程序；每年10月份前精益管理推进办公室组织人员对各项目进行验收，包括报告验收和现场验收，对综合项目过程管理与实施成果进行评价，评价合格后报精益管理推进委员会终审，通过审批则项目完成结案；项目结案后，精益管理推进办公室组织年度精益改善项目发表大赛，邀请精益管理推进委员会、外部精益专家共同评选年度优秀精益项目；未成功关闭的项目，由精益管理推进办公室给出改善意见，对项目进行延期处理。

项目效益测算与核实是项目验收的关键环节。项目结案时，由财务部门组织对改善项目取得的经济效益进行核实；项目效益测算分为已产生经济效益和年化经济效益两个方面，存在重复测算的应予以扣减，项目最终效益减去项目投入；非直接经济效益作为项目验收因素之一，由精益管理推进办公室评定。

项目组可参考表2-7所示的经济效益计算方式,具体以财务部门核定为准。

(6)项目总结。项目实施过程中形成的标准纳入公司相关文件进行固化;精益管理推进办公室负责将项目相关文件归档,组织成果复制和经验推广;公司精益管理推进委员会于每年第四季度组织召开精益成果发表大赛,评选年度优秀精益项目进行表彰和激励。

表2-7 精益项目经济效益计算参考表

序号	项目	年化效益计算公式	备注
1	提升效率	改善前实际投入工时×(改善后效率-改善前效率)×定额工时工资×12个月-项目投入金额	生产效率=∑产品定额工时/∑实际投入工时
2	减少库存(含在制品)	改善前平均库存金额×(改善后年周转次数-改善前年周转次数)×银行贷款年利率	周转次数=财务账面销售金额/月平均库存金额) 银行贷款年利率按4%
3	节省场地	节省场地面积×单位生产面积年度折旧	—
4	减少报废、提高合格率	年度计划产量×单个产品成本×(改善后平均合格率-改善前平均合格率)	—
5	提高原材料利用率	∑(改善前单位原材料用量-改善后单位原材料用量)×年度计划产量×材料平均价格	以每一种原材料改善后利用率分别计算
6	降低采购成本	改善前材料采购成本×(改善后采购成本下降率-市场工业材料采购成本下降率)	—
7	减少人员	节省人员数×单人年平均工资	单人年平均工资按3万元计算

2.6.3 马应龙精益生产之路

产品内部交付系统的运行和完善,借力精益生产推行,通过彻底追求生产服务的合理性、高效性,灵活借助生产技术和管理技术,运用基本原理和诸多方法，力求产生积极的作用。

精益生产是通过系统结构、人员组织、运行方式和生产交付等方面的变革，使生产系统能很快适应用户不断变化的需求，并能使生产过程中一切无用、多余的东西被精简，最终达到各方面最好结果的一种生产管理方式。生产中心的精益变革经历了筹划、实施、阶段性总结等过程。

1. 精益生产项目筹划

从社会的大环境来看，公司正处于二次创业阶段时期，主要致力于业务转型，产业链向大健康方向延伸，多品种小批量的生产态势越来越突出，整合应用内外部生产资源已成为趋势，虽然第一个五年产能规划已付诸实现，也消除了产能瓶颈，但环境、市场变化带来的危机与挑战，也要求马应龙必须寻求变革来消化压力，找到新的突破口，需要立即启动管理转型，系统性提升效率、效能，将管理工作重心转移到精益生产上来。

在正式启动精益生产前，为了对精益有初步的了解，公司组织基层骨干专题学习精益知识，针对部门特性进行指导性、实操性的深入学习，并在集中培训或专项培训中进行了宣贯。

为了找到更符合公司特性的精益之路，在筹划过程中，生产中心优先选定典型区域，开展6源查找，引导员工初步认识精益管理之美妙。在自己摸索的同时，也走出去，向行业标杆学习，比对差距，最终确定精益生产项目的改进愿景是实现公司与员工共同成长并取得双赢。这体现在两个方面。

①从公司的角度。希望使公司生产系统管理体系化、流程化、标准化，效率、效能得到提升。

②从员工的角度。希望员工能有更多的个人时间，薪资收入也能进一步增长，并从繁冗的工作中脱离出来，使个人的综合能力得到提升。

生产中心推进办从理论知识、实战经验、辅导重点等角度对精益导师团队进行了筛选，最终选定了理论与实践结合、能够结合企业实情制定针对性改善措施的深圳华昊顾问公司携手开展精益生产。为了有效地推进精益生产，公司同步成立了精益推进委员会，确定了相关的职责分工。

2. 精益生产项目实施

任何新项目的推行,首次实施的成效十分重要。在精益生产项目推广的初期,项目实施的步骤选择尤其重要。

(1) 树立样板。生产中心经过挑选,选择具有代表性的区域作为样板区,并进行了启动会的宣贯,通过全员的宣誓、样板区的授牌、总经理的指示来造势,以表达变革的决心。在咨询老师的辅导下,通过较短时间,迅速打造出了四个 6S 样板间,树立了标杆,并通过验收。通过时间短、见效快、落差大、视觉冲击强让大家看到成效,坚定信心,为后面的全面复制推广奠定了基础。

(2) 快速复制。样板打造完后,开展全面的复制覆盖,员工先通过样板学习,学习如何打造,然后再自主复制。通过学习推进的方法及工具,员工自主动手改善。在此过程中,辅导老师、推进办进行现场辅导,并定期进行小结,总结成败,制订改善计划。

经历现场 6S 改善复制,为 TPM 的导入奠定了基础。在正式导入了TPM(全员自主保全)管理后,依次进行自主保全、专业保全、初期管理三个部分的展开。

①自主保全。从设备的初期清扫开始,对设备进行深度的点检、清洁,员工还通过绘制三现图了解设备机构原理,并开展 2 源查找改善活动,消除设备微、中缺陷,提高设备信赖度。充分发挥员工的主观能动性,开发清扫工具 122 个,降低清洁难度,提高作业效率。通过标准化文件制定固化成效,制定了点检标准 107 项,巡检标准 138 项,形成常见故障处理标准。员工按照设定周期定期开展设备的清扫和点检,使设备性能得到提高,员工也逐步形成自主保全的意识。公司自主开发 TPM 课件 10 个,分别在线上和线下进行培训。

②专业保全。生产中心与咨询老师组织专业维修人员的培训活动,通过自身的专业水平与经验,将维修技巧以图文并茂的形式制作成维修 SOP,以便指导其他保全人员或新进保全人员的培训学习。通过支援自主保全,完善常见故障手册并进行现场指导培训和移交,构筑了设备情报管

理体系。针对设备劣化装置开展劣化复原，形成工作手册，方便员工快速处理小故障及日常维护。建立关键设备定期保全计划48个，员工按照标准定期保养设备，每年制订本年各设备指标，有力地提高了设备的投产效率。

③初期管理。生产中心推进办依据药企对设备的要求，将初期管理安装标准进行了修订，在设备设计阶段就对设备进行管理，按照初期管理七大性能制定设备的用户需求文件。在新购设备的安装初期开展不合理排查，对排查不合理项进行整改，保障投产前的效果。

在推进过程中，通过多种形式的宣传与总结汇报相结合，以生动活泼、别开生面的方式展示了精益的推进成效并总结经验教训、分析不足，让员工能够以更喜闻乐见的方式理解和接受，为全面的推广奠定了基础。

（3）团队培养。设立焦点课题，通过焦点课题的开展思路和方法，寻求突破解决了生产中的重难点问题。为达成共同的目标，打破部门间的壁垒，以团队协作的方式，对问题的原因进行头脑风暴，层层分析，找到原因后对其进行改善，有效地提高了团队的凝聚力。

在快速发展、生产压力越来越大的形势下，公司对于精益人才的需求也越发紧迫，一方面要通过引进人才填补空缺，另一方面更要重视自身团队人才的培养，才能及时高效地推动工作的进展。在人才的培育上，分为三个阶段。

①初期阶段以培养为主，重点在精益知识、专业技能、职业素养的教育。

②中期阶段以实践学习为主，将所学的知识应用到实际工作中，通过应用来检验教育的成效，在总结中提高。

③后期阶段以主导项目为主，通过项目的开展，跨部门合作，锻炼自己的计划安排能力、沟通协调能力、应急处理能力等，让综合能力持续提升。

每一个阶段都遵循学、用、教、推四步曲，让员工在工作中快速成长，从而达到快速育人的目的。

（4）成果交流与转化。精益生产的推进是一个简短不持续的过程，需要强化沟通和交流，取长补短。在推进的过程中，通过组织竞赛，以检查员工对工具的理解和掌握情况。在竞赛展示的过程中，员工的口才、逻辑思路、工具应用掌握情况会展现得一览无遗，同时可以相互借鉴交流，以便掌握得更加透彻，从而达到学以致用的目的。

在学习的同时，也需要将自身成果进行转化，通过自主研发各种培训教材，包括OPL、精益专业课件和精益微课等各种方式，使精益生产更加贴合马应龙的实际情况，从而助力生产经营的开展。

总的来说，通过精益生产项目的实施形成了具有马应龙特色的模式，即四步速成法，主要分为打造样板、营造氛围、固化成果、横向复制四步，以先慢后快，先小后大，先宽后严的节奏有效落地。

2.7 成本管控

基于公司的发展战略，成本管理的应用环境呈现多样化特征，单一成本管控方法，无法实现成本管理的目标。为此，公司结合内外部环境发展需求，突出资源增值的价值导向，全面推进战略成本管理，适应战略调整转型要求，协同企业价值链优化需要，进一步强化全员成本意识，完善成本管控体系建设，提升工作质量，强化企业持续盈利能力。

2.7.1 成本管控的内涵

实施战略成本管理，是以实现公司战略为目标，践行战略发展路径为要求，优化资源配置，挖掘资源效能潜力，提升成本产出质量。

1. 战略成本管理实施原则

在实施战略成本管理的过程中应遵循以下原则。

（1）战略性原则。战略成本管理符合公司的战略导向需求，满足公司产品及服务多样化、复杂化的要求，以及产业发展的个性化需求；注重在推动收入增长及其来源多元化的同时，控制成本无序增长，实现高效产出。

（2）全面性原则。战略成本管理实现全类型覆盖，涵盖生产成本、销售费用、管理费用、财务费用等公司所有成本费用环节；实现全价值链覆盖，对企业的内部价值链、上下游的行业价值链和竞争对手价值链进行分析和整合；实现全成本信息覆盖，提供多样化的成本信息，不仅局限于直接成本、内部成本，还要分析和收集各方外部资料，包括竞争对手、法律法规、产业政策、客户和供应商等方面资料；实现全员覆盖，战略成本管理过程中全员参与，上下结合，有效推动执行。

（3）持续改进原则。战略成本管理，并未追求单纯的成本降低，而是基于实现战略目标和战略路径要求的成本管理，整体分析和评价企业的成本管控能力和质量，形成长期竞争优势并保持核心竞争优势。

（4）效率效果原则。战略成本管理，以做正确的事和正确地做事为衡量标准。效果导向体现要做正确的事，通过有效且增值的作业流程，实现资源增值；效率导向体现要正确地做事，通过工作流程和方法的优化，提高作业品质，降低成本投入。

2. 战略成本管理推进组织

为高效推进公司战略成本管控，公司特别成立以公司财务总监为组长，包括财务、研发、生产、销售、资产等业务运行相关单位负责人为组员的"战略成本推进工作组"。工作组的职责包括以下内容。

（1）推动管理文化的形成。促进公司战略成本管理理念、管理体系、管理机制及管理文化在公司范围内的形成，为全公司践行成本管控理念奠定广泛的民意基础。

（2）执行战略成本管理工作。明确管理工作的方向，确定方针、实施原则及管理目标，审核和指导业务单位的实施方案和达成目标；根据公司要求，组织和协调相关资源，推进重大改善项目，综合运用各种手段和方法，达成管理目标的落地。

2.7.2 战略成本管理的运行

战略成本管理的运行，重点突破与系统推进相结合，明确推进工作导向，全面分析成本动因，优化整合供应链成本，精益管控运营成本，提高执行成本价值，实现成本管理与预算管理的深度结合，有效地应对外部成本压力，缓解内部资源有限性与产品服务多样化的矛盾，构建战略成本管理体系，进一步提高企业持续盈利能力。

1. 明确推进工作导向

（1）基于全过程的管控，确定成本核算范围和管理边界。构建产品价值链全过程的成本管理体系，基于业务管理要求构建成本核算范围和管理边界（非财务报表口径），包括研发、采购、生产、物流等价值链相关环节，并明确各环节的成本管控目标和责任，以及管控方式和流程。

在此方面，把控三个重点：一是确定统计核算范围，凡直接或间接用于企业经营的各项支出均为战略成本的管控范围，包括直接投入生产的料工费、各项期间费用、资本性投入项目；二是抓住主要的管理节点，事前和事中参与研发立项、产品量产评估、采购审批、招标方案审核、预算项目开支控制、大额资本化项目及费用化支出审核，事后参与供应商评价、客户价值分析、项目后评估、重点费用类别的投入产出评价；三是明确核算分配标准和办法，依据财务报表和管理报表的不同需求，针对管理报表重新梳理和修订成本分摊标准，并制定相关流程和办法予以固定。

（2）基于财务核算精细化基础的数据支持，构建目标成本管理体系。优化成本核算体系，完善基础成本的信息收集，实现产品成本核算的标准化和精细化，构建成本核算的数据支持。建立以市场导向的目标成本管理体系，对比标杆或竞品成本状况，制定符合市场需求、具备竞争力的成本管控目标，相应优化调整成本结构，实现有效战略成本管理。

在此方面，把控三个重点：一是数据支持，关注基础数据的梳理核实，厘清设备、厂房、人工、水电气能耗的实际作业归属，关注细化核算对象、积累可比成本数据库，指引和预测各类产品成本趋势，关注市场标杆或竞品的成本数据信息收集，合理优化目标成本（结构）；二是管理报表体系的建立，完善管理报表体系，管理报表与财务报表的适度分离，设定管理报表分摊规则，建立以业务（项目）为核心的全成本管理报表，核算数据的细化、信息化，在运行需求与效率之间平衡，但框架应具有延展性；三是目标成本管理制度的修订和完善，制定目标成本管理办法，基于标准成本的标准用量制定各年度目标成本，分析实际成本与目标成本的差异原因及改进内容。

（3）基于成本优势，完善项目立项评估机制。从产品立项源头考虑成本评估，搜集市场同类产品信息，对比评估产品后续成本管控目标和要求，以及成本预期情况。修订和完善产品立项和设计环节管理办法，从产品立项和设计阶段要考虑成本竞争力或对比评估成本有效性，新品上市前要有成本评估环节，业务单位、生产采购、财务等部门要对产品立项成本发表意见。对于不具备成本优势或优化、化解能力的项目审慎立项。

在此方面，把控两个重点：一是明晰需求内容，加大客服销售系统与解决方案系统之间的衔接融合，逐步引入产品开发流程（IPD）的核心内容，建立公司的产品需求框架内容，在精准挖掘需求的基础上，提出针对性的解决方案；二是优化改进立项评估内容，包括研发投入模型、新产品产出分析模型，包括产品竞争力模型，包括产品成本预测模型及流程（内外部成本数据参考情况）。

（4）基于成本持续改善，促进工艺改进、流程再造和模式创新。优化成本持续改善的运行机制，构建外部供应商、经销商资料库，定期收集市场相关成本信息，不断调整和优化经销商、供应商的合作方式（模式、价格、条件等），通过竞单方式，引入比价竞争平台，持续降低采购成本，提升营销效率；及时跟进同类型产品的价格或成本变化，对比分析公司价值链各环节成本差距，分析原因，并针对性地提出改进方式；跟进相关新材料、新技术、新工艺等变化，通过工艺革新，提升感知价值。

在此方面，把控四个重点：一是完善资料数据库，包括外部市场成本数据的信息查询和收集，包括合作方评价体系的完善，包括建立供应链、对于材料及工艺的研究职责，有能力争取到价格谈判的主动权，包括基于对合作方科学评价的基础上，制定合作方式的优化措施；二是强化业务合作的竞争性，提升经济性诉求，通过优化招标方式，扩大信息发布范围，大力引入新的合作方，通过优化招标流程，审核招标方案，关注综合使用成本，提供采购性价比，通过强化广告宣传类费用的投入产出分析，提高营销费用效率；三是持续改进成本差距，通过细化成本核算，加强数据分析，过程中及时提出成本项目改进要求，通过协同精益生产，引入 IE 工业工程专员，强化现场管理，通过基于成本价值的评估结果，提出成本项目优化改进要求；四是提升产品感知价值，丰富解决方案的思路和视野，补充引进复合型人才，向外部对口业务板块的对标学习，研讨红线基础上的机制松绑、机制创新，整合与利用外部资源，补足短板。

（5）基于价值创造，完善成本价值评估机制。深入分析成本管控各环节的价值点和价值创造工作，构建成本价值评估机制，持续优化工作事项，提升成本投入和产出效率，追求客户性价比和成本控制的最优化。

在此方面，以"量化为主、市场化导向、先模拟试用再执行与资源配置相挂钩"为原则，以"分阶段分步骤分部门推进评价模型"为策略，以"建立价值评价与预算资源分配的联系、实现资源分配的优化"为手段，协同主体责任部门、董秘处、资产中心、人力资源中心等，建立各环节价值评估机制。

（6）基于流程化的成本管控，控制各环节成本指标弹性和审批权限边界。建立严谨的成本管控流程，明确产品价值链（设计、采购、生产、物流）各环节的成本管控职责，各审批环节对应于市场导向的成本管控权限和弹性范围，确保各环节成本责任清晰，目标明确，权限边界清楚。

在此方面，把控两个重点：一是完善管控流程，通过价值链的梳理，补足流程中缺失的成本控制点，通过基于对管控点的影响程度，以谁主导谁负主责的原则，合理界定管控责任主体，通过在保持基本职能不变的情况下，分解不同维度的职责由不同营运单元来承担；二是制定市场化的成本指标，通过平衡市场导向和历史现状数据，设定控制指标阶段性目标值范围，通过基于价值链的成本价值评估结果，逐步引导资源向价值创造环节聚集，调整成本分布结构，通过财管中心系统梳理流程并建立动态化成本管控制度。

（7）基于反腐倡廉的行为准则，堵塞行为漏洞，规范管理行为。落实岗位内部控制制度，重要岗位定期轮换，关键岗位不相容；实施利益相关者回避制度；强化内部反腐，严禁采取其他不法方式侵占、挪用公司资产，收受贿赂、贪污腐败，牟取不当利益，包括严禁接受经销商、供应商贵重礼品、礼金；严禁参与经销商组织的高消费娱乐、私人度假旅游、出国（境）旅游等。完善系统、有效的监察管理机制，包括查处方式、举报渠道、举报人保护机制等，确保监察工作有效开展。

在此方面，把控四个重点：一是采购等关键岗位实施定期轮换机制，包括采购部门内部轮岗、内外轮换；二是加强员工利益关系管理，包括岗位任职的回避和交易类的审批管理；三是协同开展内部反腐工作，加强内部反腐宣传，畅通反腐举报途径通道，完善举报人保护机制，形成投诉举报闭环管理，落实各环节责任人；四是强化监察专业力量培养，加大对舞弊高风险环节的检查和处理力度。

（8）基于落实事实、责任到人的工作方法。公司战略成本管理工作由财务总监负责，财务管理中心统筹实施，生产、研发、外协等相关部门协同推进。要求制订行之有效的战略成本管理机制和实施方案，构建战略成本的统筹协同管理架构，确保战略成本管理的结果和成效。各成本形成和费用使用单位对其成本费用运行结果负责。财务管理中心组织实施，并对总体结果负责。

在此方面，注重制订战略成本的实施方案，建立推进的管理机构，明确管理框架及职责，分年度制定目标，明确责任人，协调推进，推行考核、运行机制及基于结果和成效的激励机制。

2. 全面分析成本动因

（1）以业务流程分析为基础，识别成本驱动因素。分析研发、采购、生产、配送、销售等全价值链环节，识别每项价值活动和工作流程的动因，找出完全相关成本，构建成本动因模型。各营运单位、各部门全面检视成本费用配置情况，重点关注业务流程的关键成本影响因素，注重不同部门之间的协同分析，注重识别横向联系，将重点放在流程循环的每一点，以发现在时间、成本上的节省和质量的提高。

（2）围绕内部核心价值链，开展重点环节的成本动因分析。围绕研发、采购、生产、销售四个环节，从产品设计、工艺研究、成本采购、质量管理、产品生产和制造、销售等主要成本动因开展深入分析，从每项价值环节的关键增值活动入手，寻找降低成本、提高效率的思路和途径。重点分析以下成本范畴。

①销售费用分析，包括各产品的投入产出分析、盈亏平衡分析、客户成本价值分析、销售费用中的固定投入分析、重点项目的成本效率分析等。

②交付成本分析，包括采购成本和外协成本分析、质量成本分析、库存成本分析、投入产出比分析、运营成本分析、生产成本中固定成本和变动成本分析、成本费用标准分析、产品成本的动因分析、资金成本分析等。

③产品研发及设计环节分析，包括产品设计环节的成本分析方式、基于成本降低目标的产品工艺改进、BOM（物料清单）分析等。

④行政费用分析，包括差旅费用、办公费用、接待费用、会议费用等重点开支环节，由各使用部门组织分析。

⑤财务费用分析，包括现金管理、票据管理、应收账款管理等。

⑥人力资源费用，包括各部门的人力资源投入分析、人力资源培养等费用。

（3）提出改善成本配置和利用方案。基于成本动因分析结果，以效果和效率导向为前提，通过优化业务流程管理、完善管理机制、整合供应链资源、调整运行方式或商业模式等，提出优化成本费用配置的方案，从工作的计划性和针对性出发，改善资源配置方案目标或有助于节约成本，或有利于改善现金流，或提升资源的产出效率，或对标历史数据或行业数据，采取目标成本法，有序提升成本使用效率。

3. 优化整合供应链成本

（1）促进供应链成本的整体最优化。以满足客户需求为导向，梳理和控制信息流、物流、资金流、作业流、价值流，基于内部运营和客户、供应商、分销商等上下游合作伙伴构建协同化的供应链管理体系，实现从设计、供应、生产、销售的系统性管理，实现供应链整体成本的最优化。

（2）完善基于产品为中心的成本管理。建立适应经营策略需求的产品成本管理方式，以产品作业链为标的，分析产品从采购、生产到销售的全过程资源投入，审核产品成本管控状况，区别产品投入的固定成本和变动成本，以工作流中实际发生额作为费用分摊依据，评估产品产出价值。对于低效或负效产品，通过重新定价、原料替代、工艺改良、生产优化、营销调整等方式进行成本产出的优化，鼓励外部资源整合盘活。基于产品特性，采取市场驱动成本法，先确定市场价格和利润目标，产品价格要能反映客户感知价值、竞争者情况以及公司对产品的战略性目标。基于价格和利润提出目标成本要求，相关产品生产、运营环节应以目标成本为标准，实现生产、销售环节的工作事项和流程的优化。

（3）建立客户成本理念，提升客户关系盈利能力。全面评估各类客户盈利信息，将营销、分销、物流、客户服务等客户可分摊的变动成本作为客户成本范畴，分析客户隐性成本，如因营销人员、客服人员、财务人员等辅助工作投入成本等，按产出收益核算结果，结合业务类型分类明确高收益客户、低服务成本客户等。通过追溯与客户分销、服务、配送等辅助流程成本，对公司客户管理决策提供支持，如留住现有的高收益客户、为昂贵的服务成本重新定价、必要的话通过折扣赢得低服务成本客户、与愿意合作的客户协商建立降低服务成本的双赢关系、转让长期亏损客户或争取高收益客户等，实现客户关系的有效管理。

（4）从采购环节上延伸供应链成本管理。关注与上游供应商的交易成本分析，理解分析与订购、招标、接收、检验、质量管控、运输和支付原料费用相关的成本，以更好的决策来选择最低总成本的供应商，而不仅仅是最低价格的供应商。基于与供应商双赢合作为目标，提高洞察力，搜寻降低存货和总供应链成本的方法。

（5）产品研发和设计环节关注成本因素。将产品或服务的交付全流程中的成本作为考量因素，精确产品或服务的预期成本模型，在合理的目标成本内设计和开发产品或服务。对于盘点后需进行成本优化的产品或服务，从上游供应商和产品服务设计环节进行考虑，寻求降低成本的有效途径。

4. 精益管控运营成本

（1）生产环节深化精益管理，持续改善。深入贯彻精益管理理念，聚焦"保质量、提效率、控成本"，分析成本明细，逐项优化；注重生产线、价值链上的持续改进，注重供应商的整合优化以及外部资源的利用合作；优化成本管理的理念、方法，全面推行标准成本管理；完善材料和人工成本管控方式。复核存量产品定额工时，梳理和优化人员配置，强化精益生产的效益效果，实现人工成本的持续降低；强化成本核算的精益管理，加强标准成本及成本核算模块的信息化建设，形成系统过程管控和快捷数据处理，实现材料单耗的全过程控制，降低沟通成本，提高成本核算效率。

（2）销售环节精确评估费用效果，优化销售费用配置。考虑贡献价值和竞争对手布局，以适配性和重要性原则配置资源，提高业务单元预算调控能力；针对重点项目、重点市场或新增重点营销方案，根据投入产出预算分析，关注成本投入和资源配置影响；细化评估品种的投入产出分析，以产品为线条，逐项分析各环节成本投入，并评估其必要性和有效性；优化产品销售政策，针对部分品种存在的政策参差不齐、执行差异趋大的情况，开展销售政策执行效率效果的细化评估，调整优化产品政策，提高产出率；科学开展产品盈亏分析，针对亏损品种，调整营销策略或定价方式，提升盈利能力；严控销售固定成本增长，以效率为导向，强化广告投放的精准性以及销售相关人工费用的总额控制。

（3）严控行政费用开支，强化预算管理。按照"厉行节约，反对浪费"的原则，落实责任主体，严格按照预算支出，杜绝超支、超标现象，对于办公用品、招待费用、会议费用、差旅费用等日常费用，细化管控标准，杜绝过度消费或铺张浪费，在一定额度内提倡奖惩办法，奖励费用节约单位；重点监督日常费用的调增，调增事项充分考虑与业绩挂钩、与效益挂钩。

（4）强化现金流管理。坚持推行收支两条线、资金流与物流相对分离,确保资金安全,防范经营风险;坚持贯彻"划拨资源、分账核算、考核贡献"的管理机制,促进营运重心前置下移,强化市场导向机制,追求有效经营成果,严格控制产品在途及应收账款,注重销售回笼、投入产出比等有效指标考核。加大盘活票据的力度,寻找合适的盘活方式,降低资金占用和资金成本。

5. 提高执行成本价值

(1) 提高固定成本利用效率。持续挖掘固定资产的利用潜力,包括生产设备、房产、土地等资源,通过科学管理、资源整合、方式创新等,进一步提升固定成本的单位产出效率;整合外部资源,积极创造条件开展资产租赁、委托加工或对外合作业务,挖掘资源潜力;评估固定费用的投入产出有效性,进一步挖掘相关工作及流程的产出价值。

(2) 关注组织内外部协调成本和联系成本。以产品价值链分析为基础,关注协调及外部联系成本的降低途径,如采购与生产的协调、品质管控与品类及渠道的协调、运营和后勤的协调、外部供应商的供货频率和及时性等,通过降低协调流程复杂度、重整工作流程和提高工作品质等,使工作效率提高。以便捷、快速、高效为目标建立适合企业经营发展需要的信息沟通和共享平台,完善内部数据信息分析和共享机制,构建有效信息反馈平台,提高决策和协调效率。

(3) 深化全面质量管理。强调全产业链、全过程的质量管控,深化质量意识,强化质量责任,从企业的整个范围、设计、生产过程的各阶段,来着手提高产品和服务质量,实现成本产出有效性的持续提升。明确质量管控的重点领域和重点环节,针对质量薄弱环节、新兴业务环节等,不断完善质量管理体系,持续导入质量管理理念,确保产品和服务的优良品质。

(4) 发挥员工积极性和主动性。全面实施内外部竞单,鼓励员工自组团队,跨组织运作,打破职能壁垒,盘活组织资源,建立开放有序的资源竞争平台,让有能力、有创业精神的员工有实现自身价值的平台。不断完善内部创业机制,科学高效衡量项目收益,强化激励效应;鼓励外部资源整合,通过外部联合经营方式,调动相关利益方的积极性,形成合力,激发活力,持续降低员工隐形成本,提升项目运营效率和质量。

6. 实现成本管理与预算管理的深度结合

(1) 推行预赢管理。财务管理中心对应强化相应管理会计职能,以"事前算赢、事中显差、事后优化"为导向,实施项目预算管理。通过事前算赢,在项目或实施方案的事先投入测算,确保项目收益和其引发的成本比较平衡,项目确立或方案提出时结合分析成本收益影响,就其成本构成、预计产出贡献体现在预算分析之中;关注不同业务单元或责任中心之间方案执行的因果关系,项目预算方案执行对其工作流程和职能的影响;将提出的目标、运行方式和相关成本应纳入决策主要考量因素。通过事中显差,绩效和预算管理部门跟进督导项目方案的执行情况,对方案执行过程中的进度和资源配置事项发表意见,及时调整、优化实施方案。通过事后优化,注重财务管理的事后分析、总结,对照预算、预案执行情况,分析差距、总结经验,构建持续优化的闭环管理机制。

(2) 强化预算单位的成本产出责任。各单位不仅对工作结果负责,也确保所支配的能够有高产出;项目及绩效目标在预算的约束下能够被清晰地表述,同时允许手段和资源上的灵活性,实现有效授权管理;各部门通过内部定期检查各自预算,及时进行成本监控;项目或报告实施及完成后,财务管理部门同步提交相关成本费用结果,包括直接成本费用、维持管理费、IT费用、工资成本等详尽成本信息,作为项目负责单位或领导决策的主要依据。

(3) 注重长期预算和中短期预算的协调平衡。鼓励成本责任中心负责人协调考虑中期和长期预算配置,从战略角度思考预算的合理性和产出效率,在贯穿投资、经营活动始终的基础上分配和管理资源,而不仅仅是短期的预算分配。

(4) 建立零基预算意识。不受以往预算安排情况的影响,一切从实际需要出发,以当前或未来绩效为目标,逐项审议预算年度内各项费用的内容及其开支标准;转换管理思路,重新审视存量预算的合理性,减少复杂性,建立持续改进机制,排除低效或无效的工作流程,节约存量资源。

2.7 成本管控

案例 2-1

借力精益，建立多维立体降本模式

在持续通过 GMP 认证、建立相对规范的基础管理体系后，公司的生产中心开始关注制造业的本质，追求效率效能，重视成本管理。2012 年 12 月 5 日，在筹划 2013 年重点工作时，生产中心确定了 2013 年的成本控制项目。当年，有 17 个项目完成，年化节约成本费用约 155.71 万元。在当年总结评估的基础上，公司肯定了成本项目管理的作用，自此，生产中心开始每年坚持成本项目管理，每年均有所斩获。2016 年 7 月，生产中心开始导入精益生产，逐步启动改善提案、课题、重点精益项目等，探索有效应用改善的工具。

2018 年年底，在整理年度奖励资料时，生产中心总结出成本多维立体管控模式，从中心、部门、班组、个人四个层级，从人工成本、采购成本、库存成本、质量成本、八大浪费多个维度，分别以重点改进项目、成本/技改项目、课题、改善提案为载体，全员协同发力，为系统进行成本管控奠定基础。

该模式关注如何去调动全员的力量，分层级聚焦，把握不同的重点：中心层面集中在重点精益项目，集中力量办大事；部门/车间层面自主开展成本项目，有效补充显神通；班组层面动态开展课题，持续发现改善机会；个人层面开展改善提案，充分发挥全员的力量。

每年按以下程序展开工作。

（1）发布通知，征集重点精益、成本项目；组织筛选，确定重点精益项目、成本项目，明确项目负责人及推进步骤，并跟踪落实。

（2）组织班组动态分析，发现改善机会，通过课题予以推进。

（3）组织改善提案活动，评审重点改善提案。

除了过程的跟踪和督导，还关注收益的第三方确认。在制定测算标准、进行自主测算的基础上，邀请财务管理部门介入，对项目、课题及重点改善提案的收益逐一确认，确保收益测评结果的相对公允。

2019 年及 2020 年，生产中心有意识地运用成本多维立体管控模式，取得显著成效。两年累计年化收益达到 1679 万元。多维立体降本模式的推进，总结口诀如下：生产中心抓重点，部门车间神通显；班组持续找课题，个人提案多改善。

在推进过程中，重点精益项目、成本项目筛选确定最为重要，是决定最终经济效益的关键。在推进过程中，问题的识别是难点。在初期，显性的问题解决后，就逐步进入深水区，后期，需借助智能制造的推进，强化数据采集、实现数据透明，充分应用数据分析，系统有效地识别问题，为更深入的成本管控奠定基础。

成本管控需持续地探索，不断地总结纠偏，敢于筹划，敢于决策，敢于突破，生产中心同仁齐心协力，增强思想力，强化行动力，打造创造力，多维统筹，降本增效，协同公司实现管理升级和战略转型。

2.8　产品力评价体系

产品力的强弱由消费者、专家和市场来评判才真实、客观，有说服力。产品力评价体系就是从企业外部视角出发，建立客户管理的反馈系统，通过能够反映客户、专家和市场对产品、企业创新能力认可程度的指标体系，对产品力进行衡量。这要从两个方面来开展：一是是否达成产品经营的基本目标；二是是否形成可持续的经营能力。

2.8.1　从基本目标角度评估产品力

从基本目标角度设置产品力评价指标，主要是通过客观的数据和市场的反馈，体现出产品力是否达成有效、安全、经济、便利和合规的基本目标，满足客户对产品的基本需要，这是产品力经营评价的起点，也是客户经营系统可持续发展的基础。产品力的经营目标指标体系如表 2-8、表 2-9 和表 2-10 所示。

表 2-8　　　　　　　　　　　药品产品力的经营目标指标体系

评价项目	评价指标	指 标 说 明
有效性	适应症范围	药品是否对症
	起效速度	用药后药物能否快速显效
	药效持续时间	用药后药效维持时间的长短
	身体反应	用药后症状得到缓解、控制、好转或痊愈
	用药周期	用药后呈现预期身体反应所需的时间
	有效率	用药后达到期待效果的概率
	不可替代性	药品在治疗过程中是否具有其他药品不可替代的优势
安全性	不良反应程度	药品出现不良反应的严重性以及是否出现新的不良反应
	不良反应发生率	药品不良反应发生的可能性或频率
	不良事件发生率	药品不良事件（药物治疗过程中发生的任何不幸的医疗卫生事件）发生的可能性或频率
	禁忌症数量	药品说明书中提及的禁忌症数量
	药物相互作用	与该药品发生相互作用的药品和食品的种类、数量
	特殊人群用药	特殊人群（孕妇及哺乳期妇女、儿童和老年患者）用药可能发生危害的可能性、频率或程度
	急性毒性	药品发生急性毒性的可能性、频率或程度
	药品三致作用	药品三致效应（致突变、致癌和致畸效应）发生的可能性或频率
便利性	给药途径	用药方式的合理性、便利性和可接受性
	剂型	药品呈现形式的合理性、先进性
	剂量及频次	药品一次用药量的大小及每天用药的次数是否让患者感觉不便
	使用复杂程度	药品使用过程对专业技能的要求程度
经济性	性价比	患者对药品疗效、总体治疗费用、治疗时间、对生活质量的影响等的主观、综合感受
合规性	原料合规	严格执行国家药典及相应规范的要求
	生产合规	严格执行国家药品管理法及相关生产管理规范的要求
	储运合规	严格执行国家药品管理法及相关经营管理规范的要求

表 2-9　　大健康产品力的经营目标评价指标体系

评价项目	评价指标	指 标 说 明
有效性	使用范围	产品是否符合其使用范围
	舒适度	使用后身体或心理舒适度是否得到改善
	身体反应	使用后身体状况得到缓解、控制、好转或痊愈
	使用周期	使用后呈现预期身体反应所需的时间
	使用效果	使用后是否达到期待的效果
	有效率	使用后达到期待效果的概率
安全性	副作用及不良反应	使用后出现副作用及不良反应的可能性、频率或程度
	使用禁忌数量	产品使用禁忌的数量
	特殊人群使用注意事项	特殊人群（孕妇及哺乳期妇女、儿童和老年患者）使用可能发生危害的可能性、频率或程度
便利性	使用途径	使用方式的合理性、便利性和可接受性
	产品形式	产品呈现形式的合理性、先进性
	使用量及频次	产品一次用量的大小及每日使用次数是否让客户感觉不便
	使用复杂程度	产品使用过程的可操作性及复杂程度
经济性	性价比	客户对产品效果、总体费用、使用时间、对生活质量影响等的主观、综合感受
合规性	原料合规	严格执行国家食品、化妆品等相关管理规定的要求
	生产合规	严格执行国家食品、化妆品等相关管理规定的要求
	储运合规	严格执行国家食品、化妆品等相关管理规定的要求

表 2-10　　医疗产品力的经营目标评价指标体系

评价项目	评价指标	指 标 说 明
有效性	诊断明确	病情诊断的准确性
	治疗效果	患者健康的恢复情况
安全性	技术操作	医院人员的技术水平
	医疗设备	医疗设备现代化水平及运转状况
	应急能力	遇到紧急情况的应急能力
	服务安全	医院提供的医疗服务安全程度

续表

评价项目	评价指标	指标说明
便利性	手续便捷	办理入院、出院手续的便捷性
	等候时间	挂号、就诊、取药等过程的排队等候时间
	服务及时	快速预约、快速服务
	收费项目明细	清单和费用查询的便捷性
	投诉服务	处理患者意见和投诉的速度
	便民服务	饮食、购物等消费的便捷性
经济性	常规检查费用	三大常规、B超等常规费用
	大型设备检查费用	CT、MR等大型设备检查费用
	对患者尊重	医务人员对患者服务过程的尊重
	用药和饮食指导	针对患者疾病情况提供用药和饮食指导
	个性化服务	患者提出的合理化要求满足程度
	健康教育	健康宣教的延展情况
合规性	营运合规	符合国家和地方医疗结构相关营运规范
	医德医风	医德医风（如医生的责任心、不收受或索取红包、礼品等）
	对患者的隐私保密	在看病和治疗时，医务人员对患者隐私的保密程度
	知情同意	手术和检查前的知情同意

2.8.2 从经营能力角度评估产品力

从经营能力角度进行评估，就是要在达成基本目标的基础上评价产品力是否能够持续地支持经营的发展，通过数据指标来衡量产品力系统是否满足了运行的需求与价值主张、优势与资源保障、效率与运营组织、增值与价值创造等基本原则，即满足市场性、独特性、竞争性、效率性和经济性，从而持续地形成价值创造能力。产品力的经营能力评价指标体系如表2-11、表2-12和表2-13所示。

表 2-11　　　　　　　　药品产品力的经营能力评价指标体系

评价项目	评价指标	指 标 说 明
市场性	市场占有率	第三方统计数据
	消费者满意度	第三方统计数据
独特性	制剂技术	工艺、技术先进性；技术指标表现
	剂型	适用性、依从性、创新性
	质量可控性	含量控制指标数量及精确度；保质期；存放条件
竞争性	整体技术水平	国家认定实验室、企业技术中心、新药研发示范企业等技术资质
	成熟度	产品、技术成熟度
	标准制定能力	主持和参与制定的国家、行业标准数
	储备项目数	后续可上市产品数量
	专利拥有数	拥有专利总量
	发明专利申请数	每年新申请并被正式受理的发明专利数量，包括国内申请、PCT 国际专利申请和国外专利申请数量
	获奖情况	获国家自然科学、技术发明、科技进步奖项目数
	产品采标类型	国际标准、国外先进标准、国家标准、行业标准、企业标准
效率性	研发投入率	研发投入占销售收入的比例
	研发人员数量	研究与试验发展人员占职工人数的比重
	获批新药证书或生产批件数	年度新增数量
经济性	盈利能力	产品利润率
	产品经营规模	产品销售收入的水平
	新产品销售贡献率	每年新推出市场的产品销售收入占总销售收入的比重

表 2-12　　　　　　　　大健康产品力的经营能力评价指标体系

评价项目	评价指标	指 标 说 明
市场性	市场占有率	第三方统计数据
	客户满意度	第三方统计数据

2.8 产品力评价体系

续表

评价项目	评价指标	指标说明
独特性	生产技术	工艺、技术先进性；技术指标表现
	产品形式	适用性、依从性、创新性
	质量可控性	保质期；存放条件；维保要求
竞争性	整体技术水平	国家认定实验室、企业技术中心、新药研发示范企业等技术资质
	标准制定能力	主持和参与制定的国家、行业标准数
	产品采标类型	国际标准、国外先进标准、国家标准、行业标准、企业标准
竞争性	专利拥有数	拥有专利总量
	发明专利申请数	每年新申请并被正式受理的发明专利数量，包括国内申请、PCT 国际专利申请和国外专利申请数量
	获奖情况	获国家自然科学、技术发明、科技进步奖项目数
	成熟度	产品、技术成熟度
效率性	新品上市速度	每年上市产品数
	研发投入率	研发投入占销售收入的比例
	研发人员数量	研究与试验发展人员占职工人数的比重
	储备项目数	后续可上市产品数量
经济性	产品经营规模	产品销售收入的水平
	盈利能力	产品利润水平
	新产品销售贡献率	每年新推出市场的产品销售收入占总销售收入的比重

表 2-13　　　**医疗产品力的经营能力评价指标体系**

评价项目	评价指标	指标说明
市场性	相关者满意度	病人、病人家属、社区内居民等的满意度（包括候诊时间、诊病时间、医疗费用、药费、技术水平、服务态度等）
独特性	人均科研成果与核心期刊论文数	平均每职工的科研成果与核心期刊论文数

续表

评价项目	评价指标	指标说明
竞争性	门诊诊断与出院诊断符合率	门诊收治住院诊断符合数占经门、急诊入院的出院病人数的比例
	治愈好转率	治愈与好转人次占同期出院人次的比例
	医院感染发病率	医院感染发病例数占同期住院病人的比例
效率性	病床使用率	平均每天每床的住院人次
	平均病床周转次数	一定时期内平均每床的出院人次
	业务投入产业比	业务收入与业务支出的比率
	出院者平均住院日	平均每住院人次的住院天数
	医疗成本率	平均每份医疗收入消耗的医疗成本
经济性	年门急诊人次	全年门诊、急诊人次总和
	年住院人次	全年住院人次之和
	利润率	平均每份业务收入获得的净利润
	人均每床日住院费用	平均每床日的出院病人费用
	平均每职工年诊疗人次	平均每职工的门诊与住院业务量之和
	固定资产增长率	与上期相比,固定资产的增长比率

3 营销力系统

3.1 营销力概述

当今世界,随着信息化程度的快速加深,"酒香不怕巷子深"的时代已经过去,营销已经成为任何成功交易过程中的重要环节之一,再好的产品、再贴心的服务,没有企业强有力的营销活动作支撑,就无法顺畅地促成消费者购买,也无法为企业带来价值贡献。企业只有通过有效的营销活动,才能在消费者心目中树立品牌形象,实现企业的资源转化功能,使资源得到增值。

科学技术的突破,包含电子商务终端设备的普及、移动网络的全面覆盖、二维条形码以及移动支付技术的创新,导致消费者行为的改变。消费者价值观更加多元化,综合运营多渠道购物成为常态,他们一方面重视体验,追求产品品质及个性化消费,另一方面又希望享受优惠的价格和良好的服务。企业面对科技创新冲击的营运挑战,以及消费者的心理越来越多元的购物选择,改变原有的营销模式迫在眉睫。

过去公司通过"痔疮药、马应龙"的功能定位帮助产品夺得痔疮用药零售市场占有率第一的位置,确立了肛肠领域领导品牌地位。而现在消费者的主力已经更新了一代,消费者的心理越来越难以捉摸,注意力更加分散,情感的沟通共鸣变得越来越重要。随着电子商务、移动医疗、社交网络的发展,市场竞争格局将向长尾化、离散化发展,要保持马应龙"品牌心智显著性"和"品牌购买便利性",必须要转变公司的营销模式。

3.1.1 营销力内涵

营销力的本质是通过营销手段对消费者的消费行为产生影响，通过识别价值（需要、欲望、需求）—传播价值（传播渠道、传播策略）—交付价值（方式、售后、惊喜）这一价值传递过程，满足消费者需求，实现企业价值的变现。

在产品价值同质化、服务细节化越演越烈的市场上，与消费者达成交易并将产品及时送达，形成良好消费体验就是企业营销能力的体现。在市场竞争中，企业营销力是指通过与客户全面深入的联系，及时准确地判断把握市场发展趋势，制定实施合理的市场行为，形成人、货、场价值的相互匹配，综合运用多种营销手段，从而与客户顺利达成交易并将产品及时送达的能力。

3.1.2 营销力打造的意义

营销力就是要开展"以客户为中心"的营销活动，进行有效的客户管理手段，实现价值客户的持续产出；建设高效的销售网络，提升物流、资金流的安全性和速率；强化运行网络的兼容性，实现产业间的相互协调和支持；强化监察和风控手段，实现企业持续稳定经营。

（1）保障持续稳定的客户价值变现。要实现客户价值首先要识别价值客户，持续优化完善产品的合理选配机制，强化客户体验，并运用综合手段保持与其的紧密联系，实现精准营销，提高企业价值持续变现能力。

（2）实现产品与客户、场景的价值匹配。营销就是要将合适的产品在合适的时间、合适的地点传递给合适的客户，使之形成相对完美的匹配，需要营销决策设计在客户需求识别分类基础上，通过网络将产品组合进行传递。

（3）强化价值网络的效用发挥。通过不断扩张网络的广度、延展网络的深度，实现营销网络的全面覆盖，以相互认同价值理念为基础，以客户价值评估为依据，筛选关键网络节点的客户，强化合作的紧密度与黏性，挖掘深度价值，充分发挥网络功效，在提升货物流、资金流流速的同时，发挥更大的辅助功效。

（4）提升网络兼容性，以支持产业发展。强化产业平台间的沟通联系，构建全面整合的信息扭转和销售服务系统，提升系统间的兼容性，全面支撑产品服务从供应方到需求方传递过程中的深度数据集成，将散落在供应链全过程中的数据整合贯通，实现全局数据的快速、无阻流动，驱动数据化运营，形成广度数据链；构建强有力的产品运营通路，实现产品销售无障碍扭转，聚集全产业链资源网络，打造商业生态链。

要达成营销力价值创造的目标，在实际的经营过程中，要遵循适配性、整合性、可控性和创新性的基本原则，促使系统持续、高效、稳定的运转。

（1）适配性原则。营销力系统涉及的因素很多，既有企业内部可控因素又有企业外部不可控因素，这些因素无一例外都在发展变化着。因此企业的营销力系统应能随着企业内外环境的变化而适时作出相应调整。对可控要素，要通过调整、改变来消除或减少企业营销活动与其环境之间的冲突和不利影响，从而使企业营销活动与环境之间达到相互调适。对不可控要素而言，在一定的范围内或一定的程度上，可以通过改变或改善企业自身的战略、策略、结构、管理方式等因素去适应不可控的外部环境。

（2）整合性原则。整合性原则要求营销活动要以客户为中心，进行系统战略营销。公司从研发到售后各环节都必须以客户为中心，贯彻一体化、组合化、优化的营销理念，将营销各个方面、各个环节、各个阶段、各个层次、各种策略加以系统地规划和整合，通过成本的整合、渠道的整合、网络的整合、资源的整合、信息的整合、传播的整合，减少成本，提高为消费者服务的水平，以更好地满足消费者的需求，同时公司也在服务消费者的过程中，不断地发展壮大。

（3）可控性原则。可控性原则要求营销管理采取"过程导向"，各项营销管理活动必须制度化、规范化、程序化，对营销管理的对象、管理内容、管理程序都必须以文件和制度的形式予以规范，避免营销管理过程的随意性。

（4）创新性原则。创新性原则要求以战略发展的眼光认识和预见未来的发展趋势，着眼于满足潜在的和未来的需求，着眼于企业全面发展的长远利益，在营销理念、营销制度、营销策略、营销手段上进行相应的变革与创新。

3.1.3 营销力四大功能

营销力建设主要涵盖以下四个方面的功能。

（1）客户管理。客户是经营的核心，客户管理是在客户洞察的基础上，通过客户关系手段的综合运用，强化客户体验，争取客户需求价值与公司产品价值的高度适配，保持客户与公司的黏性，从而使得企业的创造价值能够得到持续转化，是营销力系统的基础。

（2）销售管理。销售是公司以客户需求为出发点，以达成交易为中心，根据市场规则结合合作客户特点制定市场策略、确定销售举措，通过人、财、物等资源调配，为客户提供任何时间、任何地点、任何方式，且体验一致的产品和服务，并实现公司资金的回笼。

（3）网络管理。根据需求满足的规划，构建消费全覆盖的网络，根据产品属性的不同，将产品组合置于合适的终端之中，不仅使客户能够按照自身意愿选择网络获取产品，并使客户能够在理想的场景中获得满意的体验。

（4）市场监察与风险控制。市场监察与风险控制是公司通过运用系统化和规范化的方法，对营销系统各单元内部控制及风险管理的有效性、财务信息的真实性和完整性、市场各项行为的规范性以及资源使用的效率、效果等进行独立、客观的审查、核实和评价，揭示与查处存在的问题，促使营销系统不断改进和提升，形成营销系统闭环。具体如图3-1所示。

3.1.4 营销决策机制

营销决策是指企业为有效地引导商品或劳务从生产者到达消费者，对有关产品市场经营和销售活动的目标、方针、策略等重大问题进行的决策活动。

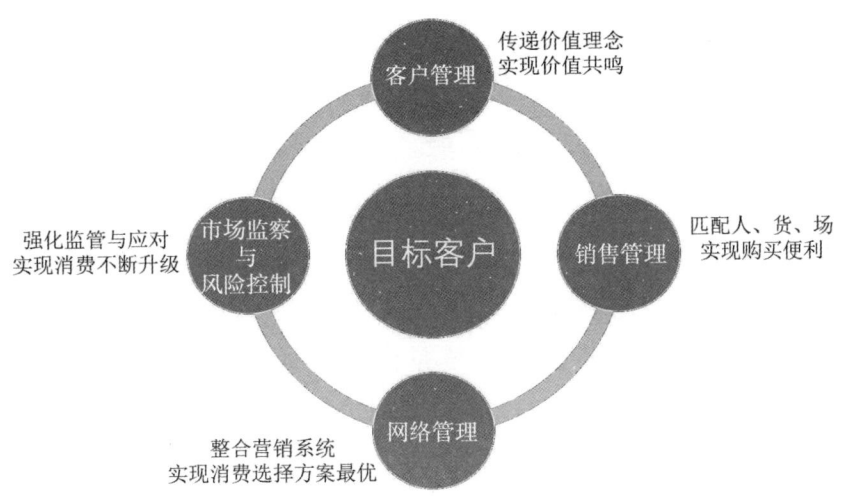

图 3-1 营销力功能示意图

1. 营销决策的分类与原则

营销决策是营销管理的核心问题，只有营销策略正确、合理、有效，才能推动企业营销工作的顺利开展。一般而言，营销决策可分为战略性决策和战术性决策，其中战略性决策是对企业生产经营过程中一些长期性、全局性、方向性、根本性问题所作的决策，它决定着企业未来发展的总目标。战术性决策是为了实现企业战略经营目标，对具体经营问题、管理问题、业务问题所作的决策，经典营销 4P 理论将其概括为：产品、价格、分销和促销的组合问题，可以将其归纳总结为产品/客户的匹配、渠道网络的设计、资源的分配三类决策问题。

（1）产品/客户的价值匹配。这涉及从发现需求到解决方案，最终完成客户转化的可能性问题，是以客户经营系统理念为核心，形成的价值匹配决策，其结果将对覆盖价值创造的全流程产生导向性影响。

（2）渠道网络的设计。对价值通路的设计和选择决定了整个价值最终实现的通路，渠道网络设计要符合产品与客户适配的场景，保证购买的便利性，并促进产业间的协同。

(3) 资源的分配。销售是战场，拼的是资源，基础是人、财、物的合理调用，营销决策将"合适的资源合理地匹配"到营销网络的每个环节，形成对"战场"作战单位的有效支撑。

在进行决策的过程中，始终围绕"以客户为中心"，根据系统运行的基本要求，贯彻以下原则。

(1) 信息性原则。决策应建立在信息时效、准确的基础上，要进行充分的客户调查和市场研究。

(2) 系统性原则。营销力系统是由多种因素和环节组成的总系统，决策时必须考虑到所涉及的整个系统及其有关分系统之间的协同。

(3) 优选性原则。决策要对多个计划方案进行分析、对比，综合评估路径与效率、长期与短期的效益等各个方面，选择最佳方案。

(4) 实操性原则。决策的根本目的是指导实际的营销活动，要具备可操作性，泛理论决策对市场有害无益。

(5) 反馈性原则。决策要设置反馈环节，能够通过实践对决策的科学性进行反馈，使得决策能够进行优化调整。

2. 营销决策组织结构

马应龙的营销决策机构是以董事会为最高战略制定机构，品牌管理委员会（简称"品管会"）为核心决策机构，业务单元为战术执行层面的三级结构。

(1) 董事会。是公司的最高决策机构，负责制定公司的总体经营战略，明确经营活动的工作原则和方针，确定中长期和年度的经营任务目标，是公司日常营运的最高决策机构。

(2) 品牌管理委员会。公司设立的专业委员会，主要负责针对品牌管理、市场营销等重大决策事项，是营销管理的决策议事机构，主要开展战略性营销决策。

(3) 业务单元。业务单元是营销活动的策划、组织和执行机构，在公司确定的权限范围内对日常销售管理活动进行决策，主要是战术性决策。

3. 营销决策的一般流程

公司各销售单位制定营销决策过程虽然根据类型不同有所差异,但总体上包含如图 3-2 所示程序。

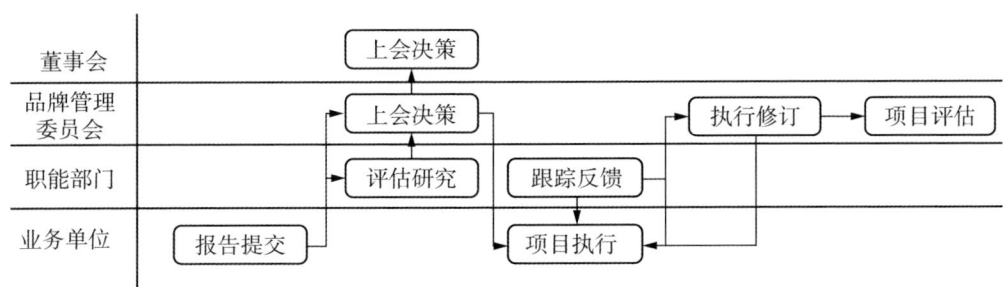

图 3-2 营销决策一般流程图

营销决策主要节点工作职能及机构如表 3-1 所示。

表 3-1 主要节点工作职能及负责机构

主要节点	主 要 职 责	负责单位
报告提交	针对需要进行决策的项目,如品牌使用、营销方案等内容,由立项部门向品管会提交立项报告	项目单位
项目评估	根据立项报告涉及内容,转发至相关部门进行项目评估,提交评估报告	项目相关职能部门
上会决策	在完成充分的评估研究后,公司将召开品牌管理委员会,对项目进行审议,并确定项目资源的分配。同时,根据项目的相关情况确定是否提交公司董事会进行更高层级的决策	品牌管理委员会
项目实施与修正	在项目实施过程中,采用会议、节点汇报、督办等多种形式跟进项目进展,及时对项目偏差进行修正,保证项目向预期推进,或根据市场变化对项目进行二次设定	项目单位品牌管理委员会项目相关职能部门
项目评估	项目结束后,通过不固定形式,组织包括财务、法务、审计等在内的各部门对项目进行评估,对项目价值创造、实施过程和后续的发展提出意见和建议	品牌管理委员会 项目相关职能部门

4. 资源分配

在市场信息、客户价值、营销策略明确之后，如何进行资源的有效配置至关重要。这里不再对传统资源分配模式进行论述，重点围绕如何在"肛肠健康方案提供商平台"上通过"竞争"机制进行合理的资源分配。

马应龙在从传统制药企业向平台转型的过程中，探索打造以品牌为纽带，搭建开放的平台，建立合理的利益共享机制，吸引内外部优质资源，实现利益共享，实现企业可持续发展。为此，公司对外建立招商机制、引进外部优秀团队、对标"海尔"实施"人单合一"，以更加开放、公平的态度，与社会优质资源共谋发展，逐步形成具有马应龙自身特点的"竞单"机制，做到资源的高效分配。具体如表3-2所示。

（1）竞单的内涵。竞单是针对产品、市场、订单、岗位等资源采取的竞争机制，是将产品/市场/订单/岗位等资源放到一定范围内公开竞争，经过事先公开的、公平的程序评议，优胜者获得该资源的承接权。竞单机制的提出能够实现资源的高效配置，让更优质的资源、更有能力的组织聚集在同一平台，各司其职，实现共赢。

（2）竞单的范畴。竞单的范畴涵盖公司的存量资源和增量资源。其中存量资源包括产品资源、市场资源、订单资源、产业资源和岗位资源等，增量资源则是外部引入的包括产品、市场、产业等各项资源。

表3-2　　　　　　　　　　资源内容一览表

资源名称	资源内容说明
产品资源	原则上公司所属产品资源均应纳入竞单范畴
市场资源	公司现有市场资源均可启动竞单机制，可按照大区或办事处所辖市场区域进行竞单，也可采用打包或分拆方式实施抢单
订单资源	公司生产订单可实施竞单，生产中心和外协管理部均可组织或承接业务部门订单，或生产中心以车间、生产线等形式参与内部竞单
岗位资源	公司所属的各级各类岗位均应纳入竞单范围。经公司批准实施竞单的岗位由人力资源部发布岗位资源启动岗位竞单，经批准允许部门自行组织的，由各部门自行发布岗位资源启动岗位竞单，人力资源部负责督导落实

（3）竞单的实施。竞单依据竞单资源组织方不同分为公司级竞单、运营级竞单和项目级竞单。

①公司级竞单资源包括：产品资源、尚未明确划分的市场资源、存量资产资源、本部行政序列岗位、子公司总经理、主要项目负责人等公司认定的相关资源、增量资源。

②运营级竞单资源包括：各单位已承接的产品资源或市场资源的内部拆解竞单，由业务部门发布的订单资源，本部除行政序列以外的其他岗位，子公司除董事长、总经理的其他高管岗位等。

③项目级竞单资源包括：项目小组内的各项资源竞单。

竞单一般经过抢单、议单、跟单、散单、结单五个环节，在遵循价值导向、共担共享、公平公开的原则下，各组织方可根据实际情况予以调整。竞单流程的内容如表3-3所示。

表3-3　　　　　　　　　　　　竞单流程内容

竞单流程	流　程　说　明
抢单	竞单开始环节，指组织方发布资源，各级员工、团队、项目组采取自由组合的方式参与产品、市场、订单资源或岗位的竞争
议单	组织方应对项目实施过程进行定期跟进、帮扶和督导，对于项目出现的战略偏差或业绩偏差，应及时予以沟通、调整和优化
跟单	公司生产订单可实施竞单，生产中心和外协管理部均可组织或承接业务部门订单，或生产中心以车间、生产线等形式参与内部竞单
散单	项目实施进度或内外部环境已与战略或目标发生较大偏差，项目需停止或重启竞单
结单	项目已达约定时间或成效，进行业绩总结、结算，并对后续工作进行重新计划和安排

3.2　客户管理

客户管理是包括客户关系在内的一系列企业经营性行为，是营销系统能够高效运行的基础。充分利用和发挥有效的科技手段，开展有效的客户管理行为，将有助于准确掌握客户的动态，深入挖掘客户的需求，向客户提供价值匹配的健康解决方案，辅以优质的客户体验，从而牢牢占据客户的内心世界，形成客户的忠诚，实现可持续的企业核心竞争力，这是"以客户为中心的价值创造机制"中重要核心的环节。

3.2.1 客户管理的目标

客户管理的实质就是要通过对客户采取有效的措施，促进客户对企业和品牌的价值认可，推动客户规模的持续增长，增加客户与企业黏性，形成持续的价值贡献。这有三方面的含义：一是洞悉市场，二是挖掘价值，三是维系客户。

（1）洞悉市场。是通过多种形式全方位了解市场动态和客户信息，并汇总、分析，目的在于在海量数据下，准确地把握客户的需求，掌握客户的行为方式，并同时掌握竞争对手动向，为营销工作的开展提供支持。

（2）挖掘价值。随着经济环境的变化，客户需求多样性日益增长，但无论客户对需求满足路径如何丰富，都要始终围绕客户对获得价值的认可展开，即客户只为自身认可的价值买单，这需要在洞悉市场的基础上，对客户认可的价值进行深入挖掘，促成客户对企业价值的认可。

（3）维系客户。市场的发展为客户提供多样性的选择，要想实现企业的持续盈利和基业长青就必须保持与企业的黏性，就需要企业在达成广泛价值认可的基础上，采取必要的营销手段推动客户实现持续购买，从而形成持续的价值变现。

这其中，通过客户价值的挖掘促成客户的价值认可，从而在客户心中形成独特的品牌地位是客户管理的基础，也是以"客户为中心"的经营系统所持续追求的目标。如何能够促成价值认可，就需要通过营销的手段，将客户价值与企业诉求进行匹配，从而形成合力的趋势。

3.2.2 客户价值的发现和选择

1. 发现客户价值

根据社会科学对客户价值的定义:"客户所能感知到的利得与其在获取产品或服务中所付出的成本进行权衡后对产品或服务效用的整体评价。"客户价值是客户对产品的一种感知,是与产品相挂钩的,它基于客户的个人主观判断。根据客户对价值认可的层次,可以将价值分为:功能价值、情感价值、娱乐价值、标签价值和谈资价值等几类。

本书第二章对客户需求分析进行了阐述,但客户需求和客户价值代表着不同的层面。

(1) 属性有所区别。需求是相对单一的,是满足个人某种需要的根本要求,对产品在价格、品牌等属性上并不进行严格的区别;而客户价值是将产品和服务感受挂钩的,它不仅满足客户的一般需求,也对客户需求的多样性进行了区隔,即不同客户背景形成不同的客户价值。

(2) 贡献有所区别。无论是"二八理论"还是"长尾效应",都清楚表明客户对企业的价值贡献在不同的场景和不同的阶段是有显著区别的,要实现价值的获取,就必须对客户价值有所区隔,从而提高客户价值的转换效率。

正是由于这种区别,发现客户价值包括了两个方面内容:一是发现客户价值,识别出有效的顾客;二是对发现的结果进行分割,以提供不同的服务。

(1) 发现客户价值。通过市场调研系统对消费者进行画像,勾勒出基本的消费场景和消费目的,形成客户价值切割的理论基础;通过销售渠道的各个环节进行不间断传播和沟通,激发客户消费的动能,找出价值取向相同、引导转换有效的、品牌忠诚度高的客户群体,激发潜在诉求,使更宽更深的客户价值得到展现。

(2) 匹配客户场景。在已发现客户价值的基础上,根据客户在需求、偏好、标准等各个维度上展示的不同,对其消费场景和需求转换能力进行分割，通过宣传和促销引导客户有效地向其匹配的场景方向移动，比如当客户注重隐私又害羞，那么马应龙旗舰店或者别的 B2C 平台就应该及时为其提供必要的帮助。

2. 选择客户价值

完成客户价值发现是形成客户价值选择的基础。所谓客户价值选择就是通过已经切割的客户群体，确定如何提供响应每一细分顾客群独特偏好的产品。

一般而言，客户价值选择包括三个要素：价值主张、客户选择和价值内容。马应龙作为肛肠健康方案提供商实质是定位于肛肠健康领域，以全病程的客户需求为导向，强化核心竞争优势，发挥资源整合能力，致力于为客户提供专业化、个性化、多样化的肛肠健康管理方案。这清晰地表明马应龙客户价值主张是为客户提供专业化、个性化、多样化的健康管理方案，而客户选择是有肛肠健康需求的消费群体，价值内容是肛肠保健、肛肠诊断、药品经营、医疗器械经营、医疗服务、术后护理等全方位产品和服务。其全流程我们可以参见图 3-3，此图在本书第一章也曾出现，现在我们从病患的角度来对其做新的审视。

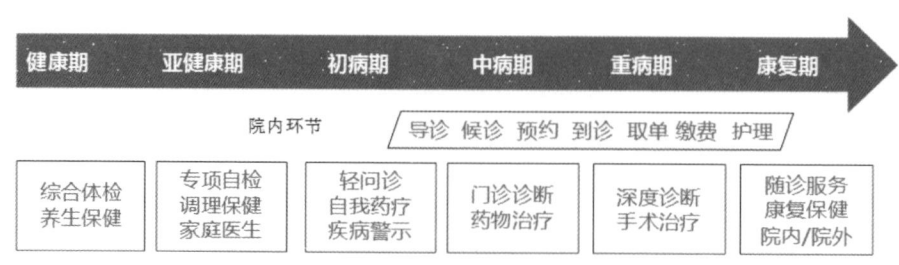

图 3-3　肛肠健康诉求全流程

肛肠健康方案提供商的定位要求经营导向从企业主导向客户主导的转变，从产品导向往服务导向的转变，最终形成以客户的需求为出发点，以肛肠疾病、健康保健需求解决方案为切入点，整合产业价值链中一切可以利用的资源，形成全价值链的战略布局，提供全病程的产品和服务配备，精准满足个性化客户需求。通过战略转型升级，使马应龙成为国内最大肛肠药品制造商和全球最大肛肠专科医疗服务机构，肛肠技术水平达到国内顶尖、国际一流，是细分领域服务功能最齐全、规模最大、最具影响力的肛肠健康方案提供商。

3.2.3 客户关系管理

随着市场竞争的不断加剧，客户正变得越来越挑剔，客户需求更加具有个性化。只有在将客户划分为不同群组的基础上，有效识别其真正需求，精确指导客户营销，以最经济的方式把产品提供给最需要的消费者，才能实现企业效益的最大化。

1. 发现价值的主要工作内容

发现客户价值的根本是对客户的敏锐洞察，它已经成为企业成功的关键因素。企业要培养自己强大的客户洞察力，提高企业的个性化营销水平，需要做好客户数据管理、客户分析以及洞察应用、客户体验等方面的工作。

（1）客户数据管理。高质量的客户数据管理是企业进行有效客户洞察的基础。客户数据管理能力也是企业进行个性化营销最重要的能力之一，是洞察客户需求的基础。公司对信息工作进行重组，组建信息中心，并以其为纽带，通过全产业链数据的整理，逐步建立起一套完整的客户数据管理策略来规划自己的客户数据管理工作。逐步建立数据共享机制，以数据库形式对客户信息资源进行规范管理，统一数据采集标准，保证数据的及时和准确。并在此基础上有计划、有策略地采集和丰富客户数据，建立高质量的客户信息基础，在企业推行层次管理和维护客户数据质量。

（2）客户需求画像。客户需求画像将客户的信息进行整合，通过一定的技术手段描绘出客户的消费形象，以建立起消费价值和一般场景之间的联系。在第一章需求的分析中，已经全面介绍了发现需求的过程和采集的数据内容，比如肛肠疾病流行病学调查结果，就为肛肠疾病患者群体形象进行了初步的描绘。通过发现需求机制的运行，从公司内外掌握了大量的数据，通过信息的交汇扭转，达到各个业务部门为其对应的客户进行画像，以便确定采用的销售手段。

（3）客户洞察的应用与完善。客户洞察是一个循序渐进、不断积累的过程。在实际应用中通过不间断监测，发现缺失与遗漏，并对现有的体系进行不断调整与完善。从数据管理、客户画像到客户洞察的应用与完善，公司客户洞察能力的培养和提高由此形成了一个高效的闭环。

（4）客户体验与反馈。客户体验主要是指消费者的体验，它是客户关系管理的重要环节，只有拥有良好的客户体验，才能促成客户对产品和品牌的良好印象，进而形成跟企业紧密的联系，最终表现为持续重复的消费行为，实现企业的价值。客户体验是当前消费者研究领域关注的重点，也是马应龙构建"以客户为中心"经营理念落地实施的重要组成部分，关于客户体验的详细内容，将在本节的下一部分内容中进行详细的叙述。

2. 消费者教育

消费者教育，也称为DTC（Direct To Consumer）营销，是指直接面对消费者的营销模式。通过正确开展消费者教育，让其充分了解健康与产品特性的联系，同时结合试用或者临床用药的开展让消费者对产品有正确的认知和使用。马应龙采用的消费者教育的途径和方法包括以下几种。

（1）制作发放健康手册。在终端发放针对性的健康常识手册，便于消费者（尤其是易病人群）接受和索取。针对索取手册的人群大部分为潜在消费人群的特性，积极进行跟踪、转化，达成针对性传播目的。

（2）建立完善的健康俱乐部。根据品类需求的不同，分别组建"健康俱乐部"，为消费者提供了一个感受马应龙文化、全面了解公司的平台。通过组织开展会员的互动活动，在消费者中宣传企业文化，推广产品知识，树立健康理念，提升公司品牌形象和美誉度，巩固和加强消费者对马应龙的认知度和忠诚度。

（3）积极开展社区活动。通过选择重点、有影响力的社区，开展咨询、讲座、试用、各种路展及文艺演出等活动，普及康美常识，宣传企业文化，使消费者深入了解产品，从而产生高忠诚度。

（4）广泛开展知识竞赛。通过报纸、网络等媒体发出问卷，进行厂商冠名的产品知识普及竞赛，在问卷设计中将产品知识、企业文化等内容融入其中，起到针对性宣传的作用。

（5）认真开展网站在线答疑。公司在官方网站上建立了消费者论坛，及时与客户进行沟通，回答消费者提出的相关问题，满足消费对隐私的需求的同时，建立起消费需求反馈的有效通道。

通过消费者教育，能够促使消费者学会更加便利地用药，从而对企业产生依存感，强化与消费者的黏度。同时，在参与消费者教育的过程当中，自动为企业进行了价值客户的筛选，利于后期持续地开发和挖掘。

3. 不同属性产品的客户关系管理特点

公司作为"健康方案提供商"，其产业覆盖从药品经营、医疗服务到大健康产业的全覆盖，在客户关系管理上各产业之间有必然的联系，也有自身的特点，下面将运用较短的篇幅向读者展示各产业客户管理的一些特点。

（1）药品客户关系管理。药品客户管理是马应龙客户关系管理历史的起点，随着二十余年的不断完善，公司目前已经形成了以销售业务客户服务部门为主导的客户关系管理体系。通过内外部信息收集、整理分类，形成系统化的客户信息数据，采用《客户信息处理跟踪表》等工具化手段和督办工作制度，实施以"客户为中心"包括体验式营销在内的多种营销手段，配合品牌宣传推广，指导药品品类管理部门和一线营运单元开展全流程客户关系管理，执行定期和不定期的关键客户维护，并形成相关的评估、优化改善报告，保持与相关客户的紧密联系。

（2）大健康客户关系管理。大健康由于自身行业的一些特性，除了通过各种形式的产品展示宣传，持续加强消费者教育，提升消费者对大健康产品的认知度和客户忠诚度外，还要特别注重对零售商业客户的关系维护，需要定期及不定期地组织对终端人员的产品知识培训，以提升终端人员对大健康产品的专业化水平；要针对竞品推广情况结合大健康产品的特点，制订差异化、特色化的买赠活动方案实现客流的转化；要设计关联大健康产品的推广方案，并通过活动推广效果分析，优化活动方式，促进渠道推广技巧的提升以及推广习惯的形成。

（3）医疗客户关系管理。医疗服务客户关系管理是以客户数据的管理为核心，通过客户信息的收集、维护、分析，实现对客户需求的洞察，有效地实现与客户关系的维护。运用各类信息技术平台来维护来自马应龙健康指南公众号和武汉马应龙肛肠医院网站两大平台所引流的用户；把握客户就诊的各个环节，精准录入医疗服务 CRM 系统，配合社交软件互动实现多次交互；对既往病患通过电话、微信和短信等方式进行定期回访，实现口碑营销，达成与客户的紧密联系，形成围绕客户的多样性价值转化。

（4）电子商务客户关系管理。电子商务客户管理重在保持消费者良好的体验，实现对消费选择的控制，在当前竞争还处在初级阶段，客户选择的不确定性较高的情况下，要不惜代价保持服务的一致性、相关性和便捷性，并在客户购买之旅的每一个阶段创建无缝的客户对话，在所有客户触点建立个性化关系。

3.2.4 客户调研与监测体系的运行

当完成客户价值的选择和匹配，获得客户以后，需要建立常态化的市场调研机制，并采取实时有效的监测手段，保证客户的状态始终处于公司的动态扫描跟踪之下，以便对客户的需求、行为作出最为快捷的响应，不断提升客户洞察的能力，增加客户的良好体验。

当前，中国正迎来新一轮消费升级的浪潮，消费者行为理念的转变催生出一大批理念和情怀的新品牌。然而，在激烈的市场环境下，有的品牌做得风生水起，有的却很快就消失在视野中。一个品牌茁壮成长有很多因素，但是否能很好地理解客户，并对客户心理、行为变化做出及时反应是关键的一环。墨林·斯通在其《卓越的客户关系营销》中是这样描述客户洞察的：客户洞察意味着对于客户的深入理解，并有意识地将这样的理解用于帮助客户实现他们的需求。在马应龙的客户经营系统之中，客户洞察就是更深入了解目标客户、更深入了解市场结构、更深入了解竞争态势,其结构及关键项如图 3-4 所示。

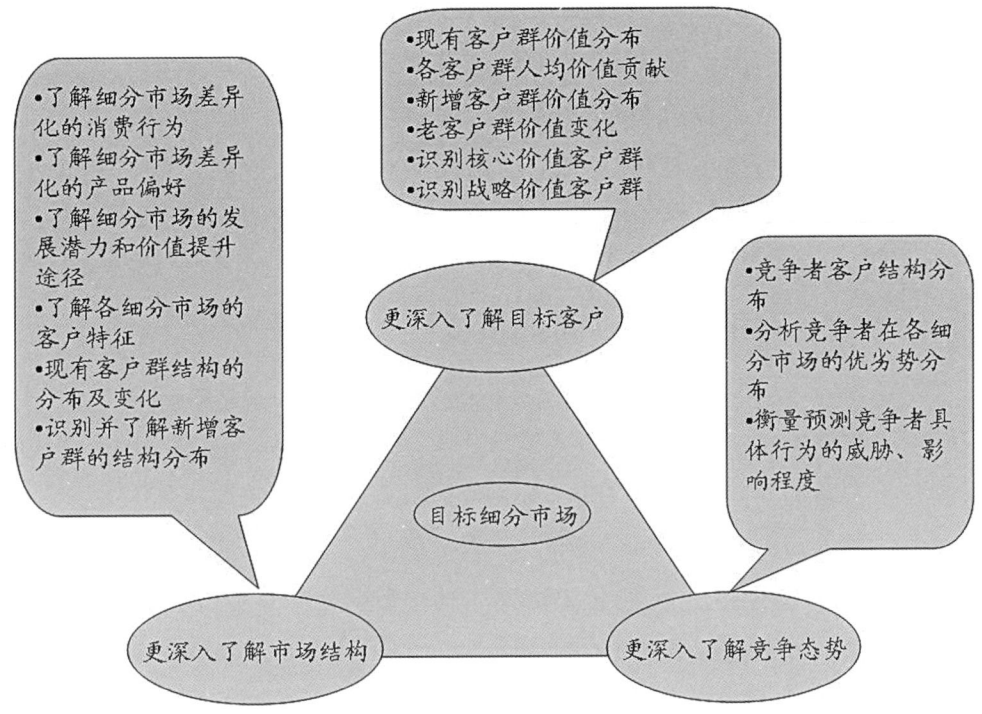

图 3-4　客户调研的主要结构

为了实现对客户的"三了解",马应龙完善战略数据管理体系,构建常态化的市场调研体系和客户监测体系,并于 2012—2014 年成功实施了"中国成人常见肛肠疾病流行病学调查",获取了大量一手客户数据,对马应龙乃至整个肛肠健康领域产学研的发展形成有力支持。

客户调研与监测体系通过充分利用全产业链资源,依托客户投诉处理系统、客户信息交流平台、不良反应监测系统和顾客满意测评系统和等多个关联系统的检测功能,完善客户体验和使用环节的监测、分析和评估机制,并定期收集、分析、评估客户反馈信息,形成客户信息监测的全面报告,进一步完善客户信息管理,提高客户需求洞察的有效性,指导系统开展有效的客户价值创造。

1. 战略数据管理

数据管理是客户监测的最终落脚点,实施战略数据管理,旨在通过对公司内外部全息扫描,获取客户所有关键信息,对数据从采集、分析、应用服务和展示的全流程进行高效管理,挖掘数据价值,深入洞察客户,实现商业价值。战略数据管理体系包括数据治理架构、数据管理、数据质量控制、数据价值实现、数据监督管理等方面内容。具体如图3-5所示。

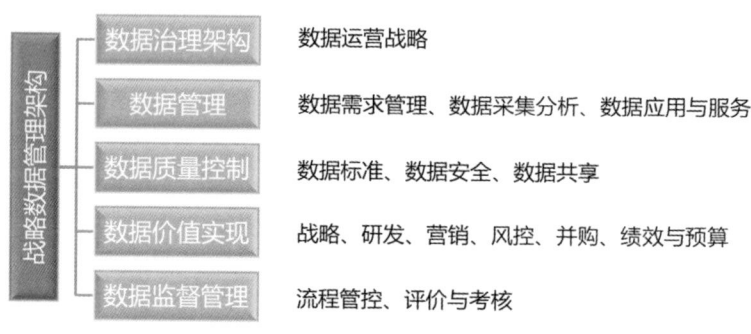

图 3-5 战略数据管理架构图

战略数据管理架构的具体内涵如表3-4所示。

表 3-4 战略数据结构说明

战略数据架构组成	结 构 说 明
数据治理架构	经营层统筹战略数据管理工作,制定数据治理主要目标,明确数据治理的关键流程和关键利益相关方的角色、职责等,相关部门的数据采集员、数据分析员、数据使用人、部门负责人、高层等对数据的结果和应用负责
数据管理	战略数据部牵头负责战略数据管理架构建设,对接各单位信息数据需求,构建和完善信息采集平台和信息应用服务;管理信息集成,实现信息数据的分级分类管理,督导信息合理应用;构建和完善信息提示和预警功能,协助应用单位高效挖掘数据价值;协调落实数据管理运行机制,组织推动数据在企业经营管理流程中发挥作用;统筹信息安全工作,确保信息风险控制。各单位对所属数据收集负直接责任

续表

战略数据架构组成	结 构 说 明
数据质量控制	制定和管理数据标准、数据共享、数据安全等,完善数据质量控制,确保数据采集的完整性、准确性、及时性和连续性,数据应用的安全性和有效性,同时,防止数据过度采集和滥用
数据价值实现	对接运营和管理部门,挖掘信息数据价值,包括战略管理、产品引进、产业并购、市场营销、业务流程优化、内控评价、风险管理、绩效与预算管控等,实现数据驱动发展
数据监督管理	制定数据管理相关的政策和管理制度,建立相关数据管控流程和评价考核指标,监测正在进行的数据管控行为,评估及考核数据相关责任人的职责履行情况、数据管控标准以及数据政策的执行情况等

2. 市场调研体系

常态化的市场调研体系建设主要围绕自有渠道和第三方渠道展开。自有渠道主要通过基于公司各业务单元的全渠道客户数据采集系统和全渠道的 CRM 系统来实现。第三方渠道主要来自于第三方专业市场调查、第三方专业数据购买等。以下是对自有渠道信息采集进行的介绍。

(1) 全渠道客户数据采集系统。依托马应龙产业体系内各业务单元建立全渠道客户数据采集系统,采集客户对公司产品的需求,持续开展现有产品的改进升级,并针对性地开展新产品开发。

(2) 建立全渠道 CRM 系统。实现公司终端会员(线上、线下)的统一管理,为公司潜在用户、存留用户打标签,更有效掌握不同用户的价值,实现会员价值的最大化。

案例 3-1

中国成人常见肛肠疾病流行病学调查

肛肠疾病虽作为一种常见病和多发病,但其病患状况却没有科学的数据支持,这不仅阻碍了马应龙致力于推动肛肠领域发展的步伐,也不利于国家公共卫生政策和产业发展规划的制定。

有鉴于此，马应龙作为肛肠治痔领域的领导者，于2012—2014年联合中华中医药学会肛肠分会开展了"中国成人常见肛肠疾病流行病学调查"（简称"流调"），以期通过采用科学、严谨的调研方法，了解现阶段我国肛肠疾病的患病现状，探索相关危险因素，了解患者的就诊情况以及对肛肠疾病相关知识的知晓程度、态度和接受健康教育的情况等，希望能为防治肛肠疾病提供积极的指导性意见，同时能够通过自身全产业链的布局满足肛肠疾病患者多层次的需求，使其免受肛肠疾病之苦。

此次流调工作历时三年，调查样本覆盖全国31个省（自治区、直辖市），195个县（市、区），共抽样68906名18岁及以上城镇社区居民和农村居民中常住人口。从肛肠疾病患病率、发病人群特征、疾病主要症状、诱导因素、就诊与潜在市场调查等方面进行了调查和深入分析，流调结果整体呈现"一高两低"特点，即发病率高、就诊率低和认知度低。

（1）发病率高：肛肠疾病患病率较高，达到50.1%，其中痔疮为最常见的肛肠疾病。痔疮患病人数占所有患病人数的98.09%，患病率为49.14%（城市50.28%，农村47.29%）。

（2）就诊率低：所有患者中只有27.48%去过正规医院或私人诊所就诊，7.71%采取了自我疗法。未及时就诊的原因中，45.75%的人认为肛肠疾病是"小病，无需大惊小怪"，24.36%的人认为"疾病涉及隐私不好意思"，17.32%的人认为"医疗费用昂贵"。

（3）认知度低：被调查居民接受宣传教育的途径主要是广播电视、报纸杂志和传单折页，肛肠疾病患者接受宣传教育有限，对疾病认识不够，就诊意识不强。且被调查居民对常见肛肠疾病治疗药物知晓度不够，只有39.16%的被调查者知道马应龙麝香痔疮膏，对其他品牌的产品知晓度更低。

通过参与肛肠流行病学调查，公司完成了一次在市场客户和医学专家心中全面的专业性品牌推广工作，为马应龙后期市场网络拓展埋下伏笔。同时通过肛肠流行病学调查,公司充分掌握肛肠流行病学相关的一手资料,让公司对肛肠治痔领域的市场有了全面、清晰的认知,对公司下步产品的引进开发和市场拓展工作奠定良好的基础,为马应龙"五大基石浇筑工程,三大终端开拓战役"的发起提供了理论基础。

3. 客户监测体系

客户监测本质,是要通过全产业链对客户的跟踪扫描做到最为准确的发现和最为快捷的响应。在马应龙,客户监测体系主要包含客户投诉处理系统、客户信息交流平台、不良反应监测系统和顾客满意测评系统几大板块,其体系构建如图 3-6 所示。在本书中,将着重介绍不良反应监测系统、投诉处理系统和信息交流平台进行介绍。

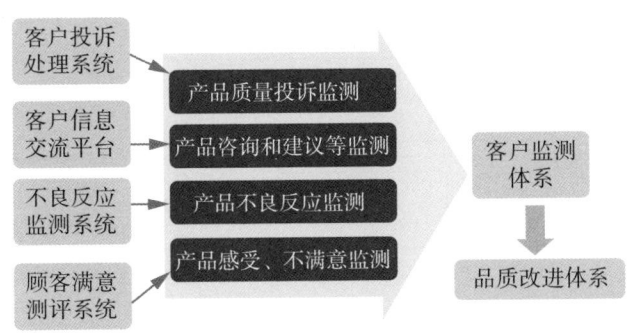

图 3-6 客户监测体系构建

(1) 不良反应监测。公司根据国家法律法规和行业管理相关文件的要求,很早就建立了以质量保证部门为主导的药品不良反应监测系统,同时依托遍全国的销售网络以及自身产业链不断健全药品不良反应监测网络,及时发现可能与用药有关的不良反应,详细记录、调查、分析、评价、处理,并按法规要求进行处置。

随着大健康营运的发展,公司在原有监测体系基础上,又建立了完整的化妆品不良反应监测报告机制。要求任何部门、任何人接到可疑不良反应报告或投诉后，应详细记录报告人姓名、联系方式、症状等，并立即将信息反馈至质量保证部门不良反应管理人员；不良反应管理人员可进一步了解和跟踪可疑不良反应的情况并记录，同时报告质量管理负责人。

一般来说，不良反应监测基本工作流程如图3-7所示。

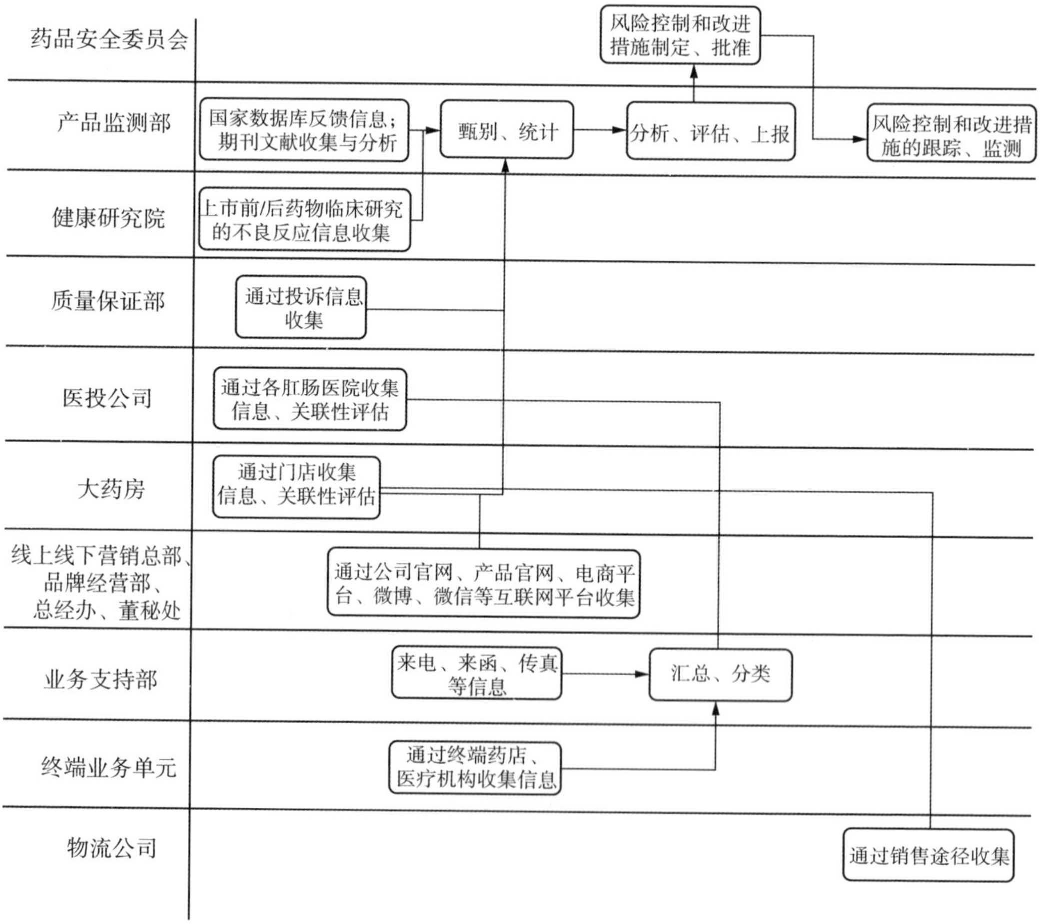

图3-7 不良反应监测流程图

（2）客户投诉处理系统。为了及时并完善地处理各种投诉，改进产品及服务质量，维护公司产品的良好形象，维护消费者利益，公司建立了完善的投诉处理流程。如图3-8所示。

质量保证部的投诉处理负责人在收到各个渠道的质量投诉信息后，会立即进行确认和分类,根据问题的严重程度,向质量负责人、质量授权人反馈,即时处置;对收集到的各类质量投诉,根据投诉的具体情况决定调查方向,由质量保证部统筹,各业务单位协同。针对查核的情况,按《纠正预防措施管理规程》制定并实施纠正预防措施,若因外部原因,则由业务单位与承运商、经销商沟通并进行改进,并引导其按规定的储运条件储存和运输药品。必要时,则按《药品召回管理规程》实施召回。由质量保证部分管职员对每一份投诉建立档案,保存相关处理记录、报告,并保留投诉样品。质量保证部在进行每年产品质量年度回顾时对投诉信息进行回顾,寻找改进机会。

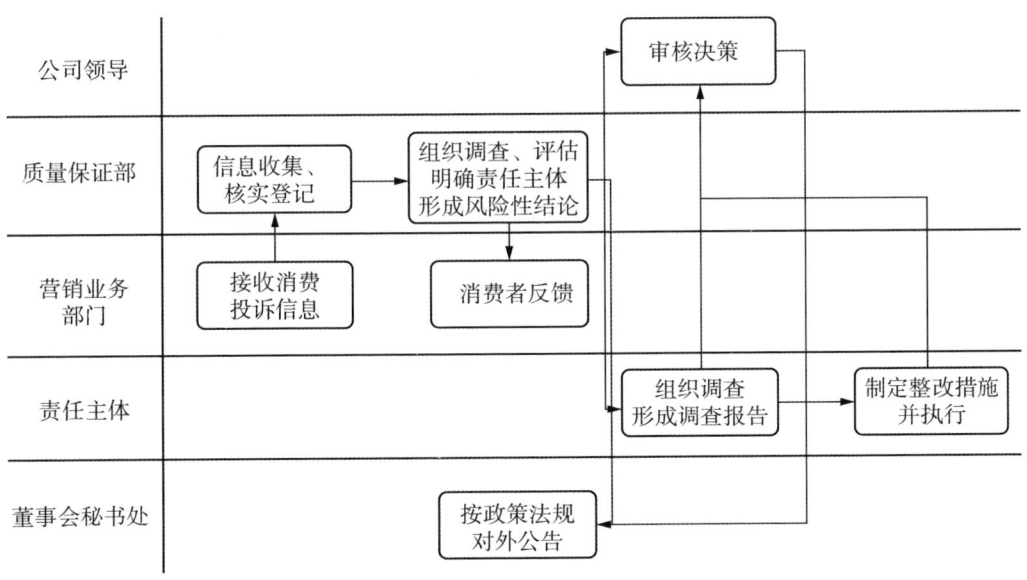

图 3-8 质量投诉处理流程图

(3)客户信息交流平台。公司在全产业链上均设置了客户信息交流平台,比如小马医疗的留言板、各医疗机构的留言回访平台以及销售系统建立的电话、网络平台,等等,从多个维度完善、了解客户信息,进行分类处理,提高工作效率,保持与客户沟通的无障碍通道。具体分类和处理方式如表 3-5 所示。

表 3-5　　　　　　　　　　平台信息分类处理一览

信息分类	主要特点及处理方式
产品使用咨询类	对产品使用方法、疗程、禁忌、配伍等有疑问的信息。该类信息重点出现在客服热线、小马医疗网络咨询等渠道，由各部门对应岗位人员进行直接处理
产品体验改进类	对产品包装、材质、手感、方便、味道等诸多细节，或者公司提供的肛肠健康解决方案提供意见或改进建议，该类信息需要公司层面对相关事项进行可行性研究调研、立项等程序进行解决
新产品需求类	需要结合消费者需求信息，顺应消费者需求，研发、引进公司没有的产品，或研究提供服务满足方案；需要结合公司战略发展导向，梳理公司产品或服务项目，引进全球领先的产品或服务系统

（4）满意度测评。满意度测评是客户将一种产品的可感知的效果与其期望值相比较后，所形成的愉悦或失望的感觉状态。保留客户的关键之一就是客户满意。公司坚持定期和不定期地在全产业链上对客户满意度进行测量，以找到公司产品和服务的优缺点，同时监测竞争对手的表现，以改进产品和服务，不断提高客户满意度。

案例 3-2

马应龙开展客户满意度调查

马应龙除了通过多种方式直接对终端消费者、经销商进行满意度调研外，每年还委托第三方调查机构开展客户满意度调查，形成了消费者马应龙满意度调查报告、马应龙肛肠医院住院患者深访报告等。

以 2019 年马应龙住院患者深访报告为例：

2019 年调研主要包括两个方面的内容，一是对马应龙药品改进的建议性研究，二是对马应龙医院服务的改善性研究。

在调研样本群体方面，选择在全国马应龙直营肛肠医院住院患者，因为他们一般有着丰富的药品使用经历、清晰的用药体验感知，针对痔疮深度患者的研究，可以明确目前患者对各品牌产品的态度，明确马应龙品牌及产品各方面的优劣势，清晰地对马应龙直营医院的经营服务作出评价,为品牌及产品提升提供研究支撑。

通过调研的深度访谈和多年数据的集中对比,我们明确了以下几点。

(1) 产品方面在剂型、辅助器械、外包装和宣传方面的改进方向。

(2) 医疗服务在营销推广、设施配套和基本服务方面改善的重点内容。

马应龙持续定期依托自身网络和外部专业机构开展类似的调研,为掌握全面的客户资料,制订满足客户需求的经营发展决策助力。

3.2.5 客户体验和感知价值提升

客户经营,最终是促使消费价值实现转化,通过整合多样化的消费接触点,形成一致的消费体验,与那些最有价值的消费者保持长期的紧密联系,并不断地形成新的客户群体,这对企业的经营至关重要。良好的客户体验往往具备获得便捷、产品一致、自我相关、感受主导权及变化灵活等特点。随着全渠道商务的兴起,以及随之而来的新数字化客户交互渠道和机会的激增,将客户体验的重要性提升到了新的高度。有鉴于此,马应龙在经营的过程中,始终注重相关工作的开展。

1. 客户体验的目标

从当今的消费者行为来看,人们推崇以客户为中心的价值。这就要求要着重客户体验和感知价值培养。公司在实际的经营中,在全产业链上推体验营销,强化产品解决方案、产品交付以及客服销售三大功能系统的三角运行体系,把客户感知价值作为衡量经营工作的一个根本性质指标。希望在客户体验工作中不断优化,实现如下目标。

(1) 优化客户体验方式。建立围绕客户的、整体的、全流程的体验方式,涵盖产品、技术、服务和市场活动多个方面,探索建设全价值链为客户创造最佳体验。

(2) 提升客户体验价值,传递正向品牌效应。产品体验是基于目标市场,目标客户为中心,站在客户角度,了解客户行为地图,洞察客户需求,提供有价值的解决方案;需要对产品全流程接触点进行监听,通过体验模型、体验矩阵等工具和方法,改进关键体验,提升产品价值。客户体验团队应保持和客户的沟通参与,注重丰富、塑造品牌形象,传递正向品牌效应。

(3) 完善运营架构,促进产品、技术、服务和市场的贯通。客户体验是一项需要分工协作的工作,需要结合市场需求和内部资源,设计和不断优化组织架构,运营策略,以及跨部门的产品和服务流程,打通产品、技术、服务、市场等各个连接客户之间的通道,进而形成对客户需求的及时响应和支持能力。

(4) 以促进业绩持续增长为目标。增加客户体验应当通过不断提升客户体验来实现客户价值的持续提升,而非单纯的成本投入。一方面是强调企业给到客户的价值,另一方面也强调客户给到企业的价值,比如价格的提高,口碑效应等。客户体验不只是注重客户体验,更要注重通过体验管理促进业绩的持续成长。

2. 马应龙体验营销的主要内容

针对在信息技术普及、品牌至上以及沟通与娱乐间的高度整合影响下，消费者购买产品与服务时，不仅是以功能导向来满足意愿，更在显示个人品位、追求刺激或触动人心方面寻求体验，公司制定了一些基本的体验营销策略。

（1）提升厂区参观管理专业度，注重客户体验。优化公司参观管理流程，逐步建立接待区域、观光（展示）区域、体验区域，让客户以一种全新的角度体验公司的产品或服务；在展示的设计上，深度挖掘八宝古方的体验式展示，包括药材品质辨识、加工工艺展示等过程体验，突出表现企业文化和历史内涵；加强接待、讲解人员专业素质培训，强化参观过程中客户关注点的把握，强化品牌的印象；设计肠道 VR 体验等寓教于乐的多形式体验活动，让消费者亲近品牌，熟悉产品，从体验过程中体会产品和服务的专业价值，进而转化为消费动力，创造品牌口碑。

（2）升级医疗服务方式。从病患者角度出发，优化连锁医院和肛肠诊疗中心人性化空间设计，全面导入品牌识别系统；持续改善服务管理，以追求患者就医安全和便利舒适感为目标，优化就医流程，规范医疗人员的诊疗行为；尝试引进医疗智能设备、可穿戴医疗设备，提升患者就医体验；强化费用管理，将医疗服务项目收费标准透明化，提升患者的信赖度；规范院内投诉，和谐医患关系；加强信息化建设，实现免费 WiFi 全覆盖，满足区域医疗互联互通的需求；注重人文关怀，开展形式多样的专科特色护理服务。

（3）注重线上和线下体验相结合。完善小马医疗平台，整合线上线下资源为客户提供健康资讯、体检保健、自检服务、用药指南、轻问诊、空中医院、康复随诊及家庭护理等多样化、个性化的服务，提升客户从疾病诊疗、预防保健到健康管理的全方位服务体验；促进线上线下业务的整合运行，聚集和利用体系内产业，加强互联网医疗与零售药店、医药工业的客户资源共享，建立马应龙全产业架构下的客户体验体系；精简双向转诊、专家门诊预约的服务流程，完善常见肛肠疾病诊疗指南和远程会诊管理平台，引导患者合理就医。

（4）优化面向客户的流程设计，打造体验式商业门店。优化客户从进店、选购、支付的全流程活动，改善经营场所环境与服务，打造样板店，形成有特色、可复制的体验式门店标准化管理运作和盈利模式；优化门店整体装修和布局，通过关联陈列，特色专区建设，将"安全、专业、便利、实惠"的企业价值主张和"买品牌药到马应龙"的核心经营理念落地。开辟体验专区，引导顾客了解、熟悉、体验和下载小马医疗 APP；针对不同疾病和不同人群设置专业药师服务团队，为顾客提供健康咨询和用药指导；开通网络医院，顾客可通过网络远程接受诊疗服务。

（5）深化社区营销和渗透。联合社区医疗机构定期开展社区公益活动，包括肛肠健康知识宣传教育，社区义诊活动等，提升居民对肛肠疾病的认知水平以及保健意识，加强品牌认同度，提升社群关系；建立居民健康档案，通过对居民的健康数据的采集、统计、分析，主动为社区居民提供用药咨询、慢性病用药、长期用药、健康指导、院后随访等一系列人性化服务；推进"线上线下联动式用药"的医药"O2O"服务，充分利用现有的门店和客户资源，通过微信公众号，开展网订店取、网订店配的送药上门服务。

（6）创新大健康体验式营销方式，传递"健康人生"理念。建立客户体验反馈机制，基于客户反馈信息开发和设计系列化新产品，突出产品性能，强调功效；加强销售人员与客户、客户与客户之间的频繁互动，深入了解客户对体验式营销的意见和建议，不断优化体验营销策略；营造良好的体验环境和氛围，通过极致的个性化、多样化免费客户服务项目，为客户创造附加价值；深入挖掘中医养生文化和企业品牌文化的内涵，通过产品直观展示和现场互动体验，传递马应龙"健康人生、龙马精神"的大健康理念，引导大健康产品与用户的日常生活接轨。

3. 客户体验机制的运行

以客户体验为出发点，除了在品质上下工夫，持续提升产品安全性、功能性、经济性和便利性外，还要注重对顾客的感知从视觉到使用感受形成全方位的冲击，才能更好地让消费感知价值得到明显的提升。这一工作需要进行系统化的统筹，为此马应龙构建了一套运行机制支持客户体验工作的开展。

（1）增设、完善客户体验职能。

①设立专职岗位挖掘、提升产品体验满意水平。在信息中心设立产品体验官研究产品目标用户，发掘分析目标用户的特征、行为和对产品的使用期望和体验需求，为产品设计和运营提供指引；开展新品的用户体验工作，评估产品的用户体验满意度，包括产品包装、服务、客户关系管理、价格、便利性等，提供用户体验意见和建议，提升产品升级依据；跟踪和关注产品的用户体验满意度水平，挖掘消费者的痛点，并把痛点变成产品的改进点。

②设立统筹机构协调客户体验工作的展开。将信息中心战略数据部作为客户体验的统筹协调机构，负责产品体验工作的整体统筹组织和综合协调，不断优化完善客户体验的运行机制。通过对客户整体信息进行汇总、评估应用，开展战略分析挖掘与应用，并统筹相关业务单位开展此类工作；配合、协同产品体验官、各业务单位等单位逐步完善产品体验模型，形成相对规范化的产品体验方法。

③建立客户体验采集、应用的常态化机制。在马应龙全产业体系中构建客户体验采集联动机制，将客户体验的采集、汇总分析和反馈应用纳入业务单位日常工作流程中。持续分析客户体验信息，针对性优化产品或市场营销方式，完善单位间的协作。

（2）客户体验信息收集的分类和工作方法。客户体验信息包括感官体验、交互体验、情感体验、信任体验四个维度，主要体现为舒适性、便利性、友好性和可靠性四个特点。一般而言，体验信息收集方法主要包括问卷、调研、客户访谈、神秘访客等多种手段，关于这方面社会科学书籍已经有全面的描述，本书不再累述。马应龙将体验模式进行分类，根据类别不同，收集的目的和负责机构也不同，相关情况如表3-6所示。

3 营销力系统

表 3-6　　　　　　　　　　　　　客户体验收集表

目的	负责机构	收集频率和范围	收集和分析方法
收集最近一期数据	业务单元	持续收集	利用公司现有客户信息采集渠道 焦点客户访谈 网络调查
跟踪当前客户关系和体验问题	业务单元或客户体验官	定期收集	专项问卷调查 特定人员直访或电话访谈 产品定向体验反馈 神秘顾客 观察研究 其他方式
提出特定问题识别未来机会	高层提出，信息中心组织	不定期收集	特定用户或特定问题市场调研 主题导向，定向搜集 综合现有客户信息采集信息

信息中心、业务单元和产品体验官可根据产品体验模式目的参照该体验模式实施产品体验工作。

（3）客户体验收集流程。业务单位可根据实际需要开展用户体验活动，产品体验官按以下流程开展体验工作。

①产品体验官制订产品体验活动方案，方案内容需要明确目标产品、目标客户群体、体验活动的目的、活动方式、信息采集渠道等，产品体验方案应经公司领导审批后执行。

②由产品体验官组织公司相关业务单元或外部资源开展产品体验活动，相关业务单元应积极配合，信息中心负责综合协调。

③产品体验活动结束后，产品体验官应对各渠道采集的产品体验反馈信息进行统计分析，完成产品体验总结报告，并报送公司领导批示。

④相关业务单元应根据领导批示开展相关评估改进工作；产品体验官应将产品体验反馈源信息和总结报告发送至信息中心战略数据部备案。

4. 客户体验的运行保障

客户体验工作是一个系统化的工作，不仅需要各参与单位从经营需要

3.2 客户管理

的高度予以重视，还要事先相互协调和不断优化。为推进相关的工作，公司董事会特别制定和发布了《关于深化实施体验式营销的指导意见》，并制定了《客户体验机制实施方案》，深化推动客户体验工作的开展，同时提出以下要求。

（1）完善各业务单元客户体验支持性工作。各业务单元客户需求收集与报送工作、产品体验工作纳入常态化工作机制，并根据实际情况不断完善，定期总结提炼。同时，各业务单元指定专人负责产品体验的相关工作，提高与其他单元的沟通效率。业务单元应对产品体验官开展产品试用、服务体验等工作提供专项支持。

（2）制订工具化、模块化操作方案。由信息中心战略数据部牵头根据不同体验产品的类型，形成标准化的体验模型和体验模块，构建标准化的测评表格、问卷表格等，实现工具化、模块化运行。

（3）发挥产品体验官功能。优化完善产品体验官职责功能，以项目制方式推进产品体验官推行产品体验收集工作，配备相应的人、财、物资源支持项目的推动，实现费用的归口统一，有利于进行结果导向分析。

（4）推动建立体验型企业文化。在企业内部推动建立体验型企业文化，在整个组织中营造浓厚的客户体验至上，通过不断创新提升客户体验的文化氛围，改变员工固有并阻碍企业发展的心智模式，形成认同感，强化其客户体验收集意识。

案例 3-3

客户体验营销案例——马应龙八宝眼膏试用

体验式营销活动是 OTC 终端最有效的营销策略之一。作为马应龙药业的起家产品，八宝眼膏在 400 余年的历史长河里，确切的治疗效果久经考验，但如何让更多的客户认识并能使用到它？体验式营销无疑是一个好方法。在公司董事会《关于深化实施体验式营销的指导意见》的指引下，OTC 团队在全国多个省份展开马应龙八宝眼膏以试用为代表的体验营销工作。在体验工作，我们着重把握了几个环节。

首先，锁定目标受众。我们将目标受众确定为老年人群体，因为老年人是比较喜欢参与体验式营销活动的群体，并且随着年龄的增长，或多或少会有眼病问题，比如眼睛干涩痛痒、迎风流泪、早期白内障等。同时，老年人也是有时间坐下来慢慢地体验眼膏独特感受的群体，而且社会研究发现，他们之间的口碑传播效果非常明显。

接下来，我们需要创造一个能够吸引老年人群体的环境，让他们能够直接体验我们的产品和服务。第一步，选择老年人聚集的老社区周边药店，通过社区发放DM单、店员朋友圈转发活动通知等，做好活动宣传；第二步，组建专业的活动小组，务必保证活动小组人员掌握产品使用手法及客户沟通话术，准备手套、棉签、柔纸巾、桌椅等试用配套物料；第三步，活动现场根据人员分工做好客户引流、产品试用、体验沟通、异议处理、销售转化等步骤，让客户在3—5分钟的时间内体验到眼睛由干涩到润滑，由模糊到明亮的过程，真切感受到马应龙八宝眼膏的魅力，并通过店员的引导促成购买。

最后，我们需要对体验式营销活动进行复盘，对参加产品试用的客户进行信息收集与归纳，以便优化此类活动，并为产品推广策略的制定提供证据。

通过体验营销开展，马应龙八宝眼膏的功效得到了广泛的认可，让消费者有购买、使用的信心；在产品力的驱动下销售数量也随之快速地增长，参与的门店的销售量实现从0个到10个、20个、30个的转变，让合作伙伴有了销售的信心；随着人群的聚焦，也为合作门店吸引了客户，实现了多产品的配套销售，达成了多方共赢。

总之，客户体验营销的过程不仅是展示产品和服务的过程，也是宣传品牌的过程，只要坚持下去，就会收获客户和市场。

3.3 销售管理

销售管理是产品和服务从离开生产者到最终在消费者手中变现的全过程,是企业能够最终实现价值的基础。销售管理的价值,就是要通过资源的配置,将产品及时、便捷地交付到消费者的手中,并保证公司资金的回笼,是价值实现的最终步骤。本节的销售管理主要围绕线下实体销售管理展开。

3.3.1 销售管理目标

销售是完成价值转化的最后一个环节,其开展的所有工作,从组织设立到流程设计都是要实现交易达成,即围绕价值创造展开。在这一基本原则下,销售管理运行机制设计首先要明确自身价值创造的内容。

(1) 提升产品从企业到客户的交付效率。销售管理工作要采取高效的措施提升产品在渠道内的流速和流量,扩大市场销售规模,降低客户获取产品过程中企业的付出成本。

(2) 完备产品从企业到客户的交付网络。通过销售管理工作的开展能够快速地发现、反馈和响应客户的需求,构建全面完备的流通网络保证客户对产品的便捷获取,提升客户满意度。

(3) 防范产品从企业到客户的交付风险。销售管理应积极应对市场的突发性风险,做好分级分类管理,制订相应的应急预案,同时要采取有效的措施保障公司资金流安全,确保市场整体经营的有序开展。

在以上原则的基础上,销售管理运行机制的设计还要做好横向和纵向的衔接,使各个销售组织之间能够形成高效的配合,并与上游组织间做到无缝对接与深度反馈。

3.3.2 工业销售管理

工业销售管理是涵盖马应龙从药品到大健康产品的全部工业产品,虽然由于产品属性所决定的最终市场操作方式有所差异,但从销售本质上它们之间并没有差别，在组织管理和建设中有更多的相同之处，本节以基本运营出发，向读者阐述马应龙工业销售在线下的基本运行组织方式。

1. 线下销售组织结构

马应龙的销售组织结构设计围绕销售的组织功能和价值创造目标有如下一些基本原则。

（1）客户导向原则。在设计销售组织时，必须首先关注市场，考虑满足市场需求，服务消费者。以此为基础，建立起一支面向市场的销售队伍。

（2）精简高效原则。精简高效包含三层含义：一是组织具备较高素质的人和合理的人才结构，使人力资源得到合理充分地利用；二是要因职设人而不是因人设职；三是组织结构应有利于形成群体的合力，减少内耗。

（3）管理幅度合理原则。管理幅度是否合理，取决于下属人员工作的性质，以及经理人员和下属人员的工作能力。无论企业组织结构如何变革，都必须要满足价值创造的需要。

（4）稳定而有弹性原则。组织应当保持员工队伍的相对稳定，同时又要有一定的弹性，以保证不会被强风折断。

在这些原则的基础上，马应龙根据自身药品经营工作的需要，对药品销售组织进行了功能上的切割定位，设计了双层级的销售组织，其基本的结构如图3-9所示。

上述各组织基本职责如表3-7所示。

（1）线下业务总部。在药品销售组织中，线下业务总部处于这个结构的主体地位，根据渠道的性质划分为商业渠道、零售渠道和医院渠道进行分线运营。线下业务总部与线上业务总部采用营销联席工作制，通过一定的运行机制保持信息的互联互通，并以业务支持部为组织平台，对决策提供信息和数据支持。其运营基本机制如图3-10所示。各机构职能如表3-8所示。

3.3 销售管理

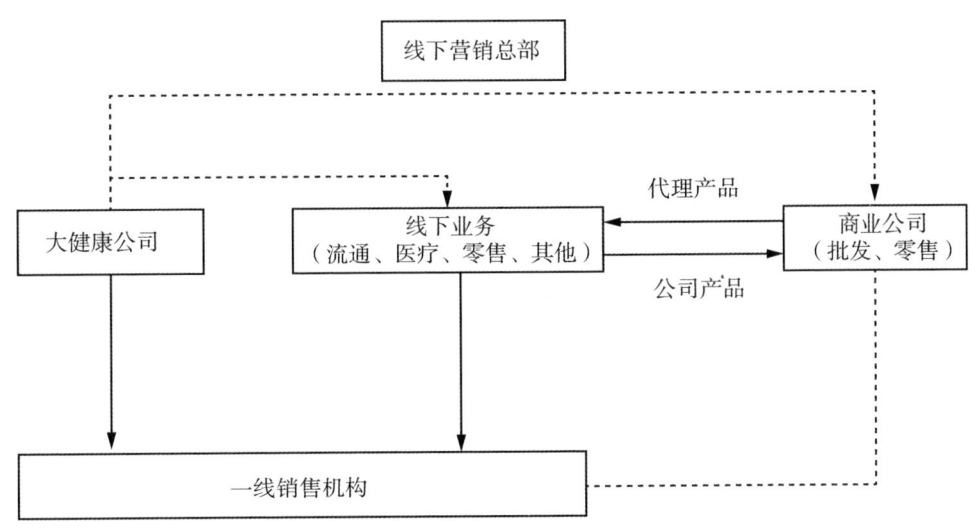

图 3-9 线下营销总部基本架构示意图

表 3-7   **销售系统职能表**

	组织名称	功能与职责
第一层	线下营销总部	马应龙线下销售平台，负责公司产品在传统流通、医疗、零售以及相关渠道的建设和维护，根据内部承接合约的要求负责所承接公司产品的市场销售和推广，对产品的销售结果负责
第一层	商业公司	马应龙产品集聚和分配平台，是包括马应龙医药物流、马应龙大药房以及其他子品牌及合作商业在内的一系列马应龙商业批发、零售单位，负责开展马应龙体系内、外产品的双向代理，推动引进产品的市场验证，优化体系内产品配送功能满足体系运营要求
第一层	大健康公司	马应龙大健康产业平台，负责马应龙大健康整体业务的规划和营运，实施对大健康产业公司的管理
第二层	一线销售机构	负责马应龙销售网络的拓展和维护、开展各种促销工作，包括销售网络的设计和决策、寻找中间商，并与之建立良好的营销关系，促使中间商积极销售马应龙的产品，负责协调中间商之间的关系，直接面对客户开展推广活动，保证马应龙的产品快速有效地送到消费者手中

3 营销力系统

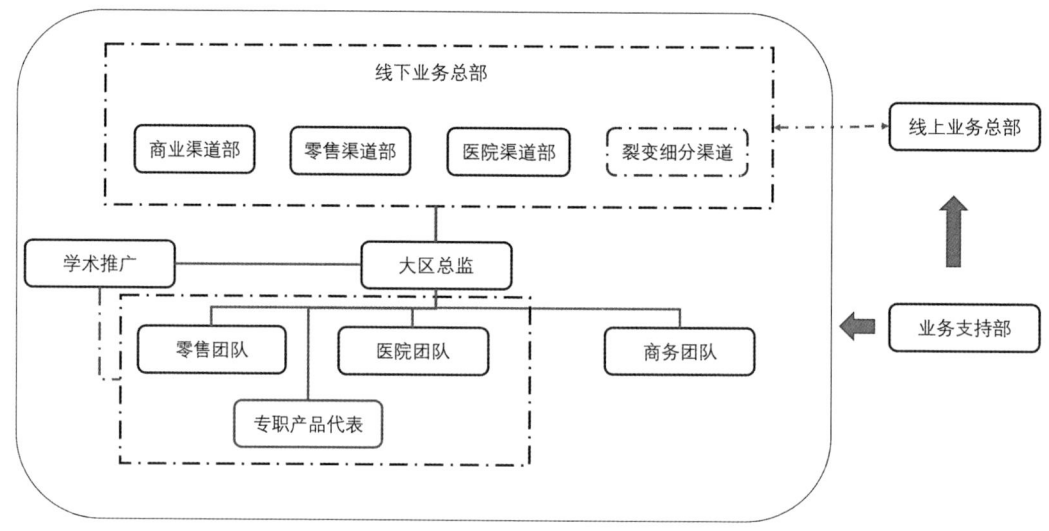

图 3-10 线下渠道结构示意图

表 3-8 线下渠道各机构职能表

组织结构		主 要 职 责
线下业务总部	商业渠道部	负责公司商业流通渠道的建设和维护，保证公司平台下产品在商业渠道的销售工作达成公司目标；根据产品布局，实施客户开发及维护，构建公司产品在商业渠道的销售通路；商业渠道网络建设，不断优化渠道结构，提升渠道质量，深化推进商业战略合作关系
	医院渠道部	负责公司医疗渠道的建设和维护，组织自营队伍实施客户开发及维护，构建公司主导产品在医院渠道的销售通路，设计制订产品在医疗系统营销方案，根据合约要求达成公司平台下产品在医院渠道的销售目标
	零售渠道部	负责公司零售渠道的建设和维护，组织自营队伍实施客户开发及维护，构建公司主导产品在零售渠道的销售通路，设计制订产品在零售渠道营销方案，根据合约要求达成公司平台下产品在零售渠道的销售目标
渠道一线	大区总监	负责相关片区的经营规划、部署和业务统筹工作，对片区目标负全责
	零售团队	负责实体零售终端销售网络的建设和维护，按公司要求达成终端销售目标

续表

组织结构		主 要 职 责
渠道一线	医院团队	负责实体医疗机构销售网络的建设和维护，按公司要求达成终端销售目标
	商务团队	负责商业渠道的建设和维护，达成渠道销售的目标，完成公司下达的销售回笼目标
	专职产品代表	负责某一单独品种的终端网络开发和建设工作，完成公司下达的销售目标
	学术推广团队	负责零售和医疗终端的学术建设和推广工作，扩大品牌专业化影响力，协助终端团队达成销售目标

线上/线下业务开展均采用总监负责制，线下业务方面，渠道总监为渠道业务负责人，直接负责渠道资源和渠道政策的制定，为各渠道的资源配置和经营绩效的直接负责人，由业务支持部直接负责绩效考核。线上/线下总监职责履行主要包括以下几个方面。

①经营成果。组织渠道内的产品经营，设计其销售政策及方案并组织实施，对所辖渠道经营成果负责。

②客户开发。负责所属范畴内的客户开发及管理，维护关系，拓展资源，保持客户与公司的黏性，实现持续的价值转化。

③渠道建设。根据市场的发展，开展渠道网络布局及价值挖掘，保证公司产品经营通路有序、顺畅，保障合理的产品流速、流量。

④产品选配。通过日常经营的研究，发现市场需求，协同品类经理依据渠道需求选配产品。

⑤业务督导。及时跟进业务进展，督导一线团队执行渠道政策，确保业务团队落实业务要求。

同时，公司设立业务支持部保障线上/线下业务开展的顺畅有序，为业务经营决策提供有效的智力支持，对渠道和品类管理工作提供中台支持。其功能包括全渠道客户管理、物流管理（线下）、业务统计（评估）、绩效管理（业务总监）、综合管理（人员培训等组织）等。

（2）商业公司。马应龙商业公司是包括"马应龙医药物流公司"为代表的商业流通单位和以"马应龙大药房公司"为代表的商业零售单位的合成，如图3-11所示。马应龙的商业公司也是公司产品资源聚合和分配的重要平台。在产品销售职能方面，商业公司是产品双向代理平台，一方面承接公司自产产品的销售和招商代理工作；另一方面配合公司品类集聚的认证，对采取贴牌引进的品类实施代理，对渠道和销售规模等进行市场验证，它们还承担着以下功能。

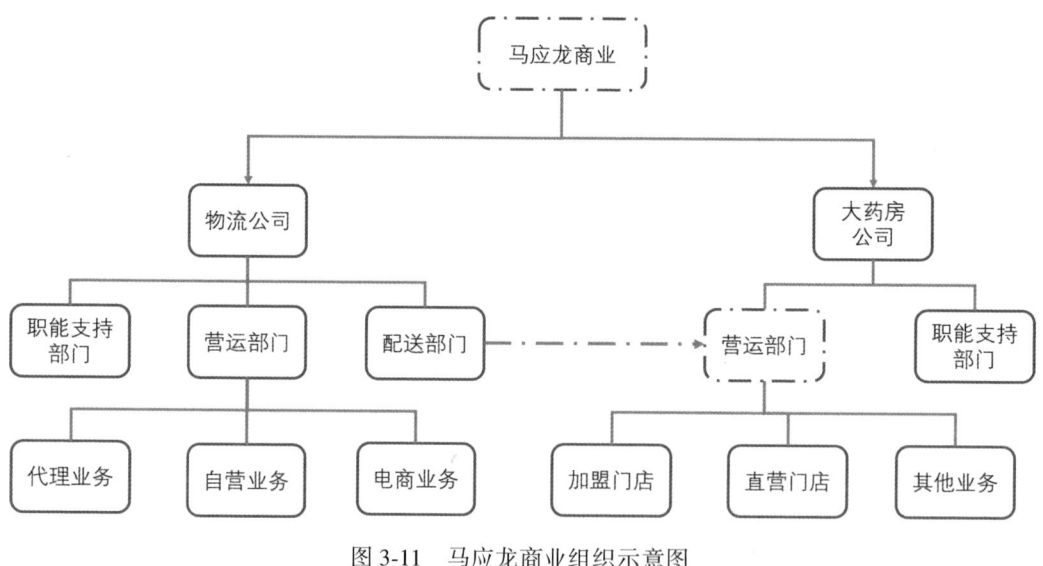

图3-11 马应龙商业组织示意图

①物流公司。承担公司零售和医疗体系的配送业务，构建公司体系内的产品配送平台，根据零售和医疗等服务平台需求，组织和引进满足需求的产品，支持服务平台业务的开展。如表3-9所示。

②大药房公司。承担公司零售业务网络建设职责，通过零售经营的开展实现市场信息的快速反馈；探索构建马应龙在社区卫生服务中的职能功能，抢占市场发展机遇；根据零售的发展状况，构建多品牌经营，进一步扩大平台的规模和影响力。如表3-10所示。

表 3-9　　　　　　　　　　　物流公司主要机构职能

组织结构		主 要 职 责
职能支持部门		根据业务开展和法人运营的需求,设置相关部门,确保公司行政后台对业务前台的支持,达成良好的后勤保障功能
配送部门		充分发挥物流公司产品配送功能,按照质量管理相关要求,规划设计、高效利用仓储空间;及时、准确、安全地按照下游客户要求送达货物;满足公司其他经营产业的配送需求
营运部门	代理业务	根据公司要求,实现产品品类聚集、市场检验职能。采取双向代理机制,代理公司自营二线品种,扩展品种销售渠道,扩大经营规模;代理公司引进外部品种,形成品类的侧翼快速互补,对拟采取自营品种进行市场检验
	自营业务	公司大健康中药健康产品营销工作的承接;负责公司对外出口业务的开展
	电商业务	根据物流公司销售业务的需求,开展 B2B 电商业务,实现线上经营平台的渠道全覆盖

表 3-10　　　　　　　　　　大药房公司主要机构职能

组织结构		主 要 职 责
职能支持部门		根据业务开展和法人运营的需求,设置相关部门,确保公司行政后台对业务前台的支持,达成良好的后勤保障功能
营运部门	直营门店	马应龙直营门店是马应龙大药房经营的核心,是马应龙零售品牌建设的依托,也是市场信息反馈的直接窗口
	加盟门店	以马应龙其他子品牌或合作品牌为依托的大药房加盟门店,接受马应龙合规管理,对马应龙零售网络进行有益的补充
	其他业务	包括"健康家"项目在内的马应龙大药房营运项目,为马应龙深入社区服务,多元化产品和品牌提供支持,扩大马应龙零售品牌经营规模

(3) 大健康公司。大健康销售立足于产品资源,充分借助马应龙功能平台与网络资源,实现分线运营和品类管理。马应龙大健康销售组织根据产品品类及定位的不同,设置了相关独立法人企业平台进行精细化经

营,以便更好地为客户服务,从而形成了以武汉马应龙大健康有限公司为主要经营和控股平台,各独立机构分线经营的格局,基本结构如图 3-12 和表 3-11 所示。

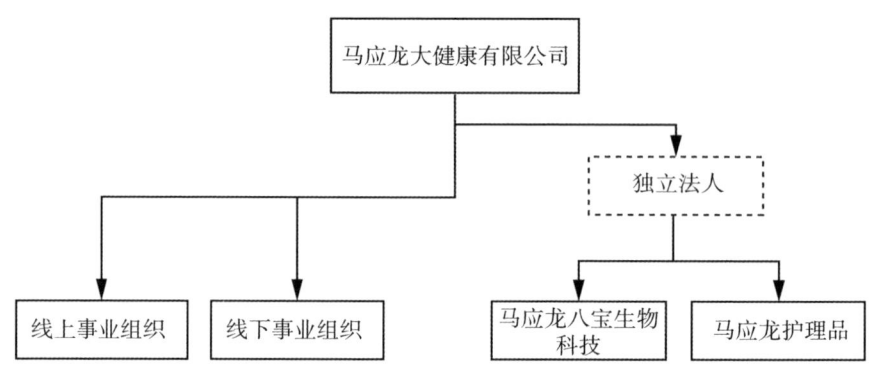

图 3-12　大健康销售管理组织

2. 销售决策制定

马应龙销售管理至少要实现对客户的开发与维护,构建覆盖广、纵深长的销售网络并形成对全产业的兼容,实现产品价值最终转化为三点价值,所有的销售工作决策都应该围绕这些价值创造展开。一般决策遵循以下原则开展。

表 3-11　　　　　　　　大健康销售组织结构图

组织结构		主 要 职 责
线上事业组织		负责马应龙大健康产品的线上销售
线下事业组织		负责大健康实体网络的开发与维护,协调马应龙线下渠道业务的开展
独立法人	湖北马应龙八宝生物科技有限公司	马应龙母婴护理产品系列的承接单位,负责相关产品市场销售工作
	湖北马应龙八宝生物科技有限公司	马应龙母婴护理产品系列的承接单位,负责相关产品市场销售工作

（1）战略与实际相结合。销售的决策要以战略为指引，围绕战略设计的方向，在进行充分市场调研的基础上展开。以满足客户需求为导向，以市场实际为基础，结合宏观政策变化，实现人、货、场的充分匹配，资源的合理分配。

（2）长期与短期相结合。将以《三年市场规划》为代表的长期市场规划与以《年度营销方案》短期销售方案相结合，在保持指向性政策延续性的同时，设定年度的重点目标和方案，打牢基础性工作建设地基。

（3）静态与动态相结合。在确保年度指标任务刚性的静态要求下，根据市场状况进行动态的调整，以《季度营销方案》为指引，及时调整市场操作的重点与要求，适应销售不断变化的形势。

（4）原则和灵活相结合。销售是战场，需要在基本原则下，通过层次充分授权保障一线经营活动的灵活性，听到"炮声"临机决策，把握稍纵即逝的市场机会。

在决策的过程中，根据事项的重要性和紧迫性，其流程也有不同，要根据具体事宜进行操作，这里主要展示重大营销方案，《三年市场规划》《年度营销方案》及《季度营销方案》的审议流程，如图3-13所示。

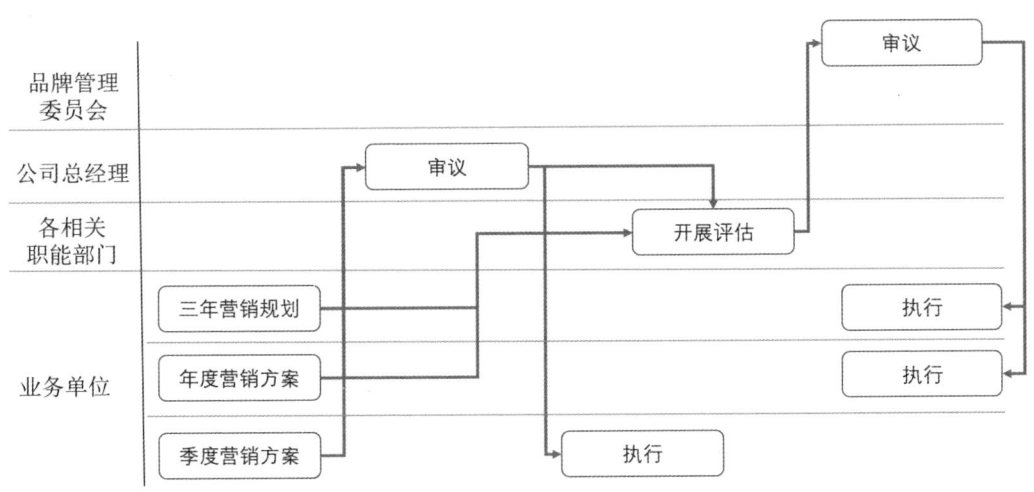

图3-13 重大营销方案决策流程图

（1）三年市场规划。是马应龙对市场的预期判断，根据公司董事会提出的任期目标要求，通过对国家宏观政策和市场环境变化趋势的分析，结合客户信息变化的相关情况，对产品销售形势作出基本的判断，在立足实际的基础上制定三年市场发展规划，为销售工作的开展制定基本的路线和方针。其内容主要包括：宏观环境分析与预期、市场竞争趋势和动态、公司三年目标以及市场基本营销策略。

（2）年度营销方案。在公司年度经营方针的指引和要求下，对三年市场规划的发展阶段进行分解，结合年度市场分析，针对性地制定基本营销策略和经营目标，以此为基础制定《年度销售政策》，分解、落实到具体的渠道和品种，并配备相应的资源，为年度销售工作开展设定目标、画好跑道。其内容主要包括：当期市场状况和竞争格局分析、年度营销思路和重点、基本操作思路和方案和以资源分配方案为主的《销售政策》。

（3）季度营销方案。为了更好地应对市场的突发状况，将静态的年度目标根据市场发展动态落到每个阶段而设计，用以确定短期目标和期间重点工作，以支持年度经营目标的达成，是对年度营销方案的补充和支持。其主要内容包括：设计背景阐述、阶段性目标任务的设定、阶段性重点工作的布置、相关资源的配置等。

对于其他决策事项，公司采取授权管理，根据事项的大小由当事责任人选择决策的路径，以不定期审计和职业追责制度引导责任人作出合理决策，保障公司根本权益不受损害。

3.3.3 医疗服务销售管理

马应龙的医疗服务销售管理主要是指马应龙直营连锁医院的推广工作。医院销售营运模式主要通过整合线上线下移动终端的全媒体渠道，从互联网产业结合的角度，利用全方位的营销手段，实现效果最大化。该模式着重挖掘在传统竞价排名、医院口碑营销、小马医疗精准引流等营销模式中成熟有效的经验，并依据医院实际情况，将长战略和短战略相结合、自身资源渠道和第三方资源营销渠道相结合、医院品牌营销和医院导流相结合，解决医院流量和品牌建设问题，形成具有自身特色和竞争力的营销管理模式。

1. 医疗服务营运的组织结构

马应龙医疗服务组织是以马应龙医院投资管理公司为产业经营平台，由马应龙自营连锁医院和全国公立医疗机构合作诊疗中心为业务单位形成的营运组织。如图3-14所示。

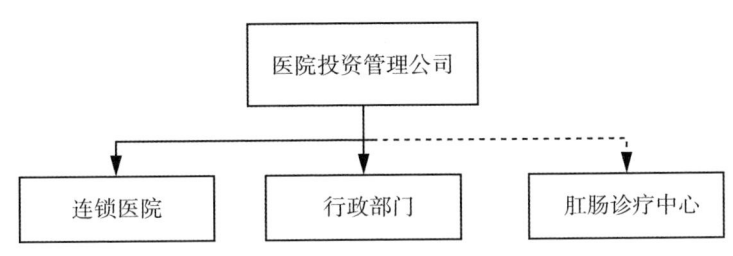

图3-14　马应龙医疗服务结构图

（1）医院投资管理公司。是马应龙医疗服务产业的经营平台，负责拟定诊疗服务发展规划和实施，按照规划要求开展连锁医院的建设和管理；依托马应龙肛肠诊疗技术研究院，与全国符合要求的公立医疗机构开展合作，建设肛肠诊疗中心，实现品牌和服务的输出，扩大马应龙医疗服务品牌的影响力。

（2）自营连锁医院。是医疗服务的主战场，公司在北京、西安等全国主要城市设立了多家自营连锁肛肠专科医院，充分发挥马应龙在肛肠领域的核心优势，为广大客户提供更好的诊疗服务解决方案。

（3）肛肠诊疗中心。依托马应龙肛肠诊疗技术研究院的优势，与全国县级及符合标准的公立医疗机构共同建设马应龙肛肠诊疗技术中心，通过专家、技术等方面的帮扶提升诊疗中心的技术和营运能力，实现马应龙品牌和管理的输出，提升品牌影响力，同时为马应龙提供产品和技术市场检验的平台，助力"肛肠健康方案提供商"的建设。

2. 医疗服务管理的基本环节

在整体的医院营销业务实施运作模型中，共有六个环节指引营销各项业务的开展，分别是推广环节、反应环节、衔接环节、监测环节、运维环节、增值环节。每个环节采用不同的动作推动业务的有序进行。如图3-15所示。

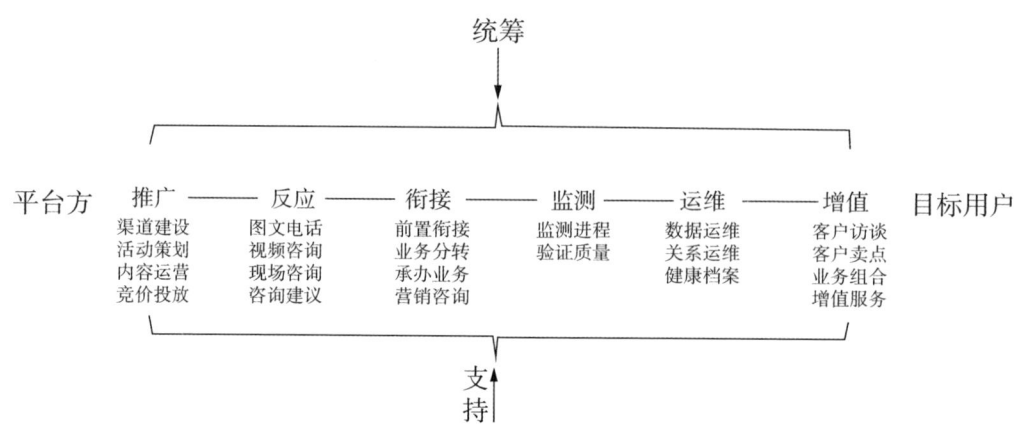

图3-15 医疗服务运作模型图

（1）推广环节。以流量为导向、患者为中心，开展营销渠道的建设、活动运营、内容运营、竞价投放、第三方媒体合作等一系列活动，来展开推广工作。

（2）反应环节。根据推广环节引流到平台的流量，依据患者需求，通过多形式沟通方式与患者产生交互，提高患者就诊量。

（3）衔接环节。通过反应环节快速建立患者与医院医生的联系，实现医患对接，确保患者到院就诊流程的通畅。

（4）监测环节。通过建立医院营销核心指标监测体系，明确各环节核心指标定义与监测范围。在业务开展过程中有效洞察整体运营情况，以期达到快速揭示问题、预警问题并指引运营的目的。

（5）运维环节。数据运维，保证患者的健康数据录入采集准确；通过出院访谈、离院访谈，与患者建立关系运维，强化医院外延需求的挖掘，最终实现院内营销与会员营销。

（6）增值环节。通过移动互联技术优化用户体验和引进新型的诊断技术和治疗手段等，丰富医院业务组合，实现医院竞争力的提升。

3. 建设完善立体营销体系

民营医院与公立医院由于历史原因和社会文化因素造成在营运推广上诸多的不同，不仅要夯实强化自身医疗技术"产品力"的建设，更要注重宣传推广，展示自身的形象。在强化自身医疗技术建设的同时，不断完善立体营销体系，强化马应龙医疗服务的品牌建设和推广。

（1）建水库，加强医院品牌建设、提升品牌形象，多渠道增加蓄水量。

①通过不断挖掘医院卖点及形象定位、确定医院宣传用语，树立医院在老百姓心目中口碑形象。制定标准化的患者访谈提纲，收集一手反馈信息，形成常态机制，挖掘医院潜在卖点；制定统一的传播导语和医院内涵题材，制定外宣传范本；挖掘马应龙品牌延展影响，突出大牌专家、诊疗技术及设备方面的优势。

②加强医院舆情监控及网络营销环境优化工作，为营销工作的开展创造良好的舆论环境。保持对网络平台的舆情监测，及时消除负面影响；及时配合网站 SEO 优化或新闻源形式，提高搜索优先级；注重与各大应用地图的合作，确保医院得到展示。

③增加医院品牌，院内院外曝光渠道，提升医院品牌知晓度。保持与相关单位的沟通，争取互补合作，对医院品牌实现最大限度的展示。

④利用院内口碑营销、小马医疗扫码引流活动和会员商城的运营等多种渠道，有效积累区域精准客户群体。通过专业的聊天群，促进患者与医院之间的互动性，提升患者复诊率；定期开展扫码活动，进一步提升区域化流量；与销售人员合作协访，积极争取扩大零售门店和基层机构的合作；积极与地方门户网站合作，开展话题营销、事件营销、活动营销等形式促进患者到诊量的提升。

（2）挖水渠，通过营销渠道建设，建设直接能对接到医院转诊的管道。

①积极开展线上工作调整，适时调整推广策略。针对当前市场状况，寻求策略的最优化，实现曝光率与投入的配比；积极研究竞争对手的基本策略，采取应对措施予以跟进，保持自身的竞争力。

②线下建立多种转诊通道，巩固强化成熟转诊渠道，依据二八原则，挑选重点有效果的渠道重点维护。大力开展员工转诊、专家转诊、合作连锁和基层机构转诊工作，保持良好的对接沟通，确保转诊病患的满意度，实现多方共赢；积极与电子商务开展合作，挑选购买相关品种的客户进行回访，争取病源来源渠道的扩大。

③积极拓宽收治病人范围，争取扩大多位保险相关资质。一方面确保医院城镇职工和居民基本医疗保险定点报销资质，另一方面积极寻求新型农村合作医疗保险以及其他补充保险资质，降低病患的付费压力。积极跟进国家宏观政策导向变化，积极布局与商业保险的多元化合作，抢占未来医疗保险支付先机。

(3) 开发利用，围绕水库构建生态，实现多方共赢增值。

①围绕满足客户需求，丰富优化业务组合，提升诊疗达成水平。强化技术理论学习和应用实践，优化业务组合设计，寻求服务体验的差异化；积极保持与马应龙其他产业的沟通和联系，探索其相关产品和技术的推广和应用，满足病患的多样化需求。

②通过小马医疗新型业务赋能，实现多方共赢局面。大力开展手术直播，通过学术交流和专家指导，提高医院的知名度；设计 VR 手术展示，开展患者教育，减轻医患矛盾，提升患者对医院诊疗技术的信任度；积极开展互联网医院资质申报，拓宽丰富医院的业务范围。

(4) 搭建数据化运营指标体系，制定可信的规则玩法，依据数据指导运营决策、优化用户体验。

①制定数字化运营体系核心指标体系定义、管理和提报格式。明确指标定义及内涵意义，明确指标名称、指标定义、指标组成、指标内涵和统计口径，将规范填报纳入日常管理体系。

②依据业务发展需要，推进自动化数字运营体系的建设。建设完善的病患住院期间服务信息系统，提升病患体验价值感。加强信息收集系统和内部沟通系统互联互通建设，提高收集的准确率，实现精准引流，提升工作效率。在用户标签和分类规范的基础上，在营销各环节采用电子化形式，与各合作单位的商城打通，推行优惠券、卡包到院核销模式；做好小

马云医院,实现检查结果、缴费等网络处置,让患者节省就医时间,获得更好的就医体验。医疗服务精准引流架构图如图3-16所示。

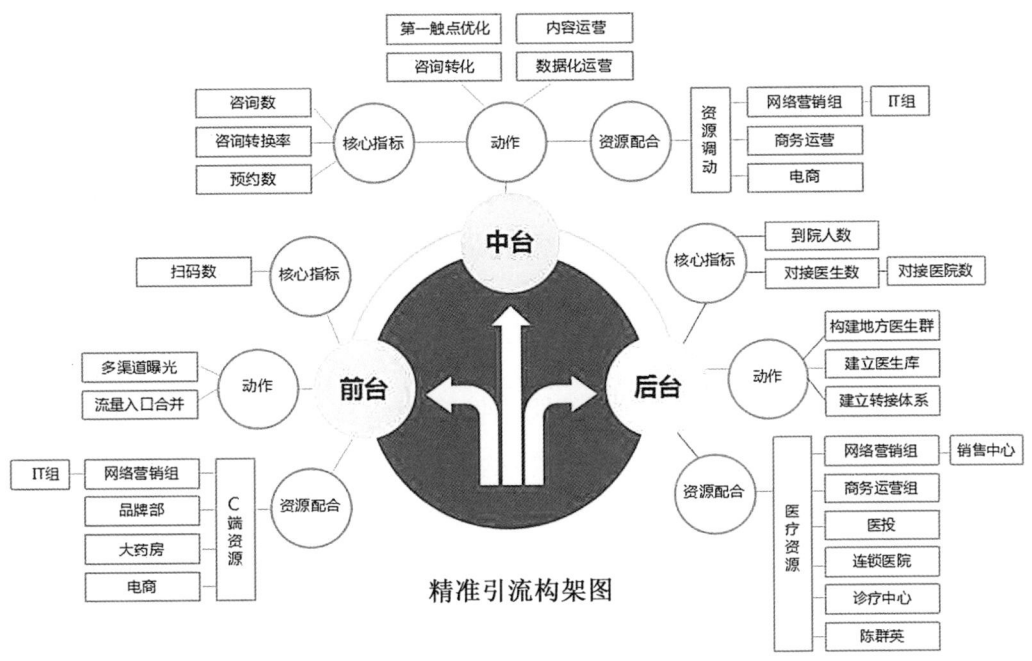

图 3-16　医疗服务精准引流架构图

3.4　网络管理

企业作为资源转化器,需要为消费者提供完整的场景,建设符合消费获取意愿的顺畅通路,从而完成价值的转化。当前市场在技术推动下加快向线上的转移,2020年席卷全世界的疫情快速催化了这一进程。同时马应龙已经从一个传统的药品制造企业向包含药品经营、诊疗技术、医疗服务、大健康等诸多项目的"肛肠健康方案提供商"转变,产品门类快速增加需要更加多元的网络配合。在内外因素的需要下,公司形成"全渠道布局、分类侧重"的网络建构思路,将线上线下相互融合,实体经营与多个互联网终端平台相结合的全覆盖网络,逐步形成马应龙的"海陆

3.4.1 网络布局理念

围绕肛肠健康的核心定位，马应龙改变以产品为中心的传统产业经营模式，向以平台为基础、品牌为纽带的整合式经营模式转型，强化核心优势环节，整合肛肠健康管理全产业链资源，打造经营联合体，实现共享共赢；向上组织供应链，积极构建经营联盟，向下链接客户端，以满足客户需求为导向，构建强有力的产品运营通路，发挥平台价值效应；借力互联网平台的资源聚集能力，加快产业变革和转型，促进全产业链的参与互动，构建商业生态链。

随着产业布局的拉开，原有的药品销售网络显然已经无法支撑现有体系，必须进行更大范围的网络扩张，实现全渠道的布局，并由此构建了公司"海陆空"网络；同时由于产品自身特性的不同，需要分类侧重，以适配消费需求的场景，实现品类销售的突破。马应龙产业布局示意图如图3-17所示。

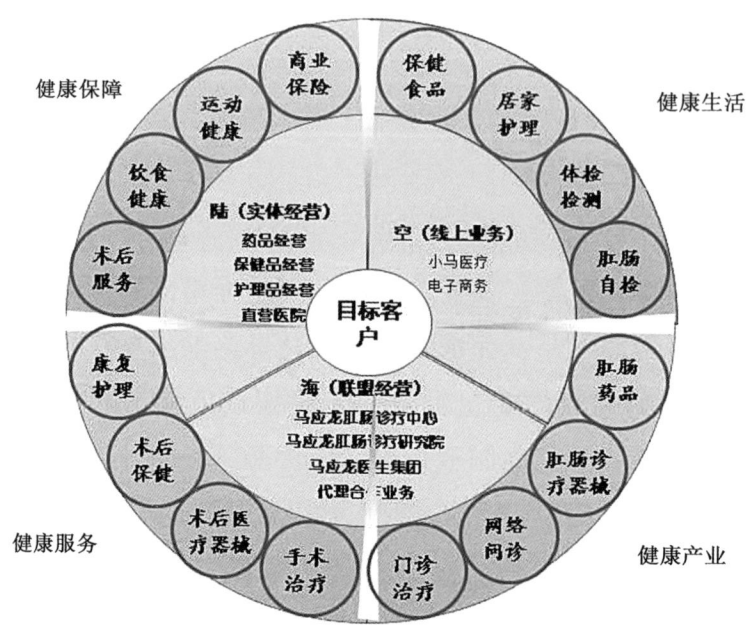

图 3-17 马应龙产业布局示意图

1. 实施"海陆空"全渠道布局

"海"是借船出海,通过策略联盟与合作伙伴交换资源和能力,能够快速提升企业自身的竞争实力。在消费者需求与行为的不断变化时代,时间是企业最大的成本。马应龙拥有强势的品牌和海量的客户资源,与合作伙伴共同合作,能够快速获取流量,为客户创造新的价值。在医院终端,通过轻资产扩张的方式输出品牌和管理,马应龙与县域级公立医院共同设立百家马应龙肛肠诊疗中心,迅速形成了全国性的肛肠诊疗网络。在社区卫生服务领域,通过与社区共建养老服务中心和嫁接相关养老机构资源,实现产品对终端社区和居民的直接覆盖。

"陆"是马应龙的实体经营单位,包括药品制造、药品流通、直营医院和大健康产品。经过多年的经营,马应龙积累了数千万忠诚的客户,形成了巨大的线下流量。马应龙的药品覆盖了各级医院、各大连锁药房和单体药店,市场铺货率接近100%;马应龙大药房在武汉市拥有63家自有门店和103台售药机构成的零售终端网络;马应龙七家直营医院病床数量超过1200张,覆盖了全国主要区域;马应龙的化妆品和婴童产品进入了化妆品专营店、商超、美容院线、母婴专营店等线下渠道。

"空"是马应龙的线上业务,包括医药电商和移动医疗服务,通过打破数据孤岛,进行数据整合,创造营销的机会。伴随着医药分开的大趋势,医药电商将成为药品流向终端消费者的重要渠道之一,医药电商的发展将促进价值链上的生产、经销、配送以及终端用户环节的重构。经过近6年的探索,马应龙电商业务建立了一支专业的电商团队,聚焦B2C零售业务,与国内众多医药生产企业达成战略合作关系;积极拥抱新零售,布局线下业务开展O2O,实现了从纯电商到线上线下融合的新零售业务模式的初步整合。马应龙的小马医疗移动平台通过对信息的处理和整合,让部分患者自我诊疗或者通过线上获得专业服务,并联合线下的各方资源,突破医院和地域上的壁垒,为患者找到匹配的医生甚至组织医疗团队,满足从低端到高端,从轻诊到重症的多层次医疗需求。

目前,马应龙已初步形成"海陆空"——立体化全渠道网络布局,以目标客户群为核心构建从地面到空中、从自营到联盟经营的全渠道、全链路、多元化、多平台渠道通路和沟通网络，力求解决多场景下的客户需求，建立多场景的心智显著性。随着产业布局的逐次落地，马应龙也由一家"传统的制药企业"完成向"肛肠健康方案提供商"平台的转换。本书将在后节重点介绍马应龙的"陆地"网络，即线下自建网络和"空中"网络，即线上平台的建设。

2. 针对特性分类侧重

全渠道的布局根本目的是要为产品的消费准备足够的网络选项。虽然公司产品都是服务于人类健康，但产品特性有所不同，尤其是大健康品种，它们所适应的消费场景和消费获取意愿通路也不尽相同，这就要求从客户角度出发，从产品线上选择产品并将其放入与消费配套相适应的网络渠道，并采取有所侧重的相应策略。

（1）丰富产品品类线。为消费场景配套产品，首先是有足够满足消费需求的产品线，也就是广义的品种组合。在本书的第二章中对产品引入和供给进行了详尽的阐述，这里将从满足销售的另外一个层面，即品类的发展来看产品的集结。

单品种操作在进入市场的早期阶段有集中资源实现快速突破的功能，随着经营往后发展，通常需要围绕核心品种丰富产品线以实现更大规模的市场占有。我们为品类丰富的产品线设置了产品经理，其核心职责就是要负责围绕品类的发展目标，协调解决方案、产品交付、客服销售三大功能系统组织，从产品引入到销售最终结果呈现全过程实施，实现品类的品种集结，设计针对性的销售政策，以满足消费者的多样性需求，这在本书第二章已经有所介绍。

（2）将品种与渠道相适应。每一种渠道都有固定的消费人群，他们拥有相似的购买习惯和偏好，在消费模式分析的基础上，需要将自身的品类甚至品种、品规进行拆解，将其放入合适的渠道中，才能形成品种销售突破的基础。由于品种的具体选择需要明确相应的场景，本书无法一一赘述，表3-12仅罗列渠道对应的大品类项目展示以为理解之用。

表 3-12　　　　　　　　　　　　　部分品类对应渠道

渠道	分类	侧重品类
线上平台	旗舰店	时尚美妆系列
	医药馆	功能性食品
CS 渠道	KA 连锁	内调外养健康美系列、时尚美妆系列
	合作商	联名定制产品、双品牌产品等
医药渠道	零售	药品、功能性护理品、消械产品、内调外养系列
	医院	药品、功能性护理品、消械产品
社群网络	臻品店	内调外养新医美
	体验馆	时尚美妆系列、功能性食品、功能性护理品、消械产品
婴童专卖	渠道商	马应龙婴童系列、纸皮系列
其他	招商	根据合作方渠道确定

（3）将策略与渠道相适应。每个渠道都有自身经营的范式，甚至根据地域的不同呈现出多元的操作模式，并且企业在不同的发展阶段，对渠道构建目标的定位也有所不同，这就需要根据自身的情况，针对性地制定渠道策略，从而达成自身对品类经营的目标。表 3-13 就部分渠道策略基本出发点进行展示。

表 3-13　　　　　　　　　　　　部分渠道对应策略出发点

渠道	分类	侧重策略出发点
线上平台	自营	树立销售标杆，实现稳定利润来源
	分销	快速扩大销售规模，提升品类市场份额
CS 渠道	KA 连锁	保持销售稳定增长，实现稳定利润贡献
	合作商	借助力量，充分进行共享，扩大销售规模
医药渠道	零售	培养竞争性单品，实现品种的突破
	医院	稳固基础存量，实现持续性发展
社群网络	臻品店	以自营为主，用以市场推广测试与销售建模
	体验馆	重在客户体验，通过体验实现销售转化
婴童专卖	渠道商	点面结合，实现销售的广覆盖
其他	招商	进行场景探索，开展市场测试，填补空白市场

有所专长、针对设计是分类侧重的根本原则，最终的目标都是通过有所区隔的操作方式，实现产品增长的目标，实现渠道网络价值产出的最大化目标。

3.4.2 渠道运营组织

在本书的上一章节，为了说明工业销售管理的一般性模式，简要地陈述了线下营销总部的基本框架和概念，本节将通过系统阐述马应龙渠道运营组织结构及运行的基本机制，展示马应龙渠道经营的理念和思路。

1. 渠道运营组织基本结构

为更加高效地开展渠道网络建设，呈现渠道价值最大化，公司将原有营销体系进一步前移，直面市场需求，强化业务营运功能，分别成立线上、线下营销总部作为业务前台对相关渠道进行统筹运营，采用渠道总监负责制实现渠道效能的提升，以业务支持部作为协调、支持、优化单位，通过营销联系工作会议将品类与渠道工作有机结合，推动营销动能提升。其基本结构如图3-18所示。

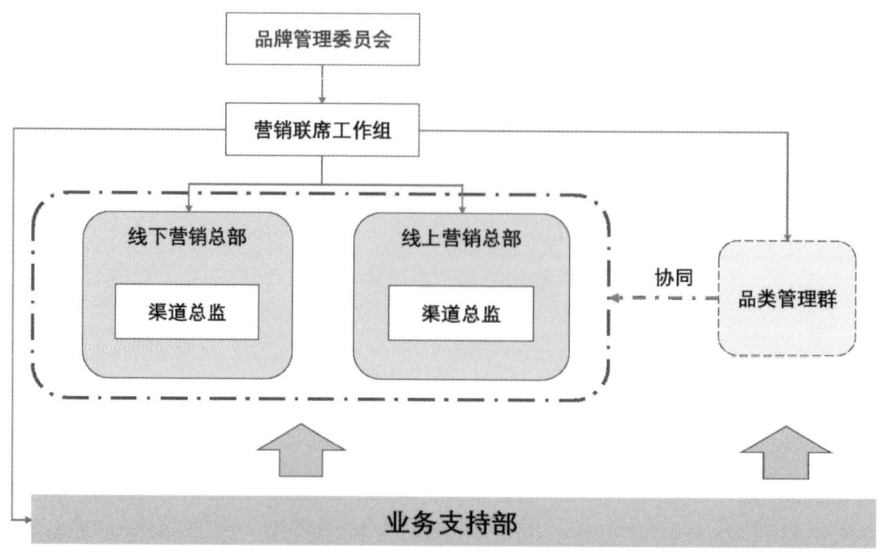

图 3-18 渠道运营组织示意图

渠道运营的最高决策机构为品牌管理委员会，从上自下还设立营销联席工作组、线上/线下营销总部三级决策机构。

（1）营销联席工作组。营销联席工作组品牌管理委员会下设机构，作为面向客服销售系统的日常事项的协同决策督导机构，为更加有效地开展决策，营销联席工作组分为线上和线下组，主要职责包括以下几点。

①督导品牌管理委员会关于营销系统的相关决策的执行。

②统筹制订年度营销方案和销售政策。

③督导营销方案和销售政策的执行。

④协调营销执行过程中资源跨部门调配事项。

⑤承担组织结构运行机制创新过程中的决策功能。

（2）线上营销总部职责。线上营销总部定位于统筹规划公司线上业务"人、货、场"的构建并根据市场变化不断再造，持续拓展线上营销渠道，引导线上业务优化资源配置，实现公司各产品线在线上渠道的闭环直营，扩大经营规模。其主要职责如下。

①成果展现。构建线上"人、货、场"，完成线上渠道经营目标。

②产品经营。收集并提供品种需求信息，筛选经营品种，下达产品需求计划；确定运营思路，明确定价机制，制订营销活动方案和推广方式；维护线上店铺正常运行，完成产品销售。

③客户经营。开展客户关系管理，持续为客户提供优质服务，促使交易达成，提升客户满意度；开展客户调研，形成客户画像，洞察客户需求，针对性地开展客户营销；扩大顾客群体，构建会员体系，促成重点品种销售。

④渠道经营。拓展新型、增长较快的销售渠道；根据不同渠道特点提供符合渠道属性的产品；关注政策法规、行业动态及第三方平台的规则变化，寻找新机会，通过现有业务的裂变，完成新业务的孵化。

⑤体系建设。分解线上经营目标，引导线上业务优化资源配置，督导目标达成；完善线上营运体系和运行机制，优化业务流程，评估业务成效；审查评估子公司拟开展电商业务的构建。

⑥基础管控。开展线上业务运行直接的质量管控；执行各店铺销售明

细、退货情况、分包商运营款项、代运营公司费用的核对和药店返利分摊等处理工作;线上营销总部各相关机构人员的日常管理。

(3) 线下营销总部。线下营销总部定位于建设线下渠道网络,扩大产品销售规模。其工作目标为遵循横向裂变及纵向深挖方向,构建公司产品的销售通路,通过渠道内产品经营、客户开发、渠道网络布局及价值挖掘、产品选配、业务督导及市场信息反馈等方式,不断提升渠道承载能力,支撑核心品类发展,放大销售规模。其功能职责如下。

①成果展现。创新营销举措,放大渠道整体销售规模;根据行业变化或品种布局拓展重点渠道规模;确保重点产品在重点渠道的规模增长;不断横向裂变或细分渠道;持续优化提升经营投入产出效能比。

②客户经营。深化市场调研,持续优化完善客户合作方案,提升客户满意度水平,强化客户黏性;构建全渠道大型存量客户合作关系,提升合作层级,强化合作支持力度;主导开发全渠道大型增量客户,保障市场占有水平。

③渠道经营。根据产品销售特性布局营销网络,不断优化渠道资源投入配比,持续拓展营销网络的覆盖广度和深度,强化渠道合作黏性;持续推进线下渠道的协同,不断提升产品的覆盖率;实施渠道营销秩序管控,联同产品经理开展产品推广、渠道促销等,持续提高产品在各类渠道的流量和流速。

④产品经营。协同产品经理深入开展产品选配,强化渠道规格、定价、推广策略等系列营销设计水平,提升"人、货、场"匹配设计能力,增强产品竞争优势;强化市场准入能力建设,不断优化、争取产品资质,协调统筹产品招投标运作,提升综合竞争能力;结合渠道需求向公司提供产品引进或改良建议。

⑤业务督导。提升任务分解、督导落实能力,优化完善任务督导机制,持续强化以业绩、工作作风和个人素质等相结合的人才梯队建设;持续强化绩效管理和薪酬管理,优化指标设定及薪酬分配机制,提升薪酬激励效果;督导一线管理人员开展工作过程管理,落实专项工作,强化综合竞争素质。

⑥风险管理。顺应国家及地方政府政策法规要求，服从公司战略导向，规范经营活动，规避经营风险；持续优化渠道结构，关注客户经营状态，控制渠道经营风险；强化渠道细分裂变，化解产品准入风险；持续强化人员管理，降低个人人身安全及合法经营风险；协同处理经营过程中质量、安全等突发事件，防范风险、减少损失。

⑦信息反馈。协助建设自下而上的信息传递通路；组织开展国家政策法规、市场环境、行业政策、竞品动态的信息回传工作；完善激励保障机制，不断提升信息反馈的积极性及反馈质量。

（4）业务支持部。随着客服销售体系整体向市场一线的前移，需要建设更加强化的中台支持系统，协调相关工作开展，提升对前台综合性支持。为此，马应龙设立以业务支持部为核心的中台系统，支援前台业务的开展。通过客户管理、物流管理、数据统计分析与评估等方式，联合公司相关管理中台及支持后台相关部门，持续强化营销中台建设，逐步搭建资源整合、信息整合、数据整合及辅助决策的平台体系，沉淀孵化通用基础业务能力，提高客服销售系统运转效率及资源使用效率。

业务支持部主要职能如下。

①客户管理。强化客户管理系统的建设，提升客户档案的准确性及完整性，协助前台展开重点客户关系网络的构建与维护；建设优化客户数据分析处理系统，强化客户经营数据分析能力，提供营销决策参考依据；构建消费客户沟通渠道，联同前台、质保等相关单位处理质量投诉时间，防范、降低经营风险。

②物流管理。不断优化加强产品配送能力，强化承运商管理，提升交付安全性、及时性、满足率；根据市场需求协调开展相关合同管理、退换货等基础性工作，提升交付满意度。

③业务统计。协调提升信息系统对前台业务开展支持能力建设，不断优化完善系统档案、数据等分析处理能力；实现全渠道产销数据并网运行，提升数据分析的维度和精度，实现常态化的决策数据支持。

④绩效管理。联同人力资源中心、营销总部共同制订营销总部总监及以上岗位的绩效管理方案，不断优化考评指标，提升激励效果，并根据绩

效数据分析提供团队建设决策依据；开展市场检查工作，对市场一线违规违纪行为进行警示或处罚，规范营销活动。

⑤综合管理。落实客服销售系统的日常协调工作，提升其应对突发事件的协调能力，保障业务前台之间、前台与支持部门间工作联络顺畅。

2. 渠道总监责任制

营销总部作为业务前台部门，其首要的职责是实现产品的成交从而形成持续的价值贡献，这就需要各个渠道与公司之间具备稳定连接，具备相当规模，并形成对产品强大的兼容性，这是渠道经营的要点。

为了开展高效的渠道经营工作，营销总部采用总监负责制，各渠道总监为相应渠道业务负责人，直接负责渠道资源和渠道政策的制定，为各渠道的资源配置和经营绩效负直接责任，由业务支持部负责其绩效考核。

（1）渠道总监职责。渠道总监作为渠道建设的直接负责人，其核心工作就是要使渠道价值最大化地呈现，从而形成持续、顺畅的产品成交量，这是渠道总监的价值创造基础。围绕这一基础，渠道总监履行的职责主要包括如下几个方面。具体如图3-19所示。

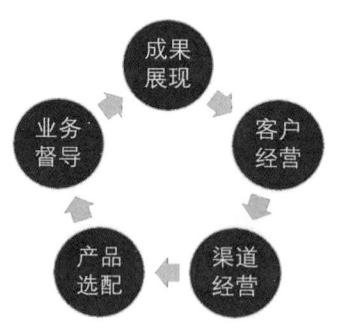

图3-19 渠道总监基本职责示意

①成果展现。经营成果展现是渠道价值的直接表现，通过创新营销举措，持续放大销售规模；调整资源投入配比，提升渠道产出价值效能；强化品牌建设，放大品牌声量，树立品牌综合竞争优势。

②客户经营。深化客户调研，洞悉客户需求，提升合作客户黏性，设计客户开发与维护规划方案，指导一线落地实施，保持客户与公司的黏性，实现持续的价值转化；直接负责核心客户、关键客户的开发与维护，提升合作的层级水平，增强公司在渠道内竞争优势。

③渠道经营。根据市场的发展，开展渠道网络布局及价值挖掘，不断拓展渠道覆盖的广度与深度，不断提升渠道承载规模与能力；不断优化渠道结构，强化渠道的资源配置，防范渠道经营风险，保证公司产品经营通路有序、顺畅，保障合理的产品流速、流量；提升渠道内产品兼容性，提升产品渠道进入能力，扩大产品在渠道内的覆盖广度，保障新品快速形成基础规模。

④产品选配。强化市场调查研究，发现市场需求，协同品类经理依据渠道需求选配产品；提升"人、货、场"匹配能力，强化产品推广能力建设，根据品种价值匹配渠道，深化落实产品营销推广策略；提升渠道政策设计能力，制订渠道政策综合方案，协同产品经理制定渠道产品相关策略。

⑤业务督导。及时跟进业务进展，督导团队执行渠道政策，确保业务团队落实业务要求；强化自身沟通、谈判能力，主导核心客户的业务拓展；督导团队各级销售人员开展过程管理，审定行为考核结果；落实重点专项工作，响应公司战略导向。

（2）渠道总监价值评价。对渠道总监进行价值评价，要通过定性和定量指标的结构，充分反映出其对渠道所凝聚和贡献的价值情况进行综合评价，进而折射出该渠道的建设和发展情况。虽然线上和线下由于渠道不同，但本质上都是围绕客户成交量展开，在衡量指标上存在一定共性，在具体内容设置上又存在较大差异，因此表 3-14 主要就共性指标进行展示，在具体的操作中将根据实际情况进行摘取补充。

表 3-14 仅能有限罗列部分考评内容，在实际的运行过程中，马应龙根据市场和当期重点经营内容的相关情况，由业务支持部根据基本评价要求形成具体的价值评价方案，引导渠道总监向指定的方向落实开展公司

策略。

表 3-14　　　　　　　　　　渠道总监价值评价表

指标类型		一般内容
定量指标	财务指标	销售规模 利润水平 费用率 应收账款
定量指标	业务指标	存货周转率 品种覆盖率 品种复购率 客户满意度 客户数量
定性指标	客户维度	合作层级 合作黏性 承载规模 风险可控性 信息交流程度 重点事项配合度
定性指标	战略维度	企业文化匹配度 战略方向认可程度 品牌支持力度

3.4.3 线下网络管理

实体销售网络也是传统销售网络，是涵盖从渠道商到终端所有经销商的组织结构，传统意义上，这个组织的覆盖和管理能力代表了一个企业的市场管理水平。

1. 实体网络结构

在马应龙的销售网络中，包含着一系列相互联系的组织和个人，根据其在销售网络中所处的地位不同,所承担的职责、销售任务、服务对象的不同,可以将其分为消费者、中间商网络成员和公司自建销售机构。如图 3-20 所示。

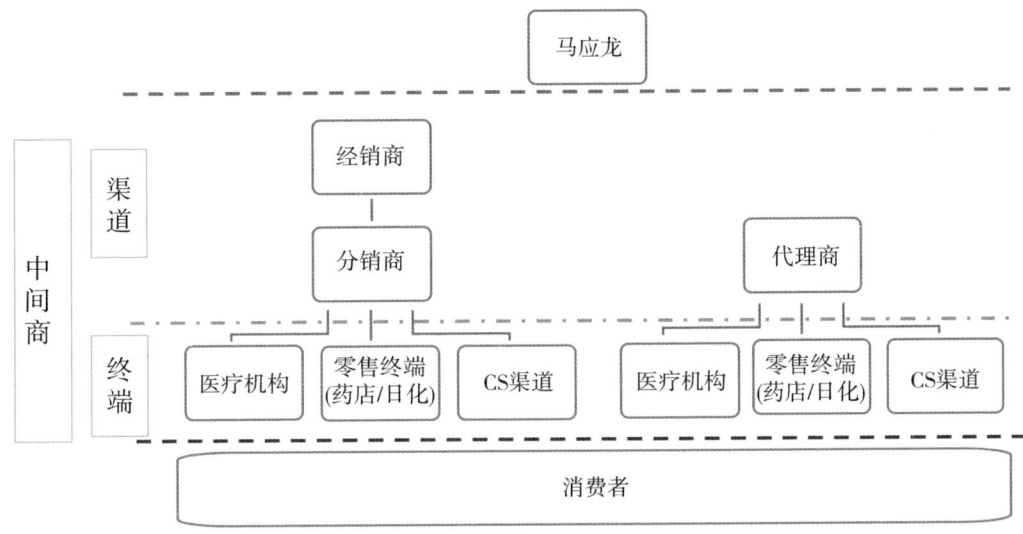

图 3-20　销售网络结构图

消费者是对产品和劳务进行最终消费的网络成员,他们不再将产品或劳务进行转售。中间商网络是公司产品传递给消费者过程中所使用的中间网络成员,它构成营销网络的主体,是销售的"通路",营销网络的管理主要就是对通路的管理。中间商网络成员主要包括终端网络成员和渠道网络成员。

就网络各成员发挥的作用而言,经销商是产品的"蓄水池",承担着"旱涝保回款"的责任,必须保证合理的库存量;分销商及配送商是产品通达各区域的"水管",重点工作是确保"管道"铺设的广覆盖和运输的高效能,同时也要及时清除淤塞,保障流畅;终端商是产品到达消费者手上的最后一个环节,即"水龙头",只有保持"水龙头"长期打开的状态,才会顺利流动,使深度分销落到实处。只有水管、水龙头都能够畅通,才能提高马应龙公司产品销售的流量和流速,提升销售规模。网络客户功能如表 3-15 所示。

3 营销力系统

表 3-15　　　　　　　　　　网络客户功能一览表

中间商网络成员			主要作用
流通渠道商	批发商	经销商	从公司直接进货，然后再将商品转售给其他渠道成员
		分销商	从经销商处进货，然后将产品转售给终端商
	配送商（药品特有）		从公司直接进货，然后再将药品配送至医院
	代理商	推广代理	直接面对终端客户，从事终端销售推广活动
终端商		医疗机构	将公司的产品以零售价卖给最终消费者
		药店终端	
		CS 渠道	

2. 零售渠道管理

药品零售终端具有点多、面广的特点，终端产品特点也决定了消费者选择的主导性地位。因此，零售终端在客户的开发和维护的过程中，将面临大量的不同层级人员和不确定性局面，针对连锁往往还需要面对自上而下的全程销售说服和自下而上的全员产品教育，需要采取多样的组合手段在客户的开发和维护中给予支持。

（1）合理选择合作终端。市场总是处在不断的变化之中，各办事处零售团队负责人要根据公司的销售政策、市场实际情况和连锁特性，选择年度内拟重点合作的连锁客户，以便资源的集中高效利用；而 OTC 代表则要对辖区内的药店进行普查，掌握和确定本辖区内所有药店的数量和地址，了解目标药店的基本情况，遵循城市和郊区相结合的原则，兼顾门店销量、交通便利程度、OTC 代表辖区范围原则，确定自己的客户，实现维护效果的最优。

（2）强化终端客户的拜访。马应龙 OTC 业务采取战略连锁的深度合作和大型社会单店的重点操作相配合的形式。连锁终端是马应龙在 OTC 市场重点合作的客户，在不同客户和关键岗位的对接上采取分级制度，不同层级对应相对等的职位，以实现与客户的深度沟通和联系。对于 OTC 代表而言，则要在药店普查的基础上划分了销售区域后，制定所辖销售区域的拜访路线，一条合理的拜访路线能够有效地帮助 OTC 代表在既定的时间和地域范围内完成目标工作任务，并且节省一定的行程距离和时间，提高工作效率。

（3）做好店面陈列。在 OTC 类产品销售中，消费者购买的主动性很强，醒目的产品陈列是吸引客户注意到企业产品的重要手段，也是促使其产生购买欲望、实现产品销售的关键所在。马应龙在药店做药品的陈列时，主要关注以下几方面的问题：药品的陈列面、药品陈列位置等。

①积极争取扩大陈列面。调研数据显示陈列面与销售成正相关关系。因此，马应龙坚持药品陈列面争取占据店内最吸引客户的位置、保持三个以上陈列面、保证陈列面的稳定、策略化的热卖营造、拜访舒适等原则。

②结合消费者心理行为特点，积极布局陈列位置，针对一些市场已经公认的条件设置检查工具表，提供一线 OTC 代表工作开展。营业推广是一种针对客户的短期刺激行为。它是对商业或消费者提供购买激励的一种活动，以促使其购买某一特定产品。其目的是调动消费者购买的积极性，或是宣传一种产品，提高产品在消费者中的认识度，或者是提高零售药店店员对促销产品的推荐率，或是提供一种服务。

③针对性地开展营业。消费者推广针对的是各类患者或身体不适者，如买赠促销；商业推广针对的是医药公司及各种类型的药店，如销售竞赛等。

3. CS 渠道管理

CS 渠道是大健康产品销售的核心和主力，马应龙对 CS 渠道管理还处于探索和试验的阶段。本书主要对美妆专卖店的管理进行阐述，进而探索更为广阔的 CS 渠道管理内容。

马应龙对美妆专卖店的管理按客户管理坐标图进行精力分配，以销量为横轴，以客户配合程度为纵轴，把客户分为 A/B/C/D 四类，所有的工作围绕此图展开，对客户进行系统化管理，直观、形象地指导全部工作，同时注意灵活性与兼顾性。另外，10% 的工作精力用于自我休整、自我提升、思路整合等自我成长的锻炼。如图 3-21 所示。

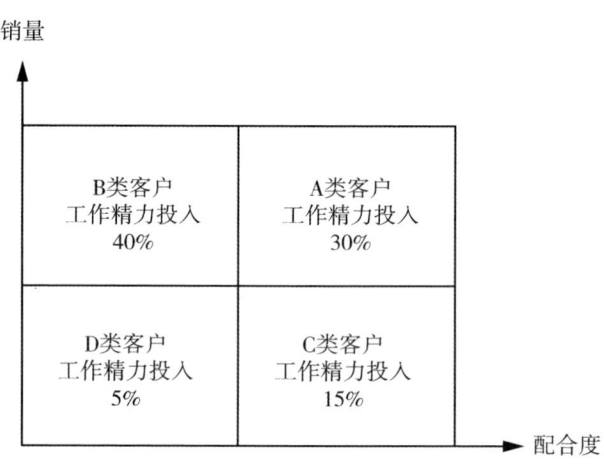

图 3-21　客户管理坐标图

针对专卖终端的特点制定了"终端开发的制度化、培训合理化、促销活动程序化"的"三化"措施。

（1）终端开发制度化。所谓终端开发制度化，即是针对美妆专卖店行业的特性，在终端开发的过程中，将产品的政策与承接任务明确地写入合同之中，以契约的方式确定与专卖店之间的权责利，以保障各方约定利益的顺利实现。

（2）培训合理化。培训活动的开展要符合经济性原则。美妆培训需求大、频次高，盲目开展所带来的投入回报率难以成正比。在培训的安排中，要进行合理的规划，首先要做到主题明确，重点突出。其次要针对培训规模做到分类安排，小培训作为促销活动和内训的补充开展；大培训做到集中化，保证基本覆盖面、保证培训的时间，讲深讲透，并采取适当的激励措施予以巩固和考察。

（3）促销程序化。针对终端店活动"集中化，分散化，服务要求无限放大化"的特点，在促销活动的开展时要做到活动数量少，质量高（成功率高，宣传效果显著），准备时间充足，活动开展一定要做到准备充分，人员集中使用以达成活动的效果。

总之，管理措施的根本在于严格执行，以强大的执行力确保达到

"终端开发重质量、维护重成功率、市场整合重整体、促销活动重宣传"的"四重"效果。

4. 医疗渠道管理

医疗机构对药品销售有着重要的意义。它是检验药品质量的权威,对药品品牌的建设有重大意义;它是消费者教育的重要环节,对消费者选择药品有重要的影响。在面对医疗机构的推广中,更多地关注医师对于药品选择在产品有效性、安全性、专业意见、病人利益、与其他产品比较优势等内容。在实际的操作中,充分发挥马应龙在药品和诊疗技术中的优势,以学术推广为核心,开展医疗机构分类经营,提升在医疗领域的销售质量。

(1) 立足学术推广工作。根据产品品类的影响,设置产品经理,并配备相应的学术推广专员,进行产品学术研究和宣讲,强化临床应用研究和处方学术建设,强化医疗市场的专业形象。学术推广专员的日常工作由产品经理和一线办事处评价并共同监督。马应龙的学术推广活动考核以过程控制为主,采用双向评分制,互为监督。具体如表3-16所示。

(2) 实施医院分类操作。根据医院自身属性情况,将医院进行内部划分,针对教学型医院,主要以医师产品知识教育和临床应用研究为主,形成广泛的产品影响力,对产品的有效性进行验证,夯实产品学术理论基础;对于基层医疗机构,充分发挥专业网络优势,采取技术支持方式,将提升基层医疗技术和企业产品推广相结合,实现多方共赢,扩大企业品牌的影响力。

(3) 完善学术营销工具。马应龙一方面大力开展产品的临床理论研究,为消费者提供更优治疗方案;另一方面在学习先进企业的成熟经验的基础上,结合公司的实际情况,为学术推广制定标准化的活动流程。以年度为单位制订方案,用以指导办事处积极开展各种相关学术活动。当前主要开展的学术活动形式有如表3-17所示。

表 3-16　　　　　　　　　　　　办事处学术推广活动考核表

活动区域	办事处		活动编号	
业务员	办事处经理		学术推广专员	
学术活动过程评分				
项目	评分			备注
会前沟通	1分 □		0分 □	
活动申报	2分 □	1分 □	0分 □	
会场布置、人员着装、胸牌佩戴等	1分 □		0分 □	
宣传资料准备	2分 □	1分 □	0分 □	
礼品准备	1分 □		0分 □	
3C产品准备	2分 □	1分 □	0分 □	
医生到会率80%以上	2分 □	1分 □	0分 □	
业务员/办事处经理客情关系	3分 □	2分 □	1分 □	
会场协调	1分 □		0分 □	
办事处主经理发言	2分 □	1分 □	0分 □	
科室主任总结指示	2分 □	1分 □	0分 □	
医生反馈	1分 □		0分 □	
总得分				
改进意见：				
成功经验：				

表 3-17　　　　　　　　　　　　学术活动形式

学术活动名称	内　　容
科内会	利用单个科室医生休息或科室培训时间，在科室内进行产品宣讲，以达到帮助医生了解产品的适应症、用法用量，帮助医师用药选择
学术会议	积极参与品类相关专家学术会议，充分利用学术探讨间隙对推广的产品进行讲解和说明，以便与会专家知晓和达成共识
新品上市会	新产品上市时，邀请临床研究专家就产品临床应用研究相关情况，向主要受众医师进行讲解，帮助医师了解产品功能和特性
临床研究	收集产品相关文章在教学医院和大型医院开展应用研究，形成更优的治疗方案，满足诊疗需要

5. 流通渠道管理

本书对流通的渠道管理的描述主要针对医药流通领域。在产品同质化、销售趋向集中化的环境下，流通渠道驱动是占领渠道资源、打压竞争对手的有力武器。流通渠道管理的核心是为各级渠道成员实现销售并创造利益，不仅是向客户卖产品，更要帮客户创造一个促进产品顺畅销售的价值链，使链上各环节的利益得到均衡和满足，顺畅地帮助渠道成员把产品卖出去。渠道网络管理的主要工作有网络规划、网络维护、网络管控等。

（1）渠道规划。要做好渠道的规划，首先要进行市场普查和渠道普查，普查内容如表 3-18 所示。

表 3-18　　　　　　　　　　渠道规划调研普查内容

普查方面	普 查 内 容
市场普查	包括人口数量和分布，经济状况，行政区划，医疗机构分布、药店终端数量、医保、新农合开展状况、当地医药市场容量等内容
渠道普查	包括当地医药公司的数量和分布，商业的销量情况，渠道的覆盖区域，主要医疗机构配送的通路，药店的连锁情况，终端采购的途径，主要招标配送商业，新农合配送商业等

在普查结果的基础上，进行渠道规划，根据渠道结构的要素，对下游按照区域和功能进行分类，保证区域内无遗漏，并针对下游的特点设计渠道结构，最终的目的是要促使低成本地为消费者获取产品提供便利。在布局分销渠道网点时，注重目标的达成，根据渠道特点使用不同的产品方案，确保公司与渠道节点间的相互支持。

马应龙对渠道客户展开分类管理，根据核心品种的市场销售特点，设计了多渠道的扁平化推广模式，在物流型的市场进行集约式的渠道结构，同时为保证其他品种在不同领域的配送推广需求。公司针对商业模式形态的不同，采取不同的产品投放模式。

①全品线的品种投放渠道。这类商业必须保证多业态的模式，涵盖良

好的纯销网络，具有完备的分销渠道、具备良好的资金实力和健全的配送体系，将其定位为公司资金及物流的平台，该类商业数量有限，应对其投放所有品种。以保障其利润率为目的，对产品路径保持严密监控，与其共同维护产品的市场秩序。

②投放核心产品规格之外的渠道品种。这部分商业（不包含调拨型商业）应该具备区域化，扁平化的特征，同时有良好的区域纯销网络资源。其核心产品规格作为分销机构应从指定渠道进货，其他品种采取直供的形式，以利用商业有力地发挥纯销网络的优势，确保传统渠道品种的有力推广和深度分销。

③直供渠道。这部分渠道商是指具备特殊功能的商业，包括对于零售连锁的直供、医院的配送等，完全按照终端的需求而定。

④基药配送渠道。根据当地的中标品种情况和配送体系，就中标品种在特定的区域内进行合作、推广、覆盖。

为保证公司资金流的稳定、安全，公司在渠道网络的规划时，采用"1+1"的回款结构，即"经销商+配送商"。在各地选择有实力、有网络的经销商作为公司产品的主要销售方，保证公司的合作能够有效、深入地开展，形成双边的互利互惠和交互支持；配送商主要满足两票制的配送要求，作为网络的补充。在销售的设计上，采用"资金流与货物流相分离"的模式，地方销售人员负责货物流的衔接，财务由公司统一安排负责资金流的安全和稳定。

（2）渠道维护。良好渠道的规划必须通过有效的管理才能发挥作用。马应龙对渠道商采取分级管理，择优选择具备长久发展空间，销售渠道多元、具备良好资金实力，双方互信认同的渠道商，纳入战略合作范畴，建立长效的战略合作伙伴关系。对于战略合作伙伴，着力于与之长期的合作，关注重点除了合作规模之外，还丰富了合作的内涵，包括经销产品结构的持续优化，信息共享的机制，目标区域、目标客户的共同拓展，分享其公共关系等内容。这部分客户除了与公司签订年度经销协议之外，外签署长周期的战略合作协议，保证经营的连续性。

由于马应龙的主导产品特性决定产品销售要"无所不在，随处可买",产品须广覆盖、高铺货、显陈列,因此进行深度分销是销售网络管理的一项重要工作,协助分销商开展产品的销售,通过推行"县长制"等手段,与分销商特别是重点分销商的销售部门合作,改变分销商自然消化的局面。

同时,公司积极强化渠道的管控工作,以"三定",即定向、定量、定价为基本原则,以分销系统和流向系统为支持平台,对经销商、分销商及配送商的销售要素进行控制,同时结合办事处的任务,与经销商的协议和实际销量对重点品种进行合规控制,使市场供求关系保持平衡状态,从而保证渠道秩序的稳定,改变市场恶性竞争的状况。

①定向管控。是指精选各级渠道商开展工作,保证产品流向的合规合理。马应龙制定了《商业流向管理办法》,以加强公司商业流向的真实性、规范性管理,优化管理流程,并明确各环节权责。

②定量管控。合理设计渠道库存,及时、准确地获取各级经销机构的库存数据,通过定期对渠道库存进行分析、产品的流向进行分析,对经销商和分销商实行定量订购,确定产销的浮动库存和安全库存,在协议中拟订计划、各个季度的分解、进度要求等方面确保定量的落实。

③定价管控。产品价格是企业的生命线,药品价格既关系到广大人民群众的福祉,也影响企业经营的持续健康发展,为维护公司的品牌形象,在市场上营造一个公平、有序的竞争环境,保证公司产品在市场上正常、稳定地销售,保证相关各方的利益,马应龙制定了《维护产品价格管理办法》,保障公司产品在市场上开展合规有序的竞争。

3.4.4 线上网络管理

马应龙线上业务组成主要包括线上营销总部和移动医疗平台,分别开展电商业务和移动医疗服务。线上业务的主要组织结构如图3-22所示。

1. 线上组织

(1) 线上营销总部。线上营销总部是马应龙电子商务各业务板块的集合,是依托于马应龙品牌和产品,以打造特色互联网零售商为目标构建

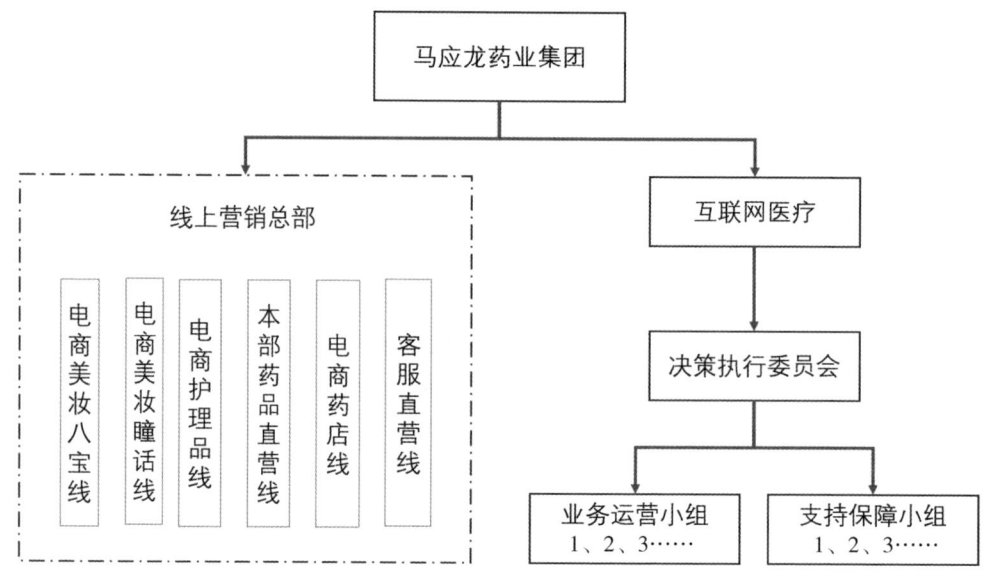

图 3-22 线上业务组织结构框架

的 B2C 业务体系。通过电商业务的发展和深入，谋求探索新的业务模式，并与消费者建立直接的联系。同时，电子商业作为商业的一部分，也负有产品品类集聚与市场检验的责任，并通过自身的销售优势为新品销售形成基础规模。

线上业务各分线采用总监负责制，对各线业务目标达成负全部责任。根据品类和经营的不同，分为垂直品类运营、电商药店和客服直营线。

①垂直品类运营线。包括电商美妆八宝线、电商美妆瞳话线、电商护理品线和本部药品直营线。负责对接相应产品总监，明确经营目标，制订经营计划和运营方案，开展店铺运营、推广和线上分销，实现产品销售。

②电商药店线。构建电商采购和质保体系，实施 GSP 管理，承接网上药店代运营，明确经营目标，制订经营计划和运营方案，开展店铺运营，实现商品销售；关注市场产品信息，整合药品经营流量资源，推动产品引进和公司自有产品在网上药店的销售。

③客服直营线。负责线上各店铺及分销业务的售前、售后客服以及订单处理工作，收集市场反馈信息，以专业化服务促进销售转化；加强客户

运营管理，负责电商经营主导品种会员直营业务的开展，明确经营目标，制订经营计划和运营方案，实现产品销售。

（2）小马医疗。小马医疗平台是马应龙按照患者病程模型构建肛肠细分领域重度闭环的专业化、垂直化、开放化的移动医疗平台，包含网站 www.here120.com、手机端应用、微信公众号。

小马医疗在组织内部采取执行委员会和业务小组的模式使运营结构扁平化，减少营运层级，使决策流程更加符合线上平台灵活、迅速的要求。

①决策执行委员会：实行集体领导体制和民主集中制议事规则。执行委员会作为线上业务开展的日常管理机构，在业务开展、人员管理等工作上，群策群力。各执委的分工各有侧重，重大事项会商决策，充分保障执委的知情权、建议权、权限指引框架下的决策权和审批权。

②业务小组：按照"经营单元重心下沉、核算单元划小细分"的原则，设置业务小组。根据业务需要，各业务小组可以机动调整及裂变。业务组实行组长负责制，充分授权并且权责对等。

2. 电子商务的营运

（1）电子商务营运的概述。马应龙电子商务营运工作的开展目标就是探索适合马应龙的电商运营模式，即寻找符合特点的自营品种、构建具备先进性的运营体系；打造具备竞争力的电商团队，着重培养四项关键能力支撑：系统化运营能力、需求链管理能力、供应链管理能力、精益化管理能力；建立有效的运营业绩，打造电商自我造血能力，拓展市场份额，在医药电商领域占据一席之地。

在营运目标的基础上遵循以下基本原则。

①客户至上。电商业务以用户为导向，所有的业务设计及决策都以用户体验为核心前提，用户至上横贯整个业务链条。

②极致专业。马应龙电商立志于打造"特色医药零售商""专业药事服务能力"和"专注聚焦医药零售领域"作为马应龙电商的核心专业能力，其重要性必须凸显和根植。

③快捷创新。鉴于医药电商的特殊性和外部环境的快速变化，在马应

龙电商业务的开展中，必须注重业务的创新性。

④价值主张。创造性运用用户、交互、极致、迭代、流量、众包、跨界等互联网思维，深入洞察客户需求，建立价值主张。

⑤流量攫取。电商业务开展的基础就是流量，关注原点人群、攫取有效的流量是电商业务持久不变的重点。

⑥众包协同。与快速迭代的原则一样，互联网思维的关键因素一个是共享，一个是效率。借助社会资源和外部力量，开展众包协作，是提升效率提高竞争力的一个重要手段。

⑦卓越运营。运营能力是电商事业部的核心能力，精益化的管理、卓越的运营是让电商业务自我造血，形成良性循环的关键。

（2）电子商务营运的基本策略。电子商务的营运具备快速变化的特点，需要更为快速地进行调整和应对，在实践的基础上，马应龙提出了以下基本营运策略。

①规划先滚动。根据发展阶段特性，以"短频快"方式滚动编制机会导向的规划，捕捉业务增长机会，明确产业定位、业务组合以及价值主张，探索模式并在实践中优化。

②供应链先突破。检讨并创新供应链管理的可行路径，以供应链协同为轴线拉动需求链创造、精益化管理、系统化运营的提升进步。

③组织先配置。优化调整组织结构，完善单元经营制，切实建构经营会计体系，建立共建、共知的知识体系，创新共创、共享、共担的激励机制。

④协作先探索。推动内在协作、分合协作、集团协作等三线协作，落实具体项目，更加积极、开放、务实地探索新路径。

⑤运营先统筹。客户、业态、店铺、品种、营销手段等运营要素要大胆尝试，切实部署，把统筹功能摆到绝对优先位置上来。只有先做好周密统筹，才能更好地做到有序分转、及时应急。

⑥意识先统一。要切实强化电商员工的自生意识、举措意识、打法意识、自强意识。

（3）电子商业体系。马应龙电商业务经过数年的摸索培育，结合自身的资源禀赋、运营能力,逐步形成自营、分包、服务输出、线上线下合作等多种模式相结合的营运体系,并对马应龙整体电商业务进行统筹,对公司单位电商业务实施运营监督和整合管理。

①自营业务。马应龙电商自营业务又包括化妆品自营和药店自营。通过在天猫、京东、淘宝、拼多多、亚马逊等主流商务平台开展品牌旗舰店,树立品牌形象,配合线下渠道提升客户体验感,并在多个规模较小的第三方平台上也开设了自营店铺,实现多渠道广泛布点,运用店铺组合切割、攫取更大规模流量。

②平台运营业务。鉴于自有业务渠道的局限性,为最大化发挥平台资源优势,扩充产品品类,实现流量最大化。在自营业务以外,将一部分供应链不具备优势或无法满足的业务外包给分包商,由分包商负责全流程的运营,通过履行店铺整体管理、统计核算、财务结算和业务监管等职责,保障业务的稳定性和合规性,降低风险。

③代运营业务。运用电商经验优势和口碑效应,实现品牌的增值效应,实现多渠道的经营收益,借助马应龙电商团队4年的经营熔炼及经验积淀,拓展运营服务输出,代运营其他店铺的运营,获取服务性报酬。

④线上线下融合开展O2O、DTP业务。充分利用马应龙零售产业渠道覆盖优势,与大药房合作开展O2O和DTP业务,借助线下门店的体验性和电商的便利性、快递的便捷性,打造具备体验感的新的电商业务模式,并降低线下门店拥有较广品种线造成的库存风险。

⑤整合管理。对公司整体电商业务进行统筹规划和整合管理,审查评估公司本部非电商部门及下属子公司拟开展电商业务的运营规划、体系建构、业务流程及运营能力,监督和考核其所开展电商业务的运行状态,对考核不合格的业务进行处置。

(4)供应链的拓展。电子商务同时作为马应龙产品品类集聚与检验的平台,一方面引进适合电子商务的品种,扩大平台经营品类,提升规模和竞争力;另一方面在平台上对贴牌试销的品种进行市场推广的检验,快速形成基本的销售规模,为产品向线下延伸提供支持。

上述工作的良性推进有赖于上游供应链的持续拓展。电商事业部在实践操作的基础上，对供应链拓展逐步形成了以下工作指引。

①建立供应商评价标准。从供货质量、服务水平、供应价格、及时性、信贷额度、供应满足率等方面入手，进行系统的指标考察，选择符合电商需求的供应商，并建立供应商评价标准。

②持续向上游延伸。在此标准上拓展供应品种，对市场销售需求大或有潜力的品种，借助供应商上游资源接触生产厂家，洽谈并确定战略合作关系。

③强化合作关系。对已谈妥的战略合作伙伴，实施定期清理核查协议完成进度及过程，对合作关系加强管理。

④分类对待降低成本。按经营品种划分类别，根据 ERP 系统筛选一段时期内各品种的销售数量，结合现有库存，提出需求预测和采购计划。在同一品种存在多家供应商的情况下，以降低采购成本满足销售需求为前提，通过议价决定最终供货商。

(5) 电商业务活动策划。电商业务的营销管理从店铺装修、视觉设计、店铺常规巡查、竞品巡查、常规店内营销活动管理等开始，最终聚焦于营销活动的策划与实施。这里主要介绍专项活动的策划与实施。

专销营销活动的策划和实施，主要有以下内容。

①明确活动目的。策划营销活动首先需要明确活动目的。整个营销活动方案必须贯穿运营的整体思路，依据运营的整体方向设定活动的目标。

②制订活动方案。依据设定的活动目的，并按照市场的情况、竞品的情况、促销产品生产厂家的指导意见等，制订相应的活动计划。活动计划必须包含活动时间、活动的力度、实施的运营工具、遇到问题的应急处理等内容。

③执行活动方案。根据活动计划严格执行活动方案，活动的执行是整个营销活动是否能成功的基础。在执行活动方案期间不可避免地会遇到各种各样的问题，需要依据不同问题作出相对应的方案调整，确保整个营销活动的顺利完成。

④检查活动设置。活动上线之后，必须检查整个活动各细节的设置，

以确保活动能正常进行。运营需要以消费者的角度去参加已开展的营销活动，模拟购物的整个流程，检查各个营销活动节点是否正常，遇到问题及时修改。

⑤活动方案调整。在达到阶段性目标或者市场情况发生改变时，需要依据实际状况、竞品的情况调整活动设置，以达到最好的活动效果。

⑥活动方案总结。活动结束以后，依据原活动方案设定的各项节点目标，开展相对应的活动总结。活动总结的目的是找到活动中发生的各种问题以及有效解决问题的方法，并系统地归纳，能在以后的工作中更有效、更顺利地完成运营活动。

（6）全面开展内容营销。内容营销就是用内容的形式和消费者、用户对话，从而建立品牌连接的一种营销思维。随着社会环境的变化，短视频和直播所带来的全新流量成为了各方角逐、深耕的新战场，以短视频、直播为核心载体的内容营销贯穿了品牌营销、传播、销售、运营的各个环节。

须知所有内容营销投放都是为品牌服务，这决定了在内容设计上，除了品牌宣传、增加品牌曝光度和流量、引导转化外，更长远的目标是通过投放树立一个良好的品牌形象，实现让内容营销的品效合一。在多年经验积累的基础上，公司逐步形成了内容营销投放指引，指导相关工作的开展。

在实际的工作中，要注重投放开展的事前，事中和事后三个阶段的工作重点。

①内容营销投放开始前，首先需要寻找合适的合作对象，并通过第三方数据监测平台考核合作对象是否优质，然后正式与团队沟通，确认是否有合作意向，并寄样试用，确定合作档期，最后为营销投放正式开始做好各项准备工作，基本流程内容包括：三方数据考察评估，意向性沟通、选择推广产品、实施合作。在数据考察中，不同的渠道不同的平台有不同的特点，表3-19以淘宝直播为例展示投放前三方平台考察评估的内容。

3 营销力系统

表 3-19　　　　　　　　　投放前三方平台考察评估的内容

渠道	三方数据平台	考核原则	具体考核内容
淘宝直播	阿里 V 任务	通过平台分析主播各项数据，重点关注达人的"粉丝分析"是否适合品牌产品投放	综合能力、粉丝分析合作评价、合作价格
	胖球数据 知瓜数据	这两个平台数据全面，可以重点关注达人的转化数据，通过其"带货能力和客单价"考核主播是否适合品牌投放	类目排名、销售额、在线人数

②在内容营销投放执行中，首先要做好前期准备及沟通工作；其次是跟进投放执行的过程，并根据执行情况及时与合作团队沟通，优化投放内容；最后做好投放收尾工作。一些主要工作内容和重点如表 3-20 所示。

表 3-20　　　　　　　　　投放中三方平台考察评估的内容

渠道	投放前主要工作内容	控制重点
直播	与合作团队确认产品物料、脚本、投放内容及时间 后台提前设置活动信息与客服沟通当天活动内容，作好准备	跟进活动执行，实时监测各项数据，配合活动上下库存，维护活动内容数据，针对不好的部分及时与合作团队沟通，优化内容
图文短视频	合作团队确认产品物料、脚本、内容及时间	跟进活动执行，实时监测各项数据，维护活动内容，若即时转化或反响较好，可投放信息流，加大推广力度，打造爆款，实现转化最大化

③在营销投放结束后，运营团队需及时做好数据复盘和售后服务等工作，通过复盘数据指导下次的推广工作，确保通过投放进店的用户有一个良好的购物和产品体验，将达人用户转化为产品用户，实现品牌的可持续发展。具体如表 3-21 所示。

表 3-21　　　　　　　投放后三方平台考察评估的内容

渠道	复盘平台	复盘数据	售后
直播	阿里妈妈、生意参谋	访客数、点击量、收藏数、加购数、成交订单数、成交金额、退款率	售后服务、用户使用评价、复购率
图文短视频	博主主页、三方数据平台、阿里妈妈	曝光量、互动量、评论内容、成交金额、店铺自然搜索量	

3. 移动医疗营销平台

（1）平台的设计理念。平台运用移动互联、云计算和大数据等技术手段，整合肛肠领域全产业链资源，为肛肠病患群体和肛肠易患病人群提供健康资讯、预防保健、健康自测、用药指南、预约挂号、健康套餐、康复随诊及家庭护理等多样化、个性化的健康服务产品。图 3-23 展示出了小马医疗平台的设计理念。

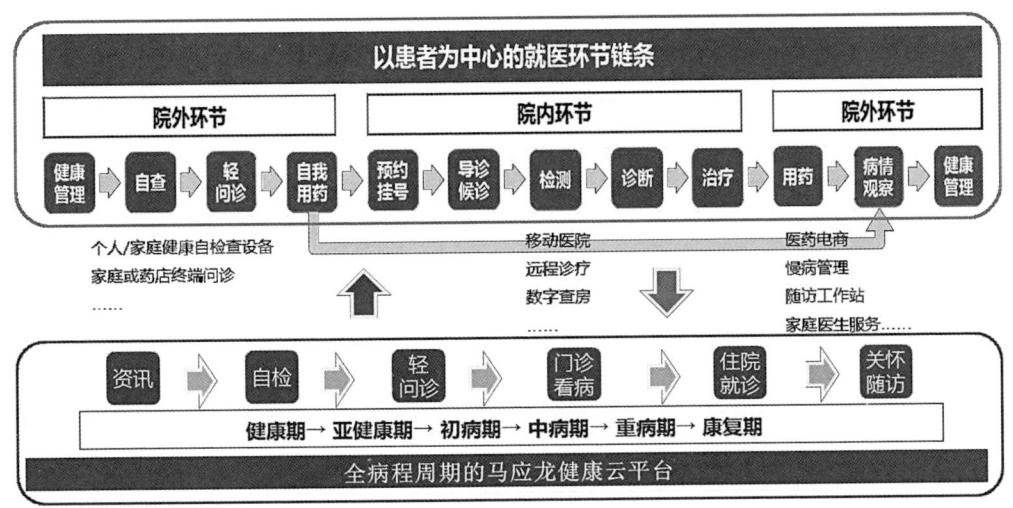

图 3-23　小马医疗平台设计理念示意

通过构建移动医疗平台，马应龙将更好地发挥肛肠健康方案提供商的功能定位，为客户创造更大的健康价值。

（2）生态系统的构建。通过移动医疗平台引入多方服务，同时利用智能设备获取用户大数据，逐步打通"流量—服务—变现"闭环，围绕用户形成肛肠健康生态系统。

小马医疗作为连接圈与医疗直营圈、共建圈相互策应。其生态系统如图3-24所示。

图3-24　小马医疗生态系统图

①树立专业品牌形象。以肛肠手术直播业务等树立专业的平台形象，在全国对接超过千余家医院，拥有数万名医师用户。

②丰富病患服务内容。通过互联网+医疗开始为广大患者优先提供用药指南、诊前咨询和复诊等多样化服务。

③布局前沿技术开发的同时，布局如"肛肠VR项目"等肛肠健康前沿技术项目的开发，确保软件著作权。

④配合医养项目开展。搭建与肛肠健康相关的"三三联动"医养业务，以社区为辐射据点，通过构建O2O平台系统，为社区居民提供肛肠

健康的医养服务、便秘调养服务及肛肠大健康产品等。

（3）功能和服务。通过小马医疗平台的搭建，为用户提供了多样化、便利性服务，对马应龙品牌客户体验提供有力的支持。当前，主要围绕消费者需求开展以下内容。

①健康资讯服务。用户在家中或社区通过手机客户端和电脑享受自助式健康资讯服务，通过资讯的关键字，联系到相关科室或者疾病；根据获取信息不断地关联相关内容，实现患者与资讯的深层次的交互；通过门户的健康大讲堂、健康新知获取相关疾病知识；通过门户获取用药指南等信息，平台对会员提供用药指导。

②健康自测服务。通过平台提供的各种病种的调查问卷，用户可按照问卷进行自测，平台根据分析用户对按照病种提供的调查问卷，形成自测报告，引导用户进行在线专家咨询、选择医院挂号就诊或药品购买。

③健康顾问服务。用户通过轻问诊，对目前的身体情况及疾病通过电话和其他互联网咨询平台进行咨询，医院客服中心对患者的轻问诊内容进行答复，并实现与医生一对一的联系。

④空中医院服务。系统根据用户地域、疾病选择智能导诊，提供费用信息和就诊轨迹，指导用户进行就诊，提供用户在线挂号、专家预约等服务。

⑤健康档案服务。用户在使用平台的过程中，平台为用户建立了个人健康空间，并提供相关信息供用户查询，使用户保持与医生的互动联系。

⑥第三方服务。通过分析用户的健康档案生成用户需求报告和使用习惯报告，并将报告推送至相应第三方服务商，如药企、药店等，为用户提供实时在线购药等各种健康服务。

⑦关怀服务。平台在系统中设置各种病种术后出院的康复治疗关怀内容，并在用户出院后，帮助患者进行健康管理。同时为用户提供交流平台，帮助患者通过平台进行相互交流，分享诊治经验，加以用户引导实现后期营销。

小马医疗平台的服务功能如图 3-25 所示。

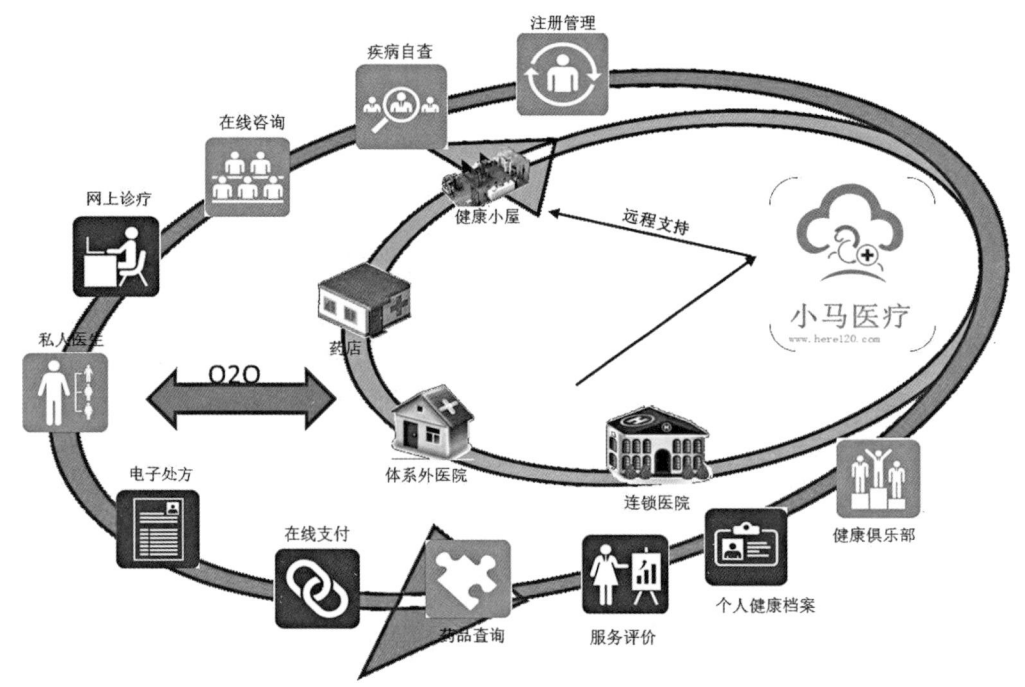

图 3-25 小马医疗平台服务功能示意

3.4.5 销售网络整合

1. 网络整合的重点工作

随着马应龙"海陆空"销售网络体系的构建,对营运组织的体制结构提出了更高的要求,需要对组织进行重构,打通组织间壁垒,以提升组织内的"兼容性";需要强化营销组织整合,实现线上线下的融合,形成能够互相协同推进的运行机制;需要构建产业平台,实现对细分品种资源的聚集,丰富完善方案的组成内容,从而完成实现"人、货、场"的再造。这其中,有以下重点工作值得特别关注。

(1) 统一指挥,保证行动一致。平台的建设是一个复杂的系统工程,需要强有力的指挥调度,才能保证各项工作的有序协调开展,当涉及多部门、多体系协同运作时,尤为重要。以马应龙构建的"肛肠健康方案提供商"为例,要完成平台构建工作,需要马应龙体系整体合力,通过高层次的统筹保障建设的有序开展,为此,公司充分发挥了品牌管理委员会的统筹功能,指派公司总经理担任平台建设的总指挥,保障平台建设运行向公司设定的方向发展。

(2)交互任职,完善信息通道。构建组织间无障碍的交流通道,降低信息传输过程的失真率,通过选择"关键人员交互任职"方式,即将组织间关键岗位的核心人员互调,以便充分理解相关领域的发展规划和行动纲要,从而指导原组织工作的开展,实现工作的顺畅有序展开。

(3)资源共用,打造聚光舞台。资源稀缺性是其永久属性。马应龙通过打造舞台,热诚邀请各方资源在平台共舞,并将自身产品、品牌对资源方释放,全力满足消费需求的多样性。在对外资源合作时,马应龙始终秉持多边共赢的理念进行与价值提供匹配的利益分配。对于那些有持续经营价值,对公司产业发展形成互补和支持的,可以考虑开展更加深入的股权合作,将其融入马应龙的自身体系之中,更好地实现调度安排。

(4)将传统与互联网思维交融。线上线下网络的融合,重要的是思想的融合,要将互联网的思维运用到传统的网络建设工作之中,在新的消费时代,要将客户对产品的兴趣和吸引要素从线上向线下转移,将线上的操作思路、操作方式与传统方式相融合,构建类比的消费场景,增强客户黏性。

(5)业财融合,形成有力保障。为保障平台高效运行,马应龙对包括财务管理在内的多部门进行了优化重组,以推动业务融合的开展,为参与经营各方提供从渠道网络到财务结算等各个方面开放、安全、有序的服务保障,提高财务管理中心统筹调度平台资金以及资源的能力,实现费用的有效匹配;完善补充审计和法律事务功能,为经营的有序开展保驾护航,让参与平台的各方都能够放心地发挥优势,展现自己最优的状态,更好地服务于平台的客户。

截至目前,马应龙已经通过各种渠道吸引了众多的资源,在"海军"的建设方面取得重大的进步。但也需深刻地认识到,要想获取客户竞争的最终胜利,还需要强化自身网络经营运作的能力,而马应龙自身的产业团队是这个队伍的核心力量。在过往的历史中,马应龙分产业组建了相关的营销团队,在当前通过有效的组织交互,将这些团队进行有机的融合,逐步形成"线上线下"营销组织呼应,"实体+网络"运营结合的营销总部。

2. 线下网络的整合

20世纪90年,马应龙体制改革完成后,公司董事会提出了"先销售后生产"的口号,并着手组建了一支全国销售团队。发展到今天,这支自营药品销售团队已经覆盖全国主要地区。随着产业的发展,公司又先后组建以湖北地区为主的零售连锁团队和重点城市医疗服务的诊疗团队,2016年,公司组建大健康业务团队。初步形成了马应龙"陆军兵种"建制。在经营的过程中,各产业线的客户存在必然的交叉,需要高效地利用这种交叉实现产出的最大化,同时"目标客户一元化、功能服务多元化"的经营指导思想也需要整体性的配合才能实现功能价值体验的最大化,马应龙产业经营平台建设的推进,对产业间组织的融合性提出了更高的要求。为此公司逐步构建了以线下业务、医投公司、大健康公司、马应龙大药房、马应龙物流为主的多维度协同发展的营销组织。如图3-26所示。

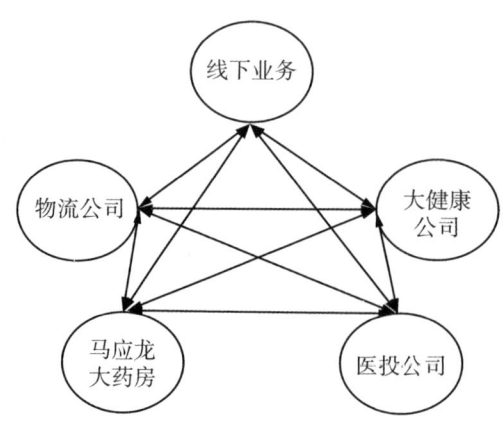

图3-26 线下营销组织结构

在马应龙的营销体系结构中,运营体系主要工作职能如下。

(1)大健康公司。负责大健康产品的引进、设计和销售政策的制定,负责自营团队的建设和网络建构,为大健康产业的整体发展制订规划方案,并组织实施。

(2) 医投公司。负责医院的经营规划,对马应龙自营医疗网络体系和肛肠诊疗中心的发展进行规划和设计,并组织实施。

(3) 马应龙大药房。负责马应龙旗下零售终端的经营工作,对零售终端的发展进行规划和设计,并组织实施;负责对马应龙健康家的发展进行规划、设计和运营。

(4) 马应龙物流。负责马应龙"健康方案"供应的外部品种引进和运营;负责马应龙商业配送的营运。

(5) 线下营销总部。负责马应龙自身药品的经营工作,负责马应龙线下渠道的建设,负责承接对大健康产业、医疗服务产业和零售产业发展的融合支持。

通过自营产业营销体系的整合,逐步形成线下营销总部,提升现有销售网络团队和网络的兼容性,从而实现马应龙整体终端和渠道网络的共用,推动马应龙产业链条重组工作有序、健康地开展。与此同时,国家医药健康产业也发生了巨大的变化,尤其在2009年国家医药体制改革开始后,行业环境发生了巨变。针对新的形势,马应龙实施了"三大终端战役",既是对公司产业经营的重大布局,也全面阐述和论证了马应龙产业销售网络整合的重要意义。

案例3-4

<h3 style="text-align:center">马应龙的"三大终端战役"</h3>

2009年,中国新医改被提上日程,随着新医改"四梁八柱"系统建设的逐步落地,医药行业经营环境发生了显著的变化,政策的指挥棒将消费从一线城市向三四线城市下沉,医保逐步收紧支付口袋,新的技术带来了全新的消费模式等都催促企业在营销工作中必须作出改变。另一方面,肛肠流行病学调查研究显示,基层人口发病率与城市发病率相当,并且基层人口在疾病知识教育以及用药方面远落后城

市人口,基层市场有着巨大的发展空间。

董事会仔细研判行业形势,基于终端为王的战略考量,认为当前的工作重心应进一步下沉并向核心医院渗透,要根据新的营销形势重新对"人、货、场"进行配置,进而形成新的战略格局。在这一指导思想下,董事会制定了"三大终端开拓战役"。

(1) 顺应国家分级医疗政策,优化延伸马应龙销售渠道,强化终端市场开发,突破增量瓶颈,深入开展县域市场开发战役。让马应龙红旗插遍(药品覆盖)全国,药品全面进入基层医疗系统,完成由中心城市到广大农村的网络全覆盖。与县级医院达成深层次合作关系,形成商业生态链,丰富供应品种,提升经营规模。

(2) 针对依据流行病学患者"两高一低"的特点相对应只有20%的县级市场设立肛肠专科,医疗供需严重失衡,现实及潜在需求巨大的形势,大力建设马应龙肛肠诊疗中心。在地县级综合医院,设立马应龙肛肠诊疗中心,参与主流终端市场改革;建立临床样本采集、实验基地,提升马应龙品牌影响力和辐射面,形成上游整合议价能力,构建马应龙医药完整的自循环产业链体系;就全球最大肛肠诊疗管理机构和专科临床样本采集、实验基地的战略目标,从而实现在医药生态链构建中真正取得经济支持,形成战略优势。

(3) 紧抓城市社区的发展,拥有最丰富的客户资源,将马应龙药品、医疗营销的社区作为建设战场布局"马应龙健康家"。通过有限门店向无形网点延伸;通过社区进入家庭,建设24小时家庭医生服务体系;挖掘社区客户资源,打开多重服务空间,最终实现让马应龙品牌走进千家万户。

"三大战役"的推进改变以往业务营运单位的单兵作战的形式。战役的推进是通过借助自身全产业链齐全优势,以医投公司、马应龙大药房等产业平台为依托形成渗透合作的基础;借助马应龙遍布全国的销售网络陆军资源,在全国市场寻找目标、快速跟进,配合平台展开布局;同时马应龙的"空中部队"在宣传和技术上给予支持,从而形成系统间的相互合作,协同推进,为"三大战役"的展开奠定基础。

2. 线上线下的整合

随着时代的发展，线下线上并行已经成为企业销售工作开展的基本要求。马应龙是行业内最早涉足电子商务的企业。在实体经营的基础上，经过多年的发展，目前公司已经构成了以"马应龙品牌旗舰店""新终端直营店"为代表的自营品种平台，以"大药房旗舰店"为代表的电商零售平台；以"小马医疗"为代表的互联网医疗平台并与各大战略连锁电商开展产品合作进一步丰富和完善互联网终端的覆盖面。通过线下线上的销售网络体系，马应龙实现了全渠道布局的网络建设初级阶段目标。具体如图 3-27 所示。

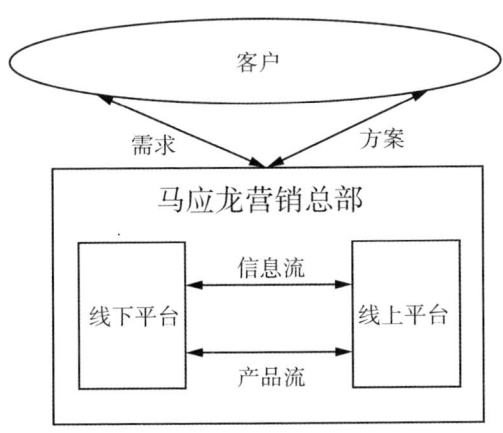

图 3-27　马应龙全渠道网络结构

（1）马应龙线上组织简介。线下组织在本章已经进行了大量的介绍，现在简要向读者阐述马应龙的线上运营组织。总体来说，马应龙的线上运营组织主要有以下几个板块，这些营销板块之间相互配合，共同构成了马应龙互联网总部机构。

①医药零售商。以马应龙大药房旗舰店为代表的医药零售商，它不仅是马应龙线下零售在线上的延伸和补充，也是马应龙产业链条整合的重要

渠道，通过贴牌代理、专销等多种方式形成产品集合的销售测试，为产品选择实现多通路、高效率的验证。

②自营品牌专卖。是以"非常养眼"的眼部护理专家"马应龙八宝"和"瞳话"为代表的药妆品牌，以及以"非常有爱"为代表的护理品牌。一是通过对历史传统非一般地传承，并在新时代对其进行非一般的诠释；二是打造"非常有爱"的母婴护理专家，不断演绎和表达，全力推进护理品业务，逐步开拓产品线，推动大健康产业发展。

③新终端品牌直营。通过在京东、阿里等平台打造"马应龙"专柜，借助平台推广的力量形成品牌的叠加，放大品牌的影响，形成产品销售的快速流动。在重大平台如"双十一"等重大促销中，"马应龙"品牌始终牢牢占据药品销售前十，肛肠品类第一的地位，为平台和自身的发展都展现了良好的助推力。

④合作连锁自营电商平台。在自营平台的基础上，马应龙挑选那些与公司价值取向相同、产品经营理念一致的各大连锁药店达成合作，通过连锁 B2C 平台形成更大面积的覆盖，通过 O2O 平台提升产品传达的效率。

⑤小马医疗平台。小马医疗作为国内首个互联网医疗肛肠专科重度闭环项目，面向肛肠病患和肛肠亚健康群体，依托马应龙医药健康产业链，运用移动互联、云计算和大数据等技术，构建涵盖健康教育、预防保健、疾病自检、远程医疗、辅助治疗和康复护理六大核心功能的专业化，垂直化，生态化的移动医疗平台。整合药品经营、诊疗技术、医疗服务、健康数据等各种资源，使药企、医院、保险机构、医疗器械等众多资源均有合适的角度接入，形成全链条、一体化肛肠健康生态圈。

（2）线上线下整合机制。马应龙对线下线上融合的根本目的是打破组织内部壁垒，形成实质上的营销总部，统筹马应龙销售工作的开展，这个组织有以下特点。

①对外是客户需求获取和方案传递的整体。无论是线下还是线上，对外都形成标识一致的马应龙组织，在发现需求系统的指导下，多维度、多渠道地获取客户需求信息，使需求收集覆盖更加全面和深入；各组织间形成相互配合、互为犄角的态势，使成形的解决方案能够更加全面提供地给

客户，满足客户的多样化需求，强化客户体验，提升客户关系黏性。

②内部实现信息交互无障碍。公司将从各渠道获取的信息数据向信息中心进行汇集，在战略数据管理部门进行分化匹配，实现数据挖掘和分析，向相关单元进行扭转，实现对业务部门工作规划决策的理论支持。

③产品在市场的交互验证。对产业发展的新品，通过线上线下的渠道实现交互验证，明确其对客户的价值和转换的路径，以更好地实现规模增长。一方面通过线上平台的验证，形成基本的销售数量级，为向线下的拓展奠定规模基础；另一方面，在线下销售渠道已经成形的品种，通过异规异价的重新规划，向线上延伸，进一步扩大产品销售。

通过销售网络的整合，马应龙的"海陆空"三军形成各自优势突出，整体协调顺畅，相互配合有力的作战态势，为公司更好地服务于广大客户，全面实现"目标客户一元化、服务功能多元化"的经营理念提供了有力保障。

3.5 市场监察与风险管控

市场监察与风险管控，是指公司通过运用系统化和规范化的方法，对营销业务体系各单元财务信息的真实性和完整性、内部控制与风险管理的有效性、市场行为的规范性以及资源使用的效率和效果等进行独立的审查、核实和评估评价，客观揭示与查处存在的问题，促使营销业务体系合规经营，堵塞漏洞，强化管理，防范风险，合理保证公司经营目标的实现。

3.5.1 监察与风控组织

公司设立风险控制委员会，研究制定公司总体内部控制和风险管理制度，完善公司风险控制体系，审查公司经营管理和业务运作，监督公司内部风险控制制度的执行情况，统筹公司危机公关和舆情风险控制工作。

公司对监督机构进行优化重组，在审计部设市场监控分析岗、市场监控岗等岗位组成的市场监控工作组，依照《市场监控管理办法》等履行市场监控、检查及监督的职能，监控的范围涵盖具有各业务单位，通过不断完善市场监察体系，保障营销机构有效运行，为公司的营销力系统保驾护航。

公司还在各营销业务体系内部设有相关岗位，进行例行的市场巡查和抽查，及时纠正和发现市场经营中的问题，配合审计部门开展相关监察工作。

监察与风险管理组织结构如图 3-28 所示。

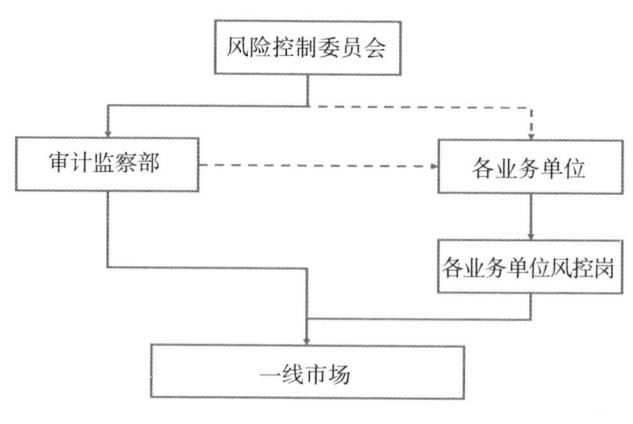

图 3-28　监察与风控组织示意图

3.5.2　市场监察

1. 市场监察职能

市场监察职能主要是建立和完善对公司营销业务的监督和评估评价体系，促进公司营销系统的各项规章制度不断规范，督促营销系统合规经营，强化执行力，实现营销力的提升，最大限度地防范经营风险，为公司的长远发展和壮大保驾护航。其主要包括以下职能。

①检查、评价及处理。开展实地走访、调研等市场监控活动，检查销售行为的规范性和政策制度执行的严密性、监控资源使用效率与效果、监控在途货款管理，客观评价营销系统的经营业绩和管理现状，并对违规违

纪行为提出处理意见，从内控角度不断规范营销行为。

②专项评估。根据公司转型升级需要，对营销系统新的营运模式、运营机制等进行专项调研或检查，实时了解市场动态，从风险防范角度促进营销新模式或运营机制的不断完善。

③受理举报调查。对违反公司政策或制度规定致使公司利益受损行为或实名举报材料主张举证的有损公司利益的事项进行专案调查。

④风险管控。开展公司医疗服务、大健康业务环节的重大营销风险监控、评估和内部审计，督促营销部门改进管理。通过有效的风险管理措施的实施，提高各医院风险防范的能力，实现价值创造，保证公司稳健、健康、持续的发展。

2. 市场监察内容

市场监察工作主要是结合市场运行状况，在"监督、检查、督促、服务"理念下开展各项监督工作，围绕公司价值观和经营纲要，将大局意识、服务意识和责任感相互融合，把思想和行动统一到公司的经营理念和价值观上来，敦促公司的经营目标和销售任务的落实。具体工作事项包括以下几方面。

（1）业务行为的监控。常规市场业务行为的审计检查、销售一线经理交接的监督，包括渠道维护、终端开发、流向核查、费用情况、销售一线人员、内部日常管理、二次分配方案落实、账务管理、在途管理，等等。

①市场一线巡回检查。审计部依据年初制订的市场监控工作计划，根据《市场监控管理办法》，对公司各办事处终端和省办商务工作进行巡回监控检查，主要针对一线人员及内部日常管理、二次分配方案执行和市场业务操作工作进行抽查，发现并查处违规违纪行为。

②销售一线经理交接的监交。根据一线经理人员变动情况，在主管部门组织下，开展经理人员交接的监督工作，具体工作是督促完成一线经理交接表的填写，对市场相关信息进行核查，提交《办事处经理交接的监交报告》，并跟踪事后工作，协调交接遗留问题的处理。

 3 营销力系统

日常销售信息的专项监控，主要工作如表 3-22 所示。

表 3-22　　　　　　　　　　专线监控信息表

专项监控对象	监 控 内 容
经销商监控	定期对公司有直接回笼业务的特约、一级经销商或其他类下游客户的发出、回笼及流向数据进行密切统计和监控，分析评估其协议执行及经营情况等，揭示可能存在的经营风险，对潜在危机提出预告、预警，每半年提交《经销商监控评估报告》，为公司领导决策提供参考
市场价格监控	结合市场一线巡回走访信息，监控主导产品在渠道、终端的价格情况，每半年提交公司主导产品价格的调研报告，评估公司价格管控体系的运行情况
专项市场调研	不定期对相关板块营销模式或方案涉及的市场开发、铺货、客情维护等情况进行调研走访，提交《市场专项调研报告》，供领导决策参考，确保公司经营需要和满足市场化需求

（2）在途风险管控。定期对应收、发出所形成的在途逐笔核查，检查跟踪客户信用管理、超期扣款政策的执行情况，定期出具在途监控报告，督促销售人员清理催收超期在途，控制坏账损失风险。

①从风险角度促进《客户信用管理办法》的不断完善，优化公司客户资信管理模式，定期监控客户信用政策执行情况，力求现款销售与赊销的平衡，控制经销商在途在信用范围内，实现销售利益最大化。

②依据公司《在途货款管理规定》，每月对公司的未清零在途进行跟踪，每季度与办事处会计进行沟通，督促商务人员及时回款，敦促办事处会计对超期的在途货款执行扣款，必要时下发催办公函。

③每季度对公司经销商的在途数据编制报表，经统计分析，对超期以及超信用的在途及时预警，上报公司领导《某季度在途监控分析报告》。视具体情况，督促营销部门对一年以上无法收回或因账务调整等原因形成的遗留在途进行清理，提出相应的呆死账处理意见，不定期提交《某某客户呆死账处理建议》报公司领导审批。

④依据公司《安全交易奖励金管理办法》，每半年一次督促财务会计部和相关管理部室人员，对销售一线人员的安全交易奖励金办理相应的退

返还手续。

⑤采取多种形式对商务人员开展在途风险的教育，传达公司有关在途货款监管方面的政策等，提高业务人员的在途风险防范意识。

（3）重点资源使用跟踪与评价。对营销相关的资源投入，例如广告费用、市场开发费用、渠道促销费用、房租等费用的使用、兑付及报销情况进行跟踪，评估评价投入产出效果，监督核查有无违规使用行为。

①依据公司《广告管理办法》，参与广告投放的询比价、商务谈判，对日常广告监播单及部分广告合同中需要办理监播手续的广告付款申请进行审核、登记。

②每半年对广告合同和投入资金情况进行分类统计，并与回笼数据对比，运用广告效益法，分析投入产出比，上报公司领导《某半年广告投放监控报告》，评估广告费用使用效果。

③根据需要，不定期对销售政策所涉及的营销费用进行分类统计，并结合市场情况进行比对和综合分析。发现不合理的现象，并对异常、使用离谱的情况提出整改处理意见，提交《销售费用专项审计报告》，以提高资源的综合利用率。

④客户满意度调查。为掌握公司客户关系情况，了解一线工作成果，同时加强与客户的沟通交流，跟踪客户需求变化，促进客户分级管理，改善公司经营服务质量，每年对公司商业客户进行一次客户服务满意度调查，调查结束后上报《年度经销商客户满意度调研报告》或《年度战略连锁客户满意度调研报告》。

3.5.3 风险管理

风险管理是指围绕总体经营目标，由董事会、管理层和员工共同参与，通过建立以质量控制和成本为中心的内部监督管理模式，对公司经营中的各类风险进行准确识别、审慎评估、动态监控、及时应对及全程管理的过程。

马应龙风险控制本着"全面管控、强化意识、突出重点、持续改进"的理念，风险管理工作主要通过开展风险监测、评估、审查、报告等，在风险揭示中不断促进风险管理体系的完善，实施有效的风险管理措施，实现价值创造，保证公司稳健、健康、持续的发展。

1. 风险管理目标

通过整合已有信息资源，建立以资金和成本管控为核心，预算和绩效管理为抓手，风险控制为保障的经济运行内控管理平台，充分保证公司经济活动合法合规、资产安全和有效使用，降低经营成本，提高管理效率和质量，帮助其真正实现精细化管理。

2. 风险管理原则

开展风险管理遵循以下原则。

（1）全面性原则。风险管理贯穿于决策、执行和监督的全过程，由全员共同参与，覆盖公司的各种业务和事项。

（2）战略导向原则。以公司发展战略为导向，从战略目标出发，为实现战略目标服务。

（3）重要性原则。风险管理工作的重心是管控对公司发展有重大影响的风险。

（4）适应性原则。客观反映子公司目前的风险状况，满足业务发展和风险管理的需要。

（5）预防性原则。加强风险的事前防范和统筹管理，把风险管理向业务工作前端推进。

3. 风险管理的基本工作流程

公司风险管理的基本工作流程分为风险识别、风险评估、风险应对、风险监督、突发重大风险应对五个部分。公司风险管理办公室定期组织开展年度风险评估工作，站在公司角度提交年度全面风险管理工作报告，为公司高层领导决策提供参考。基本工作流程如图 3-29 所示。

（1）风险识别。是指用感知，判断或归类的方式对公司现实的和尚未发生的潜在风险进行系统的归类分析，从而加以认识与辨别的过程，它

3.5 市场监察与风险管控

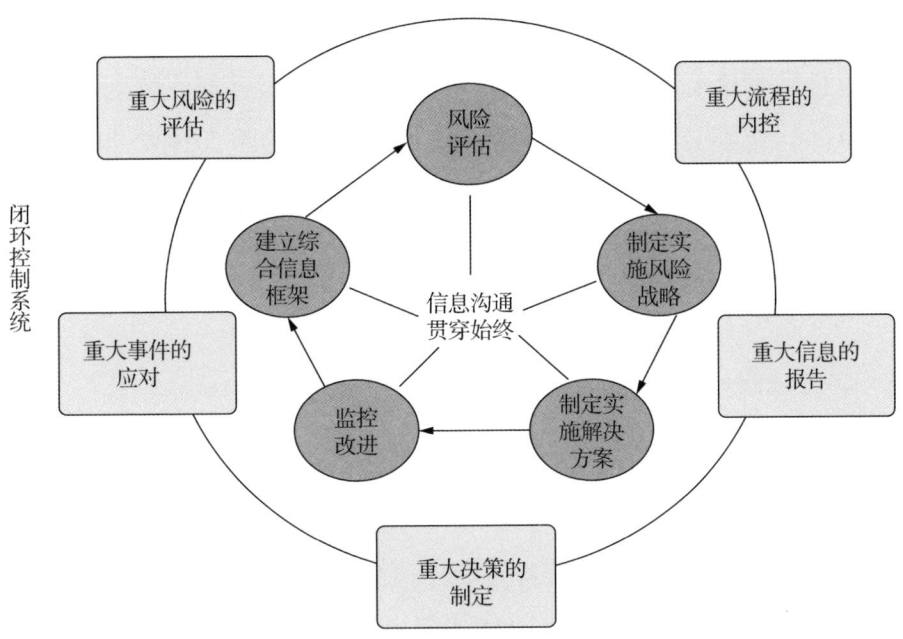

图 3-29 全面风险管理基本工作流程图

是风险管理的基础。

（2）风险评估。是公司及时识别、系统分析经营活动中的，与实现内部控制目标相关的风险，科学分析和评价风险属性的过程。

（3）风险应对。是针对风险发生的原因、风险重要性水平，考虑风险之间的关系，选择风险管理策略并制定具体的风险应对方案。

（4）风险监督。是各部门对归属部分的重大风险和相关风险进行持续的日常监控，对风险监控结果进行分析评价并及时预警。

（5）突发重大风险应对。是指部门在日常风险监控中，对已发生或可能发生的重大突发事件，进行紧急报备，并提出应急预案采取应对措施，减小或停止风险事件给公司带来的伤害。

4. 日常风险信息的动态监控

为及时发现风险信息并实施有效的控制措施，规避和减少风险可能造成的损失，增强抗风险能力，风险管理办公室组织开展相应风险信息动态监控工作，统一风险语言，设计规范表单，实时监控内、外部风险信息，并进行风险的收集和识别、分析和评估,及时反馈,妥善应对,形成公司的风险信息数据库和已发生风险事件台账,并定期更新;针对年内已发生的风险事件,定期分类汇总,评判和汇报已发生的重大风险事件,并跟进事件进展情况,提出相应的奖惩建议以及与责任追究机制相结合,防止类似风险的再度发生,出具年度的风险事件简报,经风险管理委员会审议后呈报公司领导。

5. 重大风险的专项评估或审查

根据经营需要,开展对子公司某阶段经营管理的专项风险评估或风险审查,评估或排查重大风险,主要通过风险辨识、风险分析和风险评价三个步骤开展,首先是对风险信息库的信息进行分析,筛选重要信息,从"风险发生可能性"和"风险影响程度"两个维度考虑设计风险调查问卷以及评分标准,组织公司中、高管及核心骨干人员填写问卷并汇总结果,完成风险排序表,出具专项风险评估报告或风险审查报告。报公司风险管理委员会审议后呈报公司领导。

6. 风险监督

公司审计部通过一系列的程序与方法,对业务单位的风险管理、控制及治理过程等进行综合评估评价,发现风险管理体系运行中的薄弱环节及关键风险点,并提出管理改进建议,督促相关营运单元或单位实现风险管的有效运行,保障公司整体经营目标的实现。

3.6　营销力评价

营销力评价是对公司营销总体能力和水平的评价,是对营销力系统基本状态及其在市场中的运作状态的综合评估。其目的在于:确保各项营销管理措施的贯彻落实,促使营销目标的达成;通过营销力评价找出营销活动中的问题和弱点,提出改进办法,进而提高营销能力。马应龙对营销力的评价主要从过程和绩效两个方面进行。

3.6.1 从过程方面评价营销力

营销能力是公司面对市场时的能动力，表现在对市场洞察、网络建设、组织能力和开发能力等多个方面，又细化为对客户价值发现和深入挖掘，网络覆盖的广度与深度，渠道流速、流量的掌控，新产品、新渠道的开发能力，以及对销售的决策、执行和协同的能力等多个方面。过程指标反映的是公司在某一方面的综合能力，包含的内容较为广泛，主要通过测评的方式来进行评价。能力评价指标如表 3-23 所示。

表 3-23　　　　　　　　　　　　能力评价指标

指标名称	描述	内容
市场洞察力	价值发现	对市场信息收集及处理能力，及时反馈市场需求，发现价值客户和网络
	价值挖掘	通过客户管理，增强客户黏性，深入挖掘客户价值，推动客户价值最大化产出
网络建设	广度与深度	建设广覆盖、纵深化的销售网络，实现消费者对产品获取的最大便利
	渠道掌控	影响控制渠道客户行为，推动渠道客户行为与公司期望相向而行，确保渠道的畅通，提升产品在渠道内的流速与流量
组织能力	营销决策力	对营销工作进行分析判断，根据战略制定清晰、明确、发展的销售策略，综合运用各种策略达成目标
	营销执行力	围绕价值创造目标建立职能健全、机构精简、高效率的组织，对销售绩效和过程进行有效控制，合理调动资源达成业绩目标，并进行科学有效的危机处理
	营销协同力	对外与其他相关部门配合，协调与其他相关部门之间的冲突与矛盾，对内分工明确、配合默契、责权利清晰，能够对市场需求作出快速反应，做到灵活应变
开发能力	新产品上量	能够快速了解及掌握公司新产品的主要销售卖点及特性，迅速找到销售场景，打开产品销售局面
	新渠道开发	能够对客户开展人员推销、营业推广，合理有效地选择客户并保持客户黏性，提升产品销量

3.6.2 从绩效方面评价营销力

营销力的最终体现是要达成公司既定的发展战略目标，绩效高低是衡量的最终标准，是公司在市场竞争中能力的展现。通过具体的营销行为达成公司在财务指标、客户指标和市场指标的优异变现。绩效评价指标如表 3-24 所示。

表 3-24　　　　　　　　　　绩效评价指标

类别	指标名称	描　　述
财务绩效	销售回笼	向经销商出售产品而获得的现金流入
	销售费用率	用于销售活动的支出占销售收入的比例
	应收账款及比率	截至某一时点未收回现金的应收款金额及其占销售收入的比例
	新产品回笼占比	新产品销售回款总公司总回笼的比例
	主导产品回笼占比	主导产品销售回款总公司总回笼的比例
	终端人均产出	终端人员人均销售额
客户绩效	满意度	对可感知的效果（或结果）与期望值的比较
	忠诚度	对品牌的信任和依赖程度
	客户流失率	特定时间段里流失的客户数目和总共客户数目的比例
	处理投诉时效	解决客户抱怨的平均时间，客户对解决方案的满意度
	交流渠道多样性	与客户沟通渠道的种类数量
	交流及时性	客户平均等待时间；客户放弃率
	交流有效性	解答客户问题花费的平均时间，交流人员的友好性、机敏性、见识性
市场绩效	市场占有率	本公司产品销售额占市场所有此类产品销售额之和的比例
	市场覆盖率	出售本公司产品的销售终端数量占全部终端数量的比例
	可控终端产出占比	由公司销售人员正常维护的终端销售额占公司总销售额的比例
	渠道纯销占比	以纯销为主的经销商占全部经销商的比例
	终端人员占比	从事终端推广的销售人员数量占公司全部销售人员数量的比例

对绩效的评价可以从公司整体组织角度进行评价，也可以对公司内部

不同层级、不同类别的销售组织进行评价。马应龙主要是从产品、渠道、区域三个维度来划分销售组织并进行评价（如图 3-30 所示）。绩效指标进行评价时需要确定比较的基准，马应龙进行分析所参考的基准主要包括：销售组织内部比较、与目标计划比较、与前期状况比较、与竞争对手比较、与行业标杆比较，本书不再一一赘述。

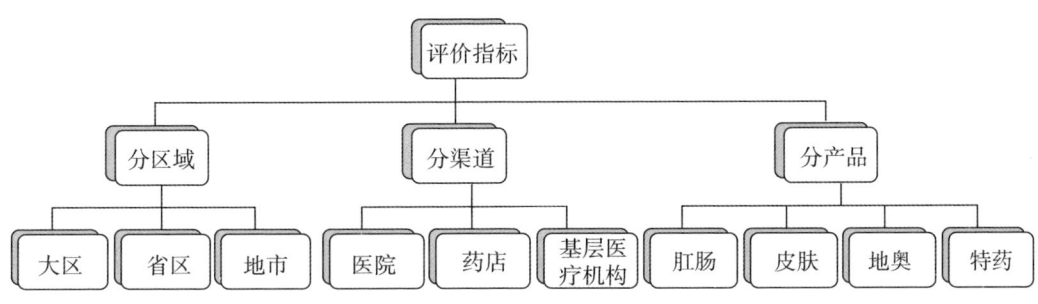

图 3-30　绩效指标评价维度

4 品牌力系统

4.1 品牌力概述

品牌力是企业品牌的影响力,是对消费者心智和行为产生引导的能力,强大的品牌力能够在消费心中建立起品牌独特地位,营造特有的消费者内心世界。企业的品牌力系统,就要是通过系统化的工程提升、扩大、强化品牌影响力。

企业启动品牌力系统的建设,其主要目的就是能更有效地进行品牌创建、品牌执行、品牌监管以及品牌提升,在这些重要流程和环节中,更加科学规范、合理地应用工具,最终达到品牌价值不断提升,品牌影响力不断扩大。

在品牌力建设中,首先要对品牌内涵进行清晰的梳理,理清相较竞争者,自身应该如何定位,这也就是品牌创建的过程。而在品牌定位后,则要进行设计并执行品牌营销活动,确定品牌元素,如品牌名称、标识、符号、包装等,组织相应的品牌营销活动,通过提升次级联想来建立品牌资产。品牌监管则是要梳理和设计品牌组合及品牌架构,关注品牌延伸层次,依据不同的细分市场和具体消费者,来创建、拓展并长期管理品牌资产,并对其进行规范性管理。通过建立管控体系,及时、全面、科学地干预、应对在企业经营发展过程中出现的有损于品牌资产的负面因素,降低危害影响。通过持续性的品牌力打造和强化工作,动态优化品牌架构,规范化开展品牌资产管理,促进品牌提升。同时,通过设置评价指标,建立评价体系,全面分析和描述品牌的发展特征,形成定量和定性的评价结果。

作为中华老字号企业,马应龙自1995年公有制改制以来,坚持以品牌经营战略为主导战略,确定了以"目标客户一元化、服务形式多元化"的战略实施路径,落实"主体集结,整合经营,运行中优化"的策略思想,在夯实产品力、完善营销力的基础上,使马应龙的品牌力不断提升。

4.1.1 品牌力内涵

品牌力是品牌的认知度、品牌联想度、品牌美誉度、品牌忠诚度和品牌契合度的有机统一,是指消费者对某个品牌形成的概念对其购买决策的影响程度。对于中华老字号、国家级非物质文化遗产马应龙而言,传承和创新是品牌力的内涵和目标。

1. 品牌传承

400多年精于品质,马应龙一脉相承。从传统意义的中华老字号,到现代意义的品牌,其间的跨度不仅仅是概念的变化,更需要穿透这个符号载体,不断推动文化内涵、经营理念以及经营架构的嬗变、升级,更需要通过身体力行、知行合一的实践作为,将传承、坚守、创新、开拓熔铸进符号之中。

要赢得未来,马应龙正在从客户、股东和员工方面下工夫。客户是"天",市场很大,天空任翱翔;股东是"地",站在大地上会感到安全、有保障;员工是"人",经营活动的主体。马应龙追求客户忠诚、股东信赖和员工敬业,即天、地、人协调发展。马应龙始终秉承龙马精神,把龙的远大理想与马的脚踏实地相结合,追求天地人合一的境界,努力实现为顾客创造健康,为股东创造财富,为员工创造机会,为社会创造效益。

"十年企业靠经营,百年企业靠文化。"追本溯源,历史上,马应龙就有"以真夺人,以勤治店"的文化理念,尤其是1995年中国宝安集团控股经营以来,马应龙在对400余年历史文化、传统中医药文化进行辩证传承的基础上,不断汲取宝安集团现代企业的先进文化养分,将现代经营理念融入自身文化建设中,从而逐步形成了具有自身特色的"1+3+4"的核心文化体系。也就是马应龙奉行"龙马精神"的企业精神,"以真修心、以勤修为"的哲学观、"资源增值"的价值观和"稳健经营、协调发展"的经营观,以及"为顾客创造健康,为股东创造财富,为员工创造机会,为社会创造效益"的经营宗旨。

2. 品牌创新

创新是马应龙品牌文化的重要内涵,通过实施品牌经营战略,马应龙在市场细分领域建立与其他同类品牌相区隔的独特优势,打造全产业链条上的核心竞争力。马应龙按照"目标客户一元化,服务功能多元化"延伸战略,围绕肛肠病患者这一目标客户聚焦经营,深化马应龙品牌从药到医的延伸,开办马应龙肛肠专科医院并连锁化经营,构建了集药品经营、诊疗技术、医疗服务为一体的产业价值链,实现从药品制造商品牌向健康方案提供商品牌转变。创新品牌传播方式,加强与年轻消费者沟通,通过打造寓教于乐的创意视频、跨界策划等新形式,开辟医药行业内容营销的先河;积极拥抱互联网+,前瞻性布局移动医疗,充分利用产品、连锁医院、线上和线下大药房实体等独特资源,在肛肠及下消化道领域为消费者提供重度闭合的健康垂直服务。通过多措并举,促进百年老字号插上腾飞的翅膀,力争实现中华老字号的现代化复兴。

3. 管理创新

马应龙重视管理创新在企业发展中的作用,建有一套完整的创新制度和管理办法,始终站在我国医药行业的最前沿,同时密切关注世界同行业的研究发展动态。三维三力价值创造系统、资源配置机制、项目管理机制、风险管控机制、"人单合一"机制、"四定"机制等创新管理机制都发挥着积极作用,各个机制下都匹配专门的委员会负责决策和推进,持续开辟企业发展的新方向和新局面。

4. 研发创新

马应龙秉承产品经营与资本经营相结合的理念,以市场需求为导向,以广泛合作的方式开展产品研发，通过资本经营加强对外新产品的引进，提高了产品的技术含量和附加值，技术创新体系达到国内先进水平。与北京大学药学院、中国药科大学等多家科研机构建立了长期的战略合作关系，经国家人事部核准与北京大学共同组建了博士后工作站。公司被评定为高新技术企业，研发中心被国家发改委、科技部等五部委认定为"国家级企业技术中心"。同时，公司研发中心也是湖北省肛肠药物工程技术中心。现在公司拥有的肛肠治痔类产品结构完整，真正做到了"上市一代、开发一代、储备一代、构思一代"。

5. 营销创新

马应龙坚持肛肠及下消化道领域的核心定位，围绕大健康领域积极寻求发展机会，贯彻"工业重速度，商业重质量，诊疗重布局"的思路，聚焦核心优势领域，构建集药品经营、诊疗技术、医疗服务于一体的全产业价值链。在全国设有 8 个大区和 48 个终端办事处，实施分线管理、分品类操作，有 5 家全资肛肠医院，并计划打造百家公立医院共建肛肠诊疗中心。营销精细化管理水平明显提高，营销策划能力全面提升，终端促销能力、渠道掌控水平显著增强，产品营销网络和资源充分共享，销售规模明显上量。

6. 公益创新

2015 年《中国肛肠疾病流行病学调查》发布，该调查由马应龙药业联合中华中医药学会肛肠分会发起，历时两年半，耗资千万，覆盖 31 个省市自治区，取得近 7 万份有效样本。这是中华人民共和国成立以来，在全国范围内进行的首次权威性、专业性和公益性的肛肠疾病流调，其数据揭示了肛肠疾病的发病现状和成因，为我国制定相关卫生政策和产业政策提供了科学依据，是中国肛肠健康产业具有划时代意义的一件大事。

4.1.2 品牌力经营目标与原则

作为一家持续经营 400 多年的老字号企业，马应龙依托肛肠领域的品牌影响力、产品产业的结构优势、肛肠领域市场资源的掌控能力,深耕肛肠全产业链,延伸发展大健康产业,打造健康方案提供商。推进纵深专业化发展,做强核心、做大边界、做深业态、做长基业,打造千年马应龙品牌。

公司品牌力经营遵循以下原则。

(1) 增值性原则。能够不断扩大品牌影响力,既可以更加有效地满足用户的功能需求和情感需求,又可以通过品牌经营获得丰厚的回报。对马应龙而言,品牌力经营的增值性原则主要表现为内涵的丰富带来的品牌价值提升。

(2) 差异性原则。保持品牌力建设的独特性,通过品牌力的差异化,打造核心竞争力。对马应龙而言,品牌力经营的差异性原则主要表现为以独特的八宝组方和国家级非物质文化遗产技艺为核心,不断开展产品创新和品牌延伸。

(3) 一致性原则。确保品牌力各运营系统之间、各元素之间保持有机统一、协调一致,实现品牌力的叠加作用。避免各元素之间相互矛盾,直接影响品牌力系统工程的质量。对马应龙而言,品牌力经营的一致性原则主要表现为打造健康方案提供商,大力发展大健康产业。

(4) 动态化原则。保持品牌力建设的与时俱进,认识到品牌力建设是日积月累的动态过程,需要不断调整建设工作的配套策略和保障要素。对马应龙而言,品牌力经营的动态化原则主要表现为持续发现客户需求、不断满足需求。

(5) 经济性原则。把握品牌投入和品牌回报之间的平衡度,充分重视投入产出比,考虑利益的最大化。对马应龙而言,品牌力经营的经济性原则主要表现为主体集成、整合经营形成的价值创造。

4.1.3 品牌力四大模块

马应龙品牌力经营,是强调通过系统化的品牌力建设,使得马应龙的认知度、联想度、美誉度、忠诚度和契合度都得到持续提升。要实现这一目标,要通过品牌创建、品牌执行、品牌评估与监管、品牌提升这四大模块来完成。

（1）品牌创建。对品牌进行定位和规划，制定品牌发展战略。清晰地理解品牌代表的意义、形象定位、竞争优势等各个方面的内容，并利用品牌价值链工具来评估品牌资产的来源和结果。

（2）品牌执行。对品牌识别符号进行设计，选择品牌元素的组合与匹配，执行品牌营销活动。与此同时，也要用提升次级联想的方法，来扩充企业的品牌资产，同时防范经营风险。

（3）品牌评估与监管。对品牌资产的来源进行全面审查，评估品牌的健康状况，了解品牌资产的构成，监测品牌使用的合规性，并提出改进、优化品牌资产的建议和方法。

（4）品牌提升。对品牌资产的运营情况进行系统评价，通过设置一系列的评价指标形成定性与定量相结合的评价结果，引导品牌建设的系统性，提升品牌价值。

4.2 品牌创建

品牌创建首先要精准地为品牌进行定位，包括企业品牌定位、业务品牌定位和产品品牌定位。在对企业品牌进行定位时，要考量品牌 DNA、品牌个性、品牌价值、品牌利益和品牌属性，这些是制定品牌发展规划和战略时万变不离其宗的核心。在确定品牌定位之后，为了更好地理解营销投入的投资回报率，需要用到品牌价值链工具来评价营销要素是否完整，是否有利于创造品牌价值等。

4.2.1 品牌定位

品牌定位是指让品牌在消费者心智中占据一个与消费者相关、与竞争者不同的有利位置，使品牌成为某个品类或某种特性的代表品牌，以实现公司潜在利益的最大化。合适的品牌定位可以阐明品牌的内涵、独特性、与竞争品牌的相似性，以及消费者购买并使用本品牌产品的必要性。

对于马应龙而言，其品牌定位根据公司不同的发展阶段体现出不同的内涵。从1995年公司改制前的无明确品牌定位，到改制后重点打造并形成痔治药产品品牌定位，再逐步延伸形成肛肠及下消化道领域业务品牌定位，最后通过实施品牌经营战略，打造资源整合平台，形成健康方案提供商的企业品牌定位。

4.2.2 品牌发展阶段

马应龙在不断地摸索之中，经历了一段较长的发展历程。主要分为起步探索阶段、统筹管理阶段、系统规划阶段、深化实施阶段和整合创新阶段。

（1）起步探索阶段（1995—1998年）。1995年，中国宝安集团控股经营马应龙；1996年，正式恢复"马应龙"商号，企业名称正式由武汉第三制药厂变更为武汉马应龙药业股份有限公司，并提出大市场营销战略，逐步建立具有马应龙特色的营销管理体系，还获批中华老字号。

（2）统筹管理阶段（1999—2001年）。在这个阶段，马应龙明确以肛肠治痔领域为核心定位，实行聚焦经营，推动治痔药品系列化发展，并制定马应龙品牌识别系统，并全面导入。

（3）系统规划阶段（2002—2006年）。在此期间，马应龙制定了《品牌经营战略纲要》并全面实施，明确以品牌经营战略为公司主导战略。设立品牌管理委员会，初步形成以客户为中心配置资源的战略体系。从2005年开始，正式推行品牌经理制，由品牌经理全方位负责分管某品类的市场营销各环节的建议、决策、协调及执行参与等工作，适度接入分管品类新产品的研发，对分管品类的经营业绩负责。在公司经营方面，集中资源聚焦肛肠治痔主业，全力发展痔疮膏、痔疮栓等系列化药物，转换机制，深挖肛肠护城河，构建战略性竞争屏障。通过持续努力，马应龙成为细分行业典型的隐形冠军品牌，"痔疮药，马应龙"获得广泛认同。

（4）深化实施阶段（2007—2014年）。正式提出构建以客户、股东、员工为经营对象的三维三力系统，实现了理念与行为的有效对接。建立客户关系管理系统，实行客户分级管理，挖掘管理客户资源，培育核心竞争力。通过深化实施品牌经营战略，马应龙在市场细分领域建立了与其他同类品牌相区隔的独特优势，聚焦肛肠及下消化道领域，打造形成了药品经营、诊疗技术、医疗服务的全产业链核心竞争力，成为肛肠疾病领域的领导品牌。

（5）整合创新阶段（2015年至今）。马应龙2015年发布流调结果，揭示了巨大的市场机遇，提出以肛肠及下消化道为核心领域，向肛肠健康方案提供商转型，构建商业生态链。同时启动互联网医疗业务，实施精准运营，通过互联网医疗平台，为目标客户提供健康资讯、体检保健、自检服务、用药指南、轻问诊、空中医院、康复随诊及家庭护理等多样化、个性化的服务。

4.2.3 定位维度

品牌定位的过程是一个根据消费者、竞争者和自身综合分析，为品牌在消费者心智中确定独特位置的过程。一般包括企业品牌、业务品牌和产品品牌等几个定位维度。

1. 企业品牌定位

作为一个企业，马应龙是拥有400余年历史的中华老字号，而马应龙药业集团股份有限公司则是一家专业化医药类上市公司，国家高新技术企业，其品牌战略定位为：以全病程的客户需求为导向，强化核心竞争优势，发挥资源整合能力，致力于为客户提供专业化、个性化、多样化的肛肠健康管理方案，将马应龙打造成为国内最大肛肠药品制造商和全球最大肛肠专科医疗服务机构，肛肠技术水平达到国内顶尖、国际一流，是细分领域服务功能最齐全、规模最大、最具影响力的肛肠健康方案提供商。

2. 业务品牌定位

马应龙拥有行业内领先的产品品质，创造了细分领域令人瞩目的销售业绩，已在核心领域形成了品牌、品质、价格、服务等多方面的竞争优势。马应龙业务品牌定位分为三个层次：中国第一梯队第一品牌的治痔类药品生产与销售者；全球最大、最专业的肛肠疾病医疗服务提供者；肛肠健康方案服务提供者。

3. 产品品牌定位

随着产品的不断延伸，消费者消费观念的变化，为适合马应龙品牌建设需求，符合马应龙企业发展的需要，马应龙将目标消费人群定为：以中低档消费人群为基础、高档人群为赢利关键，其年龄区间约为18岁到65岁，有肛肠疾病或有肛肠保健需求的人群。不仅提供膏剂、栓剂、熏洗剂、口服制剂等以肛肠疾病治疗功能为主的药品，还提供肛肠类医疗器械、保健食品等，并针对患者提供肛肠疾病医疗、互联网医疗等服务。产品和服务的特点是：专业、专注，高性价比。

4.2.4 定位工具

品牌定位的原则必须以抢占消费者心智为主导，兼顾差异化、稳定性和简明性等原则，一般要重点关注定位工具的运用、定位过程中的重点关注维度以及定位流程的梳理。

在对一个品牌进行分析定位时，常常用到品牌罗盘，从核心到内涵，一般分为五个层面，分别为：品牌DNA、品牌个性、品牌价值、品牌利益和品牌属性。

品牌罗盘是落实公司品牌经营战略，理清品牌区隔，规划品牌发展，评价品牌建设成效的特色工具。

品牌罗盘以品牌核心为中心，通过若干级评价维度理清品牌，其中一级维度包括品牌定位、品牌形象、品牌个性、品牌互动和品牌推广，每个一级维度再细分出若干二级维度，如有需要，二级维度仍然可以继续细分，以确保评价结果的全面性、客观性。具体如图4-1所示。

1. 品牌核心要素

指品牌一直沿袭与秉承的价值所在，不会因为时间而有所改变，它保证品牌不会出现偏移，是品牌的灵魂与生命力。它也许不会直接出现在传播中，但却是消费者所有品牌感受的根源所在。

4.2 品牌创建

图 4-1　品牌罗盘示意图

马应龙与"马应龙+"延伸品牌的 DNA 保持一致，即至高品质，传承创新。

2. 品牌定位要素

通过梳理提炼用户画像、市场领域和独特价值主张，明晰品牌在目标用户心智中应抢占的独特而有价值的位置。可借鉴品牌定位三维工具，在此基础上延伸使用。可以从"我所拥有的（品牌一直秉承的）""他们想要的（消费者希望得到的）""别人没有的（品牌区别于竞争对手的）"这三个角度出发，总结品牌的目标人群、自我定位、追求价值来进一步确定用户画像、市场领域、价值主张，从而确定品牌定位信息。具体如图 4-2 所示。

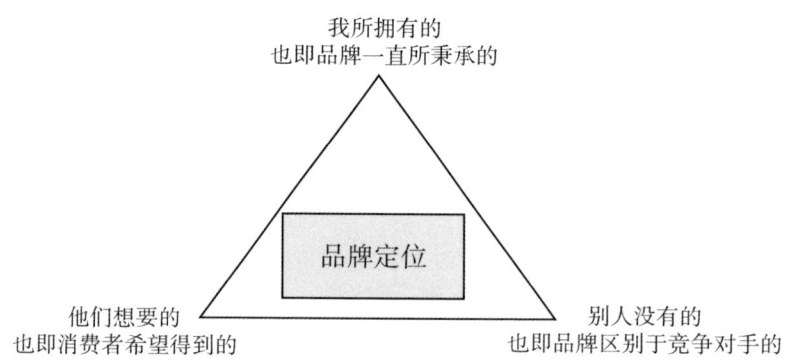

图 4-2　品牌定位维度

（1）用户画像。即人群定位，通过分析用户年龄、性别、收入、所在区域、职业、个性等关键要素，明确目标用户特点。用户画像应该清晰、准确，能够概括出目标用户的特征，给人以清楚的形象展示。以马应龙八宝美妆品牌为例，其用户画像如表 4-1 所示。

表 4-1　　　　　　　　　　　用户画像示意

年龄	22—45 岁
性别	女性
收入	5000 元/月至 10000 元/月
区域	二、三线城市
职业	白领
个性	消费较理性，愿意为自己认可的品牌买单
用户画像	具有理性和中高消费能力的中青年职业女性

（2）市场领域。即市场定位，根据产品属性和目标用户特性，明确品牌的细分市场领域，概括市场领域的特点，明确市场领域定位。市场领

域应该精准、明确,能够锁定该品牌的市场定位和领域,使品牌在目标用户心智中相对于竞争品牌而言能够占据清晰、独特的位置。如:专注眼部护理第一品牌等。

(3) 价值主张。即价值定位。根据产品的功能特性、情感诉求等,明晰品牌具有的独特而富有价值的主张,并提炼主张的要点。价值主张应精炼,符合品牌属性,能够准确展示出品牌的特色,给人以明确的品牌价值主张概念,能为目标用户传递价值感知,其主要的外在表现形式为品牌标语(Slogan)。如:亲近生活,美化生活(宝洁);因爱而生(强生);看见更有远见(博士伦)等。

3. 品牌形象要素

主要指品牌的外在表象,如果把品牌拟人化,品牌形象就类似于一个人的外貌长相。此维度可细分为三个二级维度。

(1) 品牌 LOGO。品牌 LOGO 要符合品牌特征,展示品牌属性,突出品牌特色,且必须是原创,能够通过 LOGO 高度概括品牌的形象特征和品牌内涵,通过其形象及色彩而产生用户的联想力。品牌 LOGO 的评价要素主要包括:是否个性鲜明、是否便于识别、是否能够引导促进消费等。

(2) 品牌 VIS 视觉体系。VIS(Visual Identity System),即视觉形象识别体系,即在公司经营理念的指导下,通过标准化、规范化的形式语言和系统化的视觉符号将公司的个性气质和内在形象传达给用户,利用 VIS 视觉体系能将品牌形象化、具体化,形成品牌标识。品牌 VIS 的评价要素主要包括:是否符合品牌定位、是否体现品牌特性、是否能够提升品牌质感等。

(3) 包装风格。包装风格设计是品牌理念、产品特性和消费心理的概括反映,能够影响用户对产品的购买欲和对品牌的认知程度,是确立品牌与用户密切关系的桥梁。包装风格应能符合品牌特征,体现品牌属性,突出品牌特色,其评价要素主要包括:有否建立产品包装风格规范;色彩、文字、图片搭配是否得当;源点设计理念是否合理;视觉感受与品牌调性是否协调等。

4. 品牌个性要素

主要指品牌的内在表象，如果把品牌拟人化，类似于一个人的综合气质和个性，在罗盘工具中主要分为三个二级维度。

（1）品牌故事。品牌故事是品牌与用户之间的感情切入点，也是赋予品牌内涵和灵性、向用户传达品牌精神的重要工具。品牌故事应该具有延续性、原创性，能够体现品牌特色，其评价要素主要包括：脉络是否清晰、情节是否有感染力、内容形式是否便于传播等。

（2）品牌性格。指品牌拟人化的综合表现，如：年龄、性别、个性、爱好、气质等。可拟人化的设定品牌形象，根据设定的形象，确定品牌的性格。品牌性格应全面展现品牌拟人化的多方面属性，其评价要素主要包括：品牌调性是否突出、品牌人格属性是否清晰等。

（3）价值观。指品牌基于核心要素向用户传导的价值观，品牌拟人化后在价值观高纬度的主张，能够展现出品牌独特的价值特性，比如注重环保等、传承传统文化等。

5. 品牌互动要素

品牌互动，主要是指品牌与目标用户间所进行的联系和互动，主要包含三个二级维度。

（1）触点管理。指针对产品和服务等品牌载体，与用户接触的每个环节所能建立的触点管理体系，比如产品包装、陈列、使用体验、详情页、包裹单、客户服务话术等。其评价要素主要包括：有否建立触点管理体系、是否符合品牌特性、是否能够较全面的体现品牌优势、触点是否能够有效传达到用户等。

（2）互动渠道。指建立品牌与用户沟通的各种渠道，比如各自媒体账号、自媒体矩阵、售后服务、跟踪反馈等途径，其评价要素主要包括：互动渠道的深度和广度、互动周期、互动渠道的动态更新等。

（3）用户调研。指定期针对品牌开展的多维度的用户市场调研，其评价要素主要包括：有无开展相关调研，以及满意度、知名度、美誉度、占有率、品牌价值等指标情况。

6. 品牌推广要素

指品牌面向用户所做的各种营销活动，主要可细化为价值性推广、传播性推广和交易性推广。

（1）价值性推广。主要以提升品牌形象和价值感知，以及口碑话题传播为主的推广行为，比如公益活动、科普宣传、品牌创意传播、事件营销、公关宣传等。其评价要素主要包括：曝光量、影响力、第三方好评及社会认可度等。

（2）传播性推广。主要以销售平台外品牌曝光和引流转化为主的推广行为，包括传统线下广告，线上品牌广告、效果广告和电商广告等，其评价要素主要包括：曝光量、广告契合度、引流转化传播效果等。

（3）交易性推广。主要以线上、线下终端各种促销行为为主，通过促销放大品牌影响力，提升产品及服务业绩，其评价要素主要包括：促销形式、促销力度、促销效果、投入产出比等。

7. 品牌罗盘的应用

由各业务单元品牌负责人邀请对品牌比较了解的内外部专业人士，利用德尔菲专家法，将品牌罗盘各项评价指标单独发送到各个专家手中征询意见，然后将意见回收汇总，并整理出综合意见。随后将该综合意见分别反馈给专家，再次征询意见，各专家依据综合意见修改自己原有的意见，然后再汇总。通过多次反复迭代，逐步取得比较一致的结论，梳理出品牌的定位与规划，并付诸实施，优化升级。

表4-2是以马应龙八宝和瞳话品牌为例，进行品牌罗盘工具的实践应用。

表 4-2　　品牌罗盘应用示意

品牌罗盘			马应龙八宝	瞳话
品牌核心：至高品质传承创新	品牌定位	用户画像	18—45岁女性为主，主要分布在二线城市，中等收入，信任国货，追求功效	18—40岁以下女性为主，主要分布在二线以下城市，年轻活力时尚，追求个性
		市场领域	核心产品是八宝组方在护肤领域的应用，强调内调外养健康美	专注眼部护理领域
		价值主张	经典传承，淡雅药香，内调外养	功效沿袭，新一代眼部护理专家
	品牌形象	品牌LOGO	国宝标印章图文，突出国风传统和历史沿袭	瞳话汉字及英文，突出传统与现代（去掉眉眼图标）
		VIS体系	体系较成熟，具备一定辨识度	尚不稳定，待进一步完善，体现品牌特色
		包装风格	中式简约，国风传承；包装风格规范体系化不够	芳华时尚，年轻活力；包装风格规范体系化不够
	品牌个性	品牌故事	马应龙品牌强背书，品牌历史一脉相承。八宝组方在化妆品、大健康产品领域的有力延伸	2012年，马应龙内部传承孵化马应龙"非遗"眼药制作技艺精髓，创新现代科学制作技术的专业眼部护理品牌
		品牌性格	国风传承的知性女性，成熟，稳重，自信	活力自信的青春女性，我信我眼光
		价值观	注重传统文化传承与创新，长期价值主义	把传统技艺与现代科技融合发展
	品牌互动	触点管理	需要完善各触点管理体系，传递品牌信息	需要建立各触点管理体系
		互动渠道	已建立各自媒体账号、客服电话和网上客服，需要从中反馈价值信息，改善体验，形成内容	已建立各自媒体账号、客服电话和网上客服及线下专业客服团队，需要从中反馈价值信息，改善体验，形成内容
		用户调研	调研活动尚不深入，需要定期开展	调研活动尚不深入

续表

品牌罗盘			马应龙八宝	瞳话
品牌核心：至高品质传承创新	品牌推广	价值性推广	做过跨界产品和省博联名产品，需要持续开展与国风相关的价值传播	持续在做眼部文化节、66爱眼日主题宣传、瞳话万人体验项目，已启动一站式眼部护理中心推广，需要探索价值性推广方式
		传播性推广	仅小范围尝试，未有系统化的运作	以自主广告投放为主，辅以集团整合传播，需要形成投放和评估优化机制
		交易性推广	线上渠道主要推广的形式，具备一定的产出效果	常规化推广持续在做，需要进一步提升专业化精细化，线上推广需要加强

4.2.5 品牌规划

马应龙品牌战略重心，是从以产品为中心的经营模式向以平台为基础、品牌为纽带的整合式经营模式转型，强化核心优势环节中，整合肛肠健康管理全产业链资源，打造经营联合体。这包括向上组织供应链，积极构建经营联盟，向下链接客户端，以满足客户需求为导向，构建强有力的产品运营通路，发挥平台价值效应。以创造、引导和满足消费需求为目标，强化对客户内心的理解，依据客户需求组织产品线，实现精准营销。发挥资源整合能力，由单一的销售职能转变为整合代理功能，通过聚合全产业链资源，为客户提供全方位服务。坚持"目标客户一元化，服务功能多元化"的发展方式，不断完善药品经营、诊疗技术、医疗服务的全产业链，打造肛肠健康方案提供商，构建商业生态链。

未来一段时间内，马应龙品牌经营将以品牌传播、品牌直营、品牌监管为主线，以坚持守正出奇、打造可复制模式、夯实基础管理为举措，以品效合一、份额扩张、提升品牌价值为目标，着眼行业宏观发展趋势、立足公司整体战略要求进行品牌规划的制定与实施。

1. 品牌传播

（1）坚持"守正出奇"的内容营销策略，持续布局优质的内容营销，积极推进内容营销和内容激励。

（2）构建新传播媒介组合，通过自媒体内容营销、口碑借势宣传、聚焦出行媒体、药店商圈宣传、品牌宣传等多种形式，以用户为中心打造精准流量池。深化开展品效合一的新传播推广方式，通过终端促销配合高空传播做好流量承接，引导品牌口碑流量向线上线下的产品动销转化，同步将流量向线上线下引导，促进流量变现，持续向线上线下转化，最终实现品效合一。

2. 品牌直营

（1）打造可复制的新零售运营模式。发挥天猫马应龙医药旗舰店"试验田"功能，以小步快跑迅速优化的方式在实践的基础上积累经验，有序向京东、拼多多等其他主流电商平台拓展合作，使其成为公司直接面对消费者端口的销售及交流平台，总结形成可成功复制的品牌直营运营模式。

（2）打造高水平的品牌直营运营体系。加强与平台间的营销推广合作，积极参与阿里、京东等主流平台重大品牌营销和促销活动，充分吸引平台流量，实现销售转化。大力培育和引入有实操经验的电商运营人才，开展人才梯队建设，提升业务精细化运营水平。

3. 品牌监管

（1）持续强化品牌监管长效机制。健全品牌监督管理体系，持续优化和落实以《品牌监督管理办法》为核心的品牌监管制度及流程，增强制度流程的可操作性。践行"一个制度、两个程序、四个措施"的品牌监管举措，并督促落实到位。以包装审核为抓手，持续完善公司系列产品包装管理，以消费者需求和感知价值为导向动态优化，促进品牌识别规范管理。

（2）持续提升品牌资产效能。常态化梳理公司品牌识别资产，持续宣导品牌延伸原则及使用范围，优化品牌产品关联架构。加大品牌资产管理力度，聚焦公司业务板块，打造梯队丰富、有序协同的品牌资产资源库，夯实品牌资产"护城河"。

（3）持续完善品牌风险管理体系。提升基础管理工作效能，强化风险意识，坚持跨部门协同，确保风险防范举措落地。充分利用专业化舆情监测工具，持续开展日常舆情监测工作，提升舆论监测效率及舆情管控力度。构建媒体关系管理体系，搭建张弛有度的互促互进关系。

4.3 品牌执行

品牌执行就是将战略规划和定位一步步落地的过程。

在马应龙，品牌执行首先是对马应龙品牌识别进行设计并规范使用，包括视觉识别系统、行动识别系统和理念识别系统。其次，根据品牌需求设计营销活动和支持方案，进行整合传播，对传播效果进行评估。再次，建立品牌资产提升次级品牌联想。品牌联想自身会和其他具有自身联想的实体发生关联，从而产生这些次级联想，进而创建属于马应龙自身的联想，并建立品牌资产；最后是对品牌进行危机管理，规范品牌危机管理的流程和处置方式，避免不良事件给品牌资产带来负面影响，损害品牌形象。

4.3.1 品牌识别和应用

品牌识别就是品牌战略制定者对品牌核心价值及相应联想物的规划设计，目的是希望让消费者对品牌产生丰富、独特、正面的联想，从而形成良好的关系。品牌识别系统主要包括三大组成部分，MI 是心，VI 是脸，BI 是手。

视觉识别系统 VI，主要包括企业标志、标准字、标准色。

行为识别系统 BI，主要指员工行为规范。

理念识别系统 MI，主要包括经营理念和企业文化。

1. 视觉识别系统

（1）品牌LOGO。如图4-3所示。

图4-3　马应龙的LOGO

马应龙的LOGO由马、鹰、龙这三种动物组合而成，有着丰富的文化内涵，除象形、形声企业名称外，还寓意了马应龙的企业文化。同时也体现了《易经》的哲学思想。LOGO以印章形式，体现马应龙拥有浓厚的历史沉淀和文化沉淀；选用深红色为标准色，具有大气、厚重热情的气质，给人以信赖感。

夫"马"者，驰骋于地，动如风，柔顺而勤劳，象征地，属坤卦，其文化内涵为"地势坤，君子以厚德载物"。在马应龙，马寓示着顺应规律，尊重规律，脚踏实地，以包容的胸怀厚积德行。马之德范长存于真勤二字，"以真修心，以勤修为"。

夫"龙"者，经行于天，潜入水，显从云，象征天，属乾卦，其文化内涵为"天行健，君子以自强不息"。在马应龙，龙寓示着远大的理想，坚定的信念，执著的追求，发现规律，驾驭规律，与时俱进，处理好人与自然、人与社会的关系。

"鹰"同"应"，夫"应"者，意为"呼应"，同声相应，同气相求。在马应龙，形而下者为马，需躬身笃行，形而上者为龙，需孜孜以求。

综合而言，即追求马的德范与龙的精神相呼应，追求行为与理念相统一，追求务实与务虚相统一，追求天人关系的和谐，即天人合一，追求人际关系的和谐，即仁者爱人。

（2）标准色和标准字。如图4-4所示，马应龙的商标选用深红色作为标准色，标准色潘东色号为：C0M100Y100K33。

图4-4 马应龙的商标标准示意

（3）标准组合示例。具体如图4-5所示。

图4-5 马应龙商标组合示意

2. 行为识别系统

首先，马应龙员工应遵守《马应龙员工行为规范》。基本要求概括起来为以下八点：以真修心、以勤修为、诚信为本、崇尚文明、积极进取、勇于创新、遵纪守法、爱岗敬业。它主要立足于员工的生活行为、工作行为和接待行为进行规范。

其次，作为马应龙药业集团股份有限公司员工，无论在哪个岗位，都应对马应龙企业的现状和发展战略有基本了解。任何时间、任何地点在谈及马应龙产品和企业时，应言行得当，积极维护企业形象，不做有损于企业形象的事。

案例 4-1

马应龙行为识别系统（BI）

马应龙在生活行为方面主要针对仪表仪容、公共卫生、进餐和车辆管理进行了规范。

上班时间，管理部室员工（含车间管理人员）必须佩戴工作证；生产一线员工仅进入生产区可根据需要确定是否佩戴工作证，但在公司内的生产区以外必须佩戴工作证。工作证应佩戴于胸前、正面向前。非公司员工进入公司区域，必须佩戴出入证。

工作行为方面主要针对公物使用、工作电话、言行举止和保密制度等方面进行了规范。

来电接听及时，需在第三声铃响前接听。通话时先问候，并自报公司、部门名称。对方讲述时要用心听，并记下要点。未听清时，应及时询问对方，结束时礼貌道别。因故延迟接听电话的，应向对方表示歉意。若代接电话，应记录电话内容并及时转达。

接待行为方面主要针对外出、班车乘坐、会议、宴请、名片使用和相互介绍等方面进行规范。

将自己的名片用双手把名片的文字向着对方先递出；若客户先递出名片，应表示谢意，再递出自己的名片；若不能与客人交换名片，应说明原因，并表示歉意。

3. 理念识别系统

理念识别系统主要就是马应龙的特色企业文化体系。马应龙的企业文化，经过400多年的历史锤炼，十几年来与市场经济的融合，已经逐步形成了有自身特色的系统文化。

（1）马应龙倡导的企业精神是"龙马精神"。追求马的德范和龙的精神相呼应，追求行为和理念相统一，天地人关系的和谐，即天地人合一。在马应龙，天是客户，地是股东，人是员工，通过为客户创造价值，而获得客户的忠诚；通过为股东创造财富，而获得股东的信赖；通过为员工创造机会，而获得员工的敬业。

（2）马应龙奉行"四个创造"的经营宗旨。马应龙的四个创造：即为顾客创造健康，为股东创造财富，为员工创造机会，为社会创造效益。经营宗旨包括四个方面的内容，相互之间紧密联系。其内在逻辑是只有为顾客创造了健康，才能实现股东的财富增值，进而为员工提供发展机会，最终实现社会效益。经营宗旨的实质是，通过马应龙的经营，使各种利益主体获得可持续的、公平的、最大化的利益，构成稳固的利益关系平台。经营宗旨的延伸意义为：利益主体多元化、利益追求长远化、分配原则公平化、投入回报最大化。

（3）马应龙奉行"以真修心、以勤修为"的哲学观。真诚实在做人，勤劳踏实做事。这也是马应龙400多年文化积淀的结晶，是马应龙人行为的根本准则。"真"是第一道德，要求马应龙人在炮制药品时务求真材实料，为人处世时务求真心实意，待人接物时务求真诚信达，学习时务求真知灼见，探索时务求真理真谛，评价时务求实事求是。"勤"是第一方法，任何方法，无论多么精巧，必须以勤为起点。求真必勤，"勤"要求马应龙人勤勉务实，脚踏实地，一丝不苟，自强不息。马应龙经历400多年的风雨沧桑，依然青春不老，保持着旺盛的生命力和坚韧的适应力，其深层次原因就是马应龙始终坚守着"以真修心，以勤修为"的哲学观，以此来指导马应龙人为人处世，工作生产。

（4）马应龙奉行"资源增值"的价值观。增值的内涵直接表现为创造、创新、贡献、进步，间接表现为使各种利益主体均获得可持续的、公平的、最大化的利益增值。资源增值是企业经营活动的本质内涵，也是企业经营活动的目标追求，其必然成为判断企业经营决策的基本标准，必然成为衡量企业价值和个人价值的主要标准。资源增值的关键是注重效率与效果，注重投入与产出，注重增量与贡献，实现有效的经营成果，促进马应龙的健康发展。

（5）马应龙奉行"稳健经营、协调发展"的经营观。这是对过去十年发展脉络的总结，也是对未来发展导向的概括。树立科学的发展观，追求可持续发展、协调发展。注重各利益主体之间关系的协调，注重经营要素与经营能力的协调，注重长期利益与短期利益的协调。稳重，踏实，平衡各方面关系。塑造稳健的经营风格，追求脚踏实地的工作作风。在决策层面上，尊重规律，顺应规律，驾驭规律，科学决策，反对投机。在财务层面，推行稳健的财务政策，追求有效的经营成果。在沟通和控制层面上，将量化控制作为主要的管理手段，将沟通协调作为核心的管理环节。

4.3.2 品牌策划

马应龙2000年正式提出品牌经营战略，以肛肠患者为中心配置资源打造市场细分中差异化优势形象，多年来自发探索朴素实践，不仅占据肛肠疾病用户心智有利位置，还致力于打造国药新网红，保持400多年老字号品牌年轻活力。通过一系列守正出奇的思维与实践，形成了具有马应龙特色的品牌营销模式。

1. 守正，传承匠心文化

马应龙400多年历史积淀下宝贵的品牌资产，非物质文化遗产眼药制作技艺、中华老字号荣誉称号、以真修心以勤修为工匠精神，无论外部环境如何变迁都像定海神针一般为品牌保驾护航，只有坚守传承并以它们为根基建设品牌，才能在目标用户心智中为马应龙打下"品质"的烙印。

一方面强化品牌建设，通过创建品牌识别资产及管理机制放大品牌资产价值，发布品牌传播模板，统一宣传口径，将品牌小而美的价值传递到目标用户心智。另一方面抢占高端资源营造良好外部环境，将马应龙深厚的历史文化和人文精髓与高端传播资源结合，借助高端媒体的公信力和影响力实现传递价值高端化。如：将马应龙作为老字号经典案例发行于央媒新华社两会特刊、送评品牌故事获得中国质量协会品牌故事征文比赛一等奖、品牌传播案例入选清华大学MBA学院丛书等。

2. 出奇，品牌沟通年轻化

公司产权改革25年，外部环境发生了翻天覆地的变化，目标用户越来越年轻,信息接收渠道越来越碎片化,传播监管趋严,预算购买力逐年下降。面对这些挑战,品牌营销只有寻求变革创新才能保持老字号的年轻活力。

(1) 抢占先机赢得变革红利。在卫视全面崛起时期,减少央视贵而广的投入转而针对重点区域,用省级卫视覆盖,高性价比实现精准打击。例如:抓住春晚热点和辽宁卫视《本山选谁上春晚》栏目合作,既有硬广曝光也有软性植入,更在赵本山弟子的小品中植入马应龙元素,实现实时曝光和长尾效应;互联网全面兴起之初就介入,成为首个试水互联网的药企。随着互联网技术的发展,公司先后投放精准贴片,制作创意视频,与腾讯共建健康栏目。

公司在这一系列的变革中探索规律,顺应变革抢占先机,因为勇于尝试、大胆创新得到目标受众的认同,也因为抢占先机赢得了变革红利,使得品牌年轻化逐步改善。

(2) 布局内容激励口碑传播。内容营销已成为主流和趋势,马应龙积极布局优质内容,通过网友自发传播不断积累形成了合力,最终引爆积极正面的口碑传播。

此外,马应龙的内容制作坚持走群众路线。首先从群众中来,把用户体验收集加工形成优质的广告宣传素材。其次到群众中去,把优质素材创意成消费者喜闻乐见的形式,发布到消费者中间去传播扩散。鼓励用户反馈,通过激励,促进消费者主动传播。

(3) 借势创新打造国药网红。关注社会热点,通过借势营销、事件营销、跨界营销,借取平台的势、借热点的势、借优质品牌的势,恪守三观端正、创意优先、制作精良的原则,积攒流量引导舆论发酵"国药网红"话题。

与网红火锅品牌"小龙坎"合作,创造"火锅最佳伴侣"话题;与天猫合作,围绕"国潮来了"主题开展大规模国产品牌宣传活动;围绕"世界杯"主题,开展线上线下整合营销;抓住苹果新品发布会亮点,制作出深受好评、广泛流传的创意海报;突出马应龙"三色块"特色,打造创意周边产品"进军时尚圈";携手"公路商店"狂欢天猫"双11",

打造国货爆款……年轻化的创意，使马应龙品牌影响力进一步发酵，深受业界好评。

4.3.3 品牌传播

作为一个老字号的品牌，虽然马应龙有稳定的目标客户群体，但是，随着市场同质产品的出现，品牌传播手段的不断更新，原有的消费群体逐渐更迭，新生代的消费群体，特别是35岁以下消费群体对马应龙品牌的认知还很弱，而国家政策对药品的品牌传播有着较为严格的限制。因此，马应龙通过借助互联网+时代的到来，为品牌传播再做一些新的尝试与探索。

1. 转变思路，"老字号"搭上互联网快车

如今，健康问题是人们越来越关注的话题，电视上越来越多的健康养生类节目不断占据较好的播出时段。同时各大网络视频公司也将目光聚焦在健康养生类原创节目。早在2010年的世界杯期间，马应龙就开始借助网络视频开展品牌传播的尝试，较早抢占网络视频广告价值洼地，并率先在业内开展创意视频内容营销。2013年，马应龙开始通过自制短剧以及与网络视频网站共建原创健康栏目等一系列策划，进行品牌传播活动。如与腾讯视频联合出品第一季《健康APP》，马应龙的品牌和产品信息都在里面得到了充分体现，平均每期播放数高达500万。《健康APP》第一季播出之后，吸引了很多药企的关注，之后其他知名药企抢着冠名。

随着移动互联网在生活中的迅速渗透，社会化媒体和精准的定位营销方式正在引发各个行业的革命。"新媒体营销传播"已经成为传统行业在企业营销中不断尝试的重点。而马应龙通过全方位的网络营销策划，成功地抓住了新媒体营销传播的先机，成功地通过互联网为品牌赋能，不断地吸引年轻消费者的眼球，使得老字号品牌再次获得活力。

2. 突破传播瓶颈，充分发挥新媒体价值

当下，企业内外部传播环境都在发生剧烈变化，瓶颈现象明显。首先，法规和政策管理趋严。国家和媒体对药品广告的审核最为严格，传播形式和平台的选择受到诸多限制。其次，马应龙需要加强同年轻消费者的沟通。多次的市调结果显示，马应龙在35岁以上人群中占据绝对的品牌优势，但在35岁以下群体中的影响力还需要进一步提升。最后，面对日益复杂的传播环境，马应龙的广告预算一直比较稳健，虽未减少，但也不可能大幅度地增加。因此，要想取得以小博大的传播效果，必须要实现传播增值。

如何把有限的预算投到合适的媒体上，做到精准有效的高性价比传播成为马应龙首要考虑的问题。过去"广告一响，黄金万两"粗放式的高举高打模式已经逐步失效，传播方式已开始向精细化操作方向转变。新媒体的出现像一把双刃剑，既改变了传播环境又给品牌传播带来了新的契机。首先，用户契合度高。所有的网民，不是马应龙的目标用户，就是马应龙的潜在消费者。通过互联网更容易和消费者互动交流。其次，新媒体更符合未来媒体发展的趋势，更能实现营销传播的创意、精准和互动。和传统媒体不同，新媒体宣传为品牌传播提供了充分发挥的空间，而且可以及时便利地表现出来，在网络平台上进行互动和分享。再次，新媒体正处于快速发展期，及早介入，可以抢占媒体蓝海，享受传播红利。随着新媒体技术的不断演变以及影响力的飞速提升，马应龙将持续把整合营销传播实践更多地投向新媒体领域。

案例 4-2

"关爱司机健康公益行" 公益活动整合营销

2017年7—11月，马应龙分别在武汉和西安，联合当地广播电台，在两地的马应龙肛肠医院，开展了两场关爱司机健康公益活动。活动内容是通过电台传播公益项目，征集痔病高发人群专职司机前往

马应龙肛肠医院进行免费身体检查，在其中筛选出目标患者，锁定服务人群，合理为医院导流，并扩大当地医院在痔病高发人群中的知晓度和影响力。

这两次活动借助广电传媒的社会公信力，对活动进行全程宣传报道，同时在马应龙自媒体、多家网络媒体上进行跟踪报道，宣传马应龙关爱司机、关爱痔病高发人群、热心公益，以及有社会责任感的企业形象，以提升品牌的美誉度。

在活动期间，公司还联合横向核心资源，利用医药连锁门店作为报名地点，进行营销联动，产品促销活动也同时启动，并对司机群体进行问卷访谈，深化肛肠流调结果，挖掘目标群体需求，为持续优化肛肠健康方案提供线索，与各类消费者接触平台进行深度融合。

此次活动将司机导流至马应龙肛肠医院，体验服务促成转化，有利于改善目前医院病源不足的难题，也带动肛肠产品的销量。

2018年，马应龙借助第二届"我是好司机交通零违法挑战赛"开展的契机，再次携手广电传媒，对司机群体开展更加深入全面的关怀。

案例 4-3

投放网络创意视频

马应龙的产品特殊，直接宣传不易被接受。如果把产品信息和疾病教育通过创意视频的形式幽默地表现出来，不仅让受众乐于接受，还能引发他们自发传播。

经过几年的网络视频传播实践，马应龙的创意视频传播已经形成了自己独特的模式，并在业内获得认同。概括起来包括两个层面：一个层面是以产品功能和消费者教育为主的病毒视频，另一个层面是以品牌精神诉求为主的微电影。

视频《菊花的秘密》以幽默诙谐的口吻，将得痔疮的原因以及日常防护的相关细节在视频中以动画形式展现，同时在视频中将马应龙产品的功效也穿插其中，视频寓教于乐。马应龙把患者教育和产品功效以一种幽默轻松的方式植入视频里面，让目标受众乐于接受、传播和分享。

当《菊花的秘密》视频在网络中传播取得较好成效之后，马应龙乘胜追击，随即推出了续集《关我"屁"事》以及《"屁股"欢乐颂》借助马应龙产品治疗疾病的特殊性，将幽默进行到底。

2020年，为应对快速变化的传播环境，品牌经营部推出"春雷计划"，聚焦优质内容，把握直播、短视频风口，持续优化新媒体运作机制，助力新零售业务拓展，取得了不错的传播效果。马应龙官方微信公众号、官方微博和官方抖音（简称"两微一抖"），坚持"守正出奇"的内容营销策略，持续输出优质品牌内容，策应各项营销活动，整体阅读量和粉丝实现50%以上增长。

案例 4-4

跨界联名整合传播"火锅险"

2020年"五一"期间，马应龙联动大龙燚火锅推出"火锅险"，"五一吃火锅，后勤我保障"，上线全球第一份火锅保险；"5·10中国品牌日"，马应龙发布马应龙×中国黄金联名项链，在新浪微博平台策划发起#老字号的疯狂跨界#话题，与中国新闻网发起的#卖痔疮膏的马应龙跨界出首饰#等话题共同引发网友热议，话题曝光超过1600万次，上万人参与互动讨论，全网报道转发超100条；"5·29世界肛肠日"，马应龙配合零售渠道万店大促，新浪微博上线热搜话题#529有zhi青年日#，话题曝光超过3700万次，3300余人参与互动讨论；"7·26旗舰店周年庆"，马应龙推出"马应龙终身会员"，微博发起联动宣传，为马应龙医药旗舰店店铺活动引流，#马应龙终身会员#、#马应龙医药旗舰店#话题阅读均破百万。

随着短视频蓬勃发展，马应龙品牌经营部在开展传统新媒体平台微博、微信营销的基础上，一方面大力推进抖音短视频平台的内容输出和推广，另一方面也在积极探索微信视频号平台的开通、运营工作。

2019年马应龙开通官方抖音，2020年2月底，发起"寻找抖音达人"活动，寻找内外部短视频人才，同时制定稿酬机制进行激励，确保短视频领域的优质内容输出，以此拉开马应龙短视频营销的序幕。

案例 4-5

"寻找抖音达人"活动

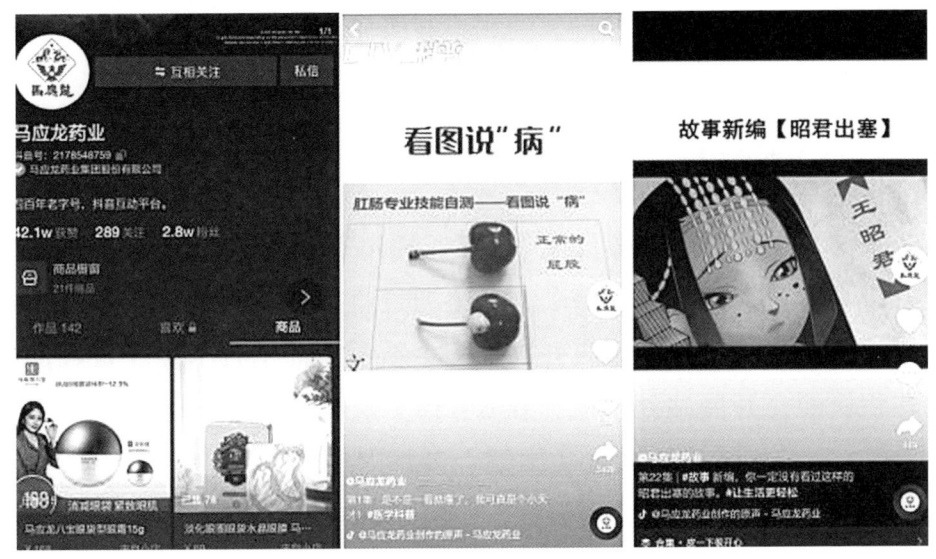

"寻找抖音达人"活动，共计报名355人，其中内部203人，外部152人，目前已搭建公司内、外部短视频工作小组和微信群，发布短视频众筹创作奖励机制。通过官方自制、内容众筹投稿和网红合作三个渠道，马应龙官方抖音账号全年合计推送短视频93篇，总播放量770万，点赞13.7万，互动（赞+评）25万。内容众筹方面，收到投稿稿件200余篇，其中官方推送24篇，达人个人账号推送30余篇；先后与达人"骆驼树"、网红医生进行合作，制作视频合计曝光超千万。

随着直播带货迎来风口，马应龙快速响应，积极探索直播带货这一全新领域。由品牌经营部在公司内部发起主播招募计划，招募令发出后，各业务单元的培训师、推广员等业务骨干，积极响应公司号召，成为各自业务板块直播带货的首批试水者和种子选手。

在培养内部主播常态化直播的同时，马应龙也在积极寻求外部合作，构建外部直播联盟，积累更多资源渠道。武汉疫后重启，政府助力直播带货。公司积极争取政府资源，洪山区区长的首场直播就是为马应龙直播带货，这也是武汉市唯一一个企业专场。直播引发上百次报道转发，包括人民日报、人民网、湖北日报、湖北卫视等主流媒体，曝光量1000万左右。现场直播观看人数约5万人，互动约3万次。

3. 助力新零售，形成营销闭环

在"5·10中国品牌日"，马应龙通过打造"529有痔青年日"发起千万级曝光线上事件营销活动，最终通过直接跳转或文字引导将消费者引流落地到马应龙医药旗舰店；同时配合新零售促销各节点，自媒体各平台也在积极配合开展站外引流，在6·18、7·26旗舰店周年庆、"双十一""双十二"等重大营销节点，均配合策划对应内容为旗舰店引流造势，取得了品效合一的传播效果。

4.3.4 品牌危机管理

品牌危机，就是指由于组织内、外突发原因而对品牌资产造成的负面影响，包括品牌形象的损害以及品牌信任度的下降等，由此使得组织陷入困难或危险的状态。品牌危机由品牌事件演化而成，是品牌联想朝着不利于品牌的方向变化的状态。品牌事件演化为品牌危机，是由于企业与公众的认知不一致，从而导致企业行为与公众期望的冲突。

为预防品牌危机，规范公司危机管理工作，及时预防各种潜在危机，妥善处理各种突发危机，实现公司可持续发展的经营目标，增强公司的抗风险能力，马应龙针对实际情况搭建了危机管理系统。

1. 管理原则与保障

公司危机管理的基本理念是：防范品牌风险，最大限度地降低危机事件对马应龙品牌造成的负面影响，并在危机事件处理完毕后持续改善提升马应龙的管理水平。

危机管理的基本原则有：统一领导，分级管理；及时反应，措施得当；顾全大局，突出重点。

集团危机领导小组对全集团有重大影响的危机事件统一领导、统一指挥，对危机处理作重大决策；品牌危机工作管理小组统筹管理品牌危机事件的处理工作；各子公司、相关职能部室负责人负责组织、协调管理范围内的危机应急处理工作。相关组织体系架构如图4-6所示。

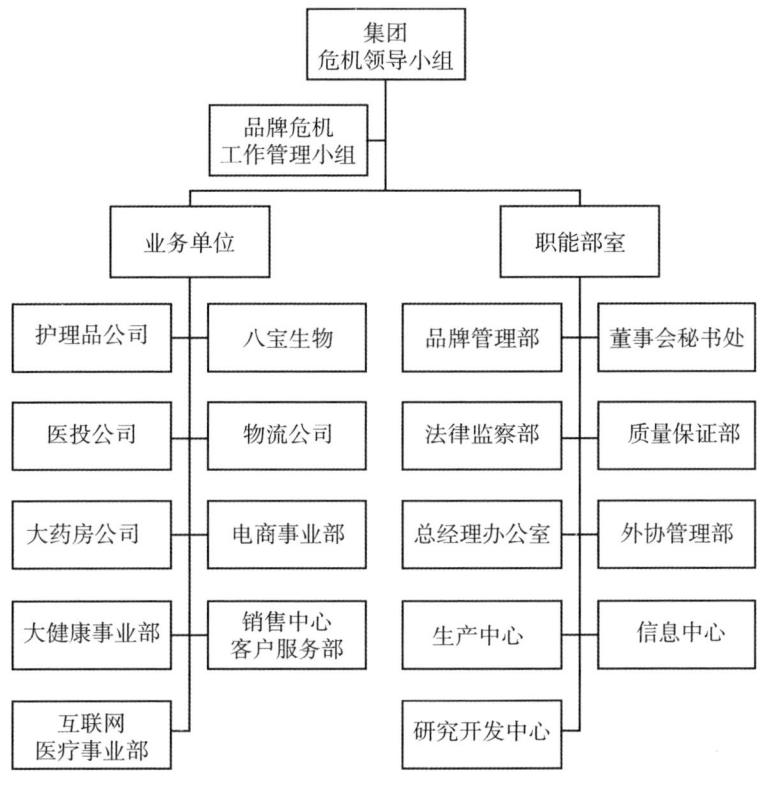

图4-6 危机应对组织结构

2. 危机分类

根据危机来源、发生原因、涉及范围等情况，本预案对品牌危机的分类如表4-3所示。

表4-3　　　　　　　　　　　危机分类

	内源性品牌危机	外源性品牌危机
媒体舆论危机	1. 公司由于产品质量、营销事件、资本运作、事故灾害、商誉信誉等因素造成重大负面新闻，被媒体报道，对公司品牌造成恶劣舆论影响 2. 公司发布的信息出现重大的遗漏或错误，对市场造成影响，引发舆论危机	1. 公司被国家、省、市行政监督管理部门曝光或处罚，引发媒体报道，造成重大负面舆论影响的 2. 由于媒体不实报道、网络谣言、消费者投诉、人为恶意诋毁等引发的媒体舆论危机
知识产权侵权危机	公司在媒介宣传、推广物料等方面使用了未经授权的素材，引发版权方投诉或诉讼，造成品牌形象受损	公司产品、包装、商标、专利等知识产权遭到他方伪造、仿冒等侵权行为，造成恶劣影响，使马应龙品牌受损

各类型危机按照其性质、严重程度、可控性和影响范围等因素，主要分为：Ⅰ级（重大危机）、Ⅱ级（重要危机）和Ⅲ级（潜在危机）。

3. 危机预警与应对

（1）危机预警。在日常生活及工作中，公司各级人员均有责任和义务主动收集与公司品牌相关的各类危机信息或潜在危机信息，获得信息的人员要立即向本部门领导报告，各相关部门收集到的品牌方面信息经过初步调查、确认后及时传递给品牌经营部。当确定为重要或重大品牌危机时，品牌经营部以及收集信息的部门应报告集团危机领导小组。重大危机最迟不得超过24小时，重要危机最迟不得超过48小时。

风险管理办公室组织对可能发生的重要或重大品牌危机在公司内进行预警，必要时由公司指定的发言人负责对外预警。预警信息包括危机的类别、预警级别、开始时间、可能影响的范围、提醒事宜、应采取的措施和发布单位等。

(2) 危机应对。

①重大危机的应急响应（Ⅰ级）。对于先期处置未能有效控制事态的重大危机，立即启动本预案。在危机领导小组的统一领导和指挥下，品牌危机小组和有关部门迅速有效地开展危机处理工作。

品牌危机小组成员迅速到位，负责应急工作的具体实施过程，并随时向危机领导小组报告事态发展情况。

协同处理部门随时随地为危机处理过程提供信息、资源，进行对危机处理有帮助的活动。

②重要危机的应急响应（Ⅱ级）。重要危机发生后，品牌危机小组立即组织调查、确认和评估，启动本预案，及时采取措施控制事态发展，实施各项工作，并将有关危机的处理情况立即向危机领导小组报告。

③潜在危机的应急响应（Ⅲ级）。此类危机先由信息获得部门通过内部整改解决，自测寻找、积极采取针对性措施，同时向品牌危机小组报备。

4.4 品牌监管

为贯彻实施马应龙药业集团股份有限公司的品牌经营战略，提升马应龙的品牌价值，明确品牌的监督管理架构，规范品牌经营行为，健全品牌监督管理流程，马应龙制定了品牌监督管理办法，以制度和流程为依据，开展全面品牌监管工作，以促进公司降本增效，成功应对市场竞争，有效规避品牌经营风险，并提升品牌的内涵价值。

4.4.1 品牌监管原则与保障

1. 监管基本原则与保障

品牌监督管理应遵循以下原则。

（1）系统性原则。把公司的各领域、各业务单元涉及的品牌监督管理，纳入整体性考量。

（2）适应性原则。侧重规范品牌经营中的突出问题与共性问题。

（3）有效性原则。通过实施品牌监督管理，提升品牌经营效率的同时，提升品牌价值。

（4）规范性原则。通过规范管理，有效规避品牌经营风险。

2. 组织保障

马应龙品牌管理委员会（简称："品管会"）是公司品牌管理的决策机构。品管会是以办公会议、通信会审、授权审批等方式，对品牌管理事项进行审批。

品牌经营部是品管会的日常办事机构，负责品牌管理的统筹监督工作。

质量保证部、审计监察部、法律事务部、资产营运中心、董事会秘书处、电商事业部、外协管理部以及集团相关职能部门，是品牌监督管理的协调部门。

各业务单元，在业务经营中作为品牌权益保护第一责任人，规避风险，保障权益。品牌管理委员会议事组织结构如图4-7所示。

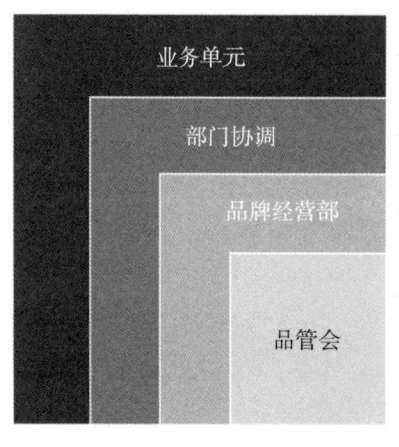

图4-7 品牌管理委员会议事组织结构

4.4.2 品牌监管方式

1. 主要监管举措

马应龙品牌监管采取"一个办法、两种程序、四个举措"。"一个办法"指《马应龙品牌监督管理办法》。"两种程序"指品牌审批和备案,是落实品牌监管工作的重要方式,主要规范两个方面的内容:一是马应龙在企业名称中的授权使用;二是马应龙商标等品牌识别资产在产品和服务中的使用。"四个举措"指诫勉谈话、警示通知、整改通知、处罚通知,是规范品牌资产不当使用行为的主要措施。公司会根据不当行为的性质和轻重程度而有针对性地实施这"四个举措"。

2. 品牌授权和备案

原则上,各控股子公司需要同公司每年签订《马应龙品牌授权许可协议》,协议中明确品牌使用范围和权限,不得超范围和越权使用。公司与医投公司签订品牌授权协议,授权医投公司对旗下连锁医院和共建诊疗中心进行再授权,并向品牌经营部进行备案。

在日常管理中,各业务单位需要品牌授权的,应填写《马应龙品牌使用申请表》,写明具体事项,报请公司审核批准后执行。申请事项主要包括:机构名称使用、产品商标及包装使用、网店及自媒体名称使用、品牌资质授权等。具体如图 4-8 所示。

3. 产品包装设计监管

根据公司品牌经营发展战略和品牌 VI 识别系统,对公司旗下的产品架构和设计元素进行梳理,制订公司整体产品包装设计指引,经公司品管会批准后,用以指导公司本部和子公司的产品包装设计。

按照业务单位和包装风格划分,公司目前的产品可以分为以下品类:药品、医疗器械、消毒产品、化妆品、中药饮片、日用品、食品、保健食

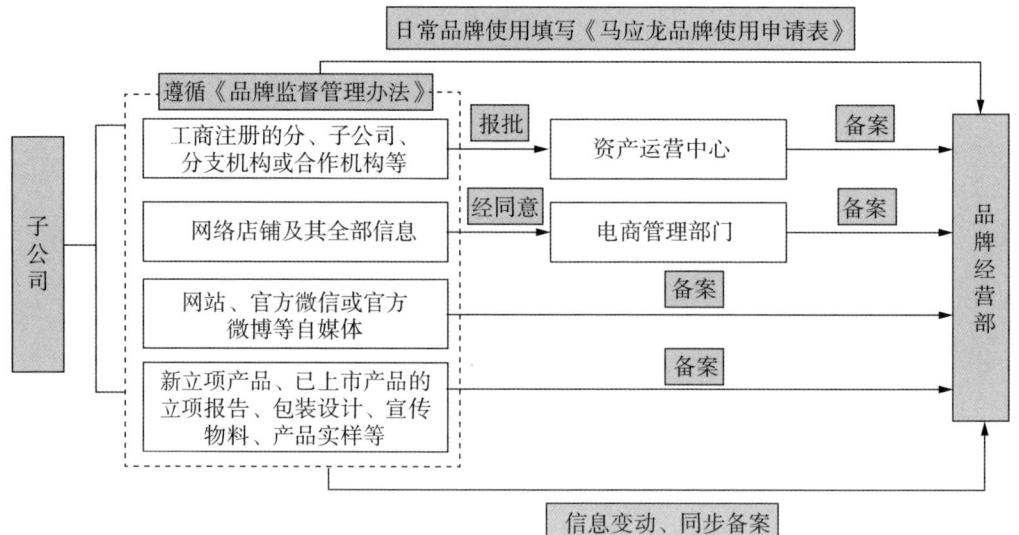

图 4-8　品牌授权流程图

品及电子产品等；不同品类产品的业务负责单位或子公司，应根据公司本部的产品包装设计指引，制订出各自的产品包装设计指引，提交品管会通过后，用于规范各自品类的产品包装设计。具体如图 4-9 所示。

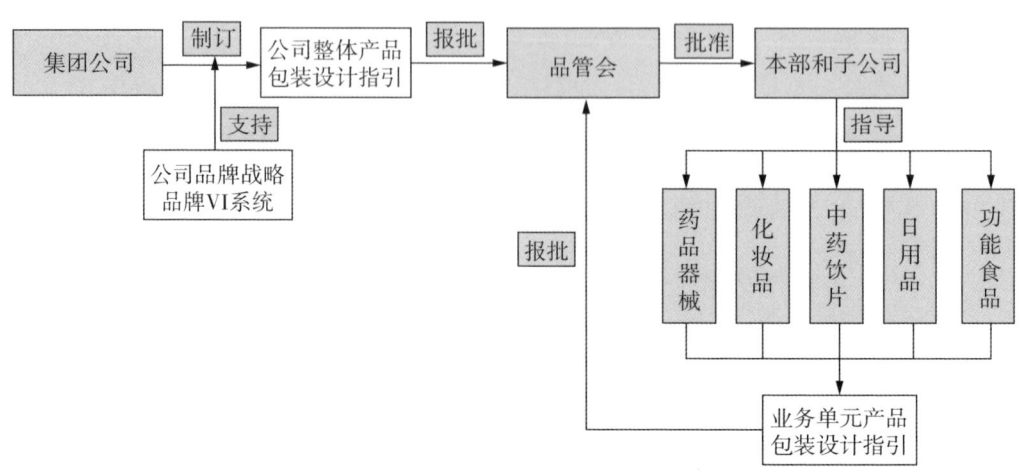

图 4-9　包装监管流程图

4. 品牌监管执行

由品牌经营部门组织相关职能部室，不定期对各业务单元和子公司的品牌使用情况进行监督检查，查出问题的，由品牌经营部门组织诫勉谈话或出具警示通知予以提醒；若未及时采取调整措施的，则发送整改通知，要求使用单位限期作出整改；若逾期仍未调整且造成损失的，由品牌经营部门出具处罚通知，使用单位直接责任人和公司派出的产权代表承担责任。

4.5 品牌提升

在向肛肠健康方案提供商转型升级的过程中，需要理清品牌资产和架构，明确各品牌资产的使用范围和方式，使消费者建立品牌认知，并在记忆中长期储存。通过覆盖不同的品牌的产品和服务，以实现其品牌价值的最大化，以及品牌力的不断提升。

4.5.1 品牌架构

通过梳理马应龙品牌架构，打造高效的强势品牌，合力配置品牌创建资源，并发挥协同效应，包括知名度、关联创建、效率，并实现产品定位清晰化。充分使用品牌资产，关注品牌延伸的风险，也为新品未来的增长提供了平台。马应龙品牌结构如图4-10所示。

1. 品牌组合

马应龙的品牌组合战略推行"功能型品牌组合经营模式"，注重在马应龙企业品牌旗帜下构建品牌组合，针对每个品牌单独定位，从功能型视角构建马应龙的品牌组合。

从功能型视角观察，马应龙品牌组合中应包括以下分类品牌。

（1）战略品牌。此类品牌的主要功能是形成潜在的利润增长点，在一段时间投入以后，向利润品牌转变。

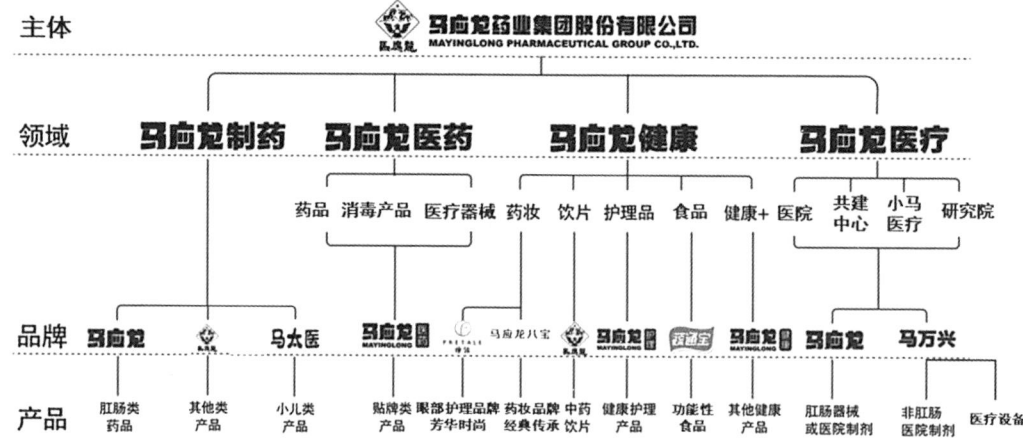

图 4-10 马应龙品牌结构示意

（2）关键品牌。是指现在为公司带来重要销售额和利润的品牌，已经做大、处于主导地位的品牌，其目标是维持或继续扩大现在的地位。

（3）现金牛品牌。是指处于低市场吸引力、高竞争实力的品牌，并且已进入成熟期。

（4）辅助品牌。是指对关键品牌起辅助作用的品牌，此类品牌的主要功能是与其他品牌搭配，充分发挥品牌、资源等经营要素的边际效用，提供边际贡献，为马应龙创造边际利润形式的小额利润。

（5）其他品牌。此类品牌是与主力品牌形成梯队关系的姊妹品牌，其主要功能是消化整合马应龙因各种客观原因（企业并购、联盟等）形成的品牌多元化。其基本策略是核心主导产品使用马应龙品牌，联盟合作的使用优势品牌。

2. 品牌延伸

品牌延伸是指借助已经建立的品牌地位，将原有品牌转移使用于新进入市场的其他产品或服务，以及运用于新的细分市场之中，以达到以更少的营销成本占领更大市场份额的目的。

品牌延伸是品牌战略的重要组成部分，它是把双刃剑，好处明显的同时也暗布陷阱。第一，品牌延伸可以加快新产品的定位，保证企业新产品投资决策迅速、准确；第二，有助于减少新产品的市场风险；第三，有益于降低新产品的市场导入费用以及后期的营销成本；第四，有助于强化品牌效应，增加品牌这一无形资产的经济价值；第五，能够增强核心品牌的形象，满足消费者的多样化需求，提高整体品牌组合的投资效益。

（1）品牌延伸原则。马应龙品牌延伸要符合相关性、适应性、主导性、有效性原则。

相关性。品牌延伸要保持产品或服务与品牌的相关性。从企业内部条件而言，要注重资源相关性，包括生产资源、营销资源、管理系统、服务系统等方面的相似，保证资源的可移植和再利用。从消费者需求而言，要注重市场相关性，目标市场消费者需求的特点不能有太大的差异。从产品本身而言，要注重技术相关性，产品在构成上应当有共同的主要成分和属性，有近似的适应症。

适应性。品牌延伸要适应原有主力品牌所构建的价值内涵和管理基础，不能稀释主力品牌的个性定位，不能模糊独特的品牌形象。注意品牌延伸后产品与品牌之间的"联想"关系，消费者由这一品牌名称能成功地联想到延伸的产品。

主导性。在品牌延伸所形成的系列化产品中，始终把握品牌定位品牌形象的主导方向，主导产品的重要性和贡献度，分清主次，突出重点。

有效性。品牌延伸要形成对新产品面世和营销业绩增长的推动作用，新产品或服务对原有品牌有烘托和增强品牌形象的效果，也就是说，品牌延伸的两端能够相互促进。如果品牌延伸无法达到预期效果，应该立即予以纠正。

（2）品牌延伸方向。品牌延伸建立自身资产的能力，取决于消费者头脑中延伸情景下母品牌联想的重要性，以及由此而形成的所有联想偏好性和独特性。

目前，马应龙的品牌延伸，主要是基于肛肠健康方案提供商核心定位的全方位延展，以及基于八宝古方的功能性延展，还有市场竞争需要的延展，等等。

直垂延伸。直接使用"马应龙"简体商标。使用范围：基于马应龙肛肠健康解决方案提供商定位的药品、医疗器械及其他外用产品等；产品质量受公司质保体系严格管控；产品使用"马应龙"简体商标需要经过公司品管会的审批。

主辅结合延伸。采用"马应龙+"左右结构的商标形式，+产品属性，如"马应龙护理"；或+辅品牌，比如"马应龙八宝"等。

相对独立延伸。不与马应龙商标直接关联的相对独立品牌，如：瞳话、蔬通宝、马太医、马万兴等。

4.5.2 品牌资产管理

所谓品牌资产，就是品牌给产品和企业带来的超越其使用价值的附加价值或附加利益，它包括品牌认知、品牌形象、品牌联想、品牌忠诚以及附着在品牌上的其他资产等。品牌资产具有以下特性。

（1）价值性。品牌是企业最重要的一项资产，其来自该品牌的客户资源，并将支撑品牌在未来很长一段时间内持续获利。

（2）无形性。品牌资产属于无形资产的一种，由于它是无形的，导致很多管理者没有意识到或经常遗忘品牌的重要性，于是品牌危机、商标抢注等损害品牌资产的事件时有发生。

（3）波动性。品牌资产是一个动态的概念，它是企业品牌管理行为的结果。企业正确或错误的品牌行为都会在品牌资产那里得到反映。

（4）积累性。品牌资产来源于企业与消费者的关系，而这层关系又是在与营销者、产品、营销活动等无数次接触中形成的。企业每一次同消费者的接触，都是品牌资产积累的关键时刻，而这些品牌积累的形成，也是一个日积月累不断进行品牌资产管理的过程。

品牌资产的增长，品牌力的不断提升，来源于企业对品牌资产的日常管理。一个规范的品牌资产管理系统包括品牌资产章程、品牌资产报告以及品牌资产管理职责等内容。

具体到马应龙品牌资产的管理，广义地讲，包括品牌力系统构建中的每项内容和每个环节。狭义地讲，主要指的是马应龙已经建立起来的宝贵的识别资产，以及所获得的知识产权，包括：专利、商标、著作权等，还有如商号、域名、视觉识别物等。

马应龙主要的品牌识别资产符号如图 4-11 所示。

品牌识别资产符号	名称	品牌识别资产符号	名称
	马应龙菱形商标	中华老字号	中华老字号标识
马应龙	马应龙简体商标		
馬應龍	马应龙繁体商标		国家非物质文化遗产标识
	马应龙古图		
	马应龙“国宝”标识		马应龙“三色块”
	“瞳话”脸谱商标	马应龙医院 MAYINGLONG HOSPITAL	马应龙医院标识
瞳話	“瞳话”文字商标		“左马右龙”标识
	八宝古方认证标识		马应龙八宝印章商标

图 4-11　马应龙品牌资产一览

1. 使用范围

马应龙菱形标主要作为企业徽标，主要用于本部、马应龙大药房、物流公司、大健康公司，以及名称中经批准使用“马应龙”字样且无独立徽标的子公司；作为商品商标使用时，主要适用于公司本部生产的药品和中药饮片上。

马应龙文字标用于业务拓展和品牌合作，实施“马应龙+”品牌延伸战略。

2. 包装标识应用

马应龙作为400余年的中药古法传承企业，在包装风格的定义上，应该具备文化根基、药理传承和自身特色，并形成对应的设计指引。

（1）药品包装设计指引。

①整体风格：历史传承，文化积淀、品质信赖。

②注重标准色和传统色块在产品设计中的优化使用。

③肛肠类产品使用"马应龙"简体商标。

④儿药系列使用"马太医"商标；非肛肠类贴牌合作使用"马应龙医药"商标；其他药品使用马应龙菱形商标。

（2）中药饮片包装设计指引。

①整体风格：中药传承、精致、品质。

②产品聚焦超微细粉系列，在包装风格一致情况下区分名贵饮片、中档粉剂和普通饮片的区隔。

③商标使用马应龙菱形标。

（3）化妆品包装设计指引。

①整体风格：中药背景、突出功效、简约。

②马应龙八宝系列主旨是"经典传承"，瞳话系列主旨是"时尚芳华"。

③商标使用"马应龙八宝"和"瞳话"。

（4）护理品包装设计指引。

①整体风格：中药背景、医学级品质、中国风。

②通过色调和辅助图案，适度区分肛肠护理、母婴护理、成人护理及生活护理等各产品系列的风格。

③商标使用"马应龙护理"，公司进行品牌背书。

（5）功能性食品包装设计指引。

①整体风格：中药背景、食疗功效、简约时尚。

②商标使用"蔬通宝"独立商标或"马应龙健康"主辅商标，公司

进行品牌背书。

4.6 品牌力评价体系

对品牌力的评价是对公司品牌影响力、价值的综合性评价,是对品牌力系统运行成效的评估,其根本目的是要确保马应龙品牌的建设始终围绕构建在消费者内心的独特地位展开。对品牌力的评估可以从运维和成效两方面展开。

4.6.1 品牌力运维评价指标

运维评价指标主要是考察品牌经营活动中是否保持与品牌力系统运营根本目标一致。通过考察系统运行中对增值性、差异性、一致性、动态性和经济性的操作行为来评价品牌力系统中各组织工作的开展状况,确认对系统运行的支持水平和能力。品牌力运维评价指标如表4-4所示。

表4-4　　　　　　　　　品牌力运维评价指标表

类别	指标名称	描述
增值性	品牌设计	对核心品牌和防护性品牌的设计能力
	品牌传播	对品牌传播能力的考察,体现在品牌宣传设计、媒介组合传播能力、品牌传播覆盖范围等
	品牌资质获取	指中华老字号、国家企业技术中心等提升品牌价值的荣誉称号、技术资质等
差异性	核心技艺的运用	围绕马应龙核心制作技艺的产品品类扩展能力和水平,体现在品类的开发数量
	核心品牌的延展	围绕马应龙核心品牌的产品集聚能力和水平,体现在系列品种的开发和引进

4 品牌力系统

续表

类别	指标名称	描述
一致性	领域拓展	指产品引进、收购等行为与马应龙核心经营领域的匹配度，即是否能有效地提升健康方案供应能力
	形象展示	马应龙品牌及子品牌在消费者心目中形象与本身诉求的一致性，表现为品牌的专业性
动态性	客户需求匹配度	马应龙产品对消费需求和消费场景的匹配度，表现为终端陈列对消费的吸引能力和体验意愿、客户对品牌的心智占位
	品牌延伸	指马应龙品牌的扩展性和延伸性，是否支持新产品或新业务，是否会对主品牌产生不良影响
经济性	赢利能力	指基于马应龙品牌影响力和品牌背书，其相关产品和服务所能产生的经济效益，以及相比同类产品的溢价水平

4.6.2 品牌成效评价

通过市场调研和第三方机构公允数据展现出的马应龙在客户心中的独特地位，以及通过专业评估所形成的品牌溢价水平。品牌成效评价指标如表 4-5 所示。

表 4-5　　　　　　　　　品牌成效评价指标表

类别	指标名称	描述
客户影响力	品牌占有率	购买品牌的比例，最直接地反映品牌竞争现状。主要考察维度为：市场占有率、产品使用率
	品牌指名率	客户相较于其他产品指明购买的比例，充分展现出品牌的竞争优势。主要考察维度包括：第一指名率、提示后指明率
	品牌知名度	指品牌被消费者或潜在购买者认识了解的程度。主要考察维度包括：品牌综合认知率、品牌广告认知率、产品认知率

续表

类别	指标名称	描述
客户影响力	品牌美誉度	由消费者对品牌商品或服务的喜爱和信任程度累积而成，是构建品牌力不可或缺的一部分。主要考察维度包括：品牌满意度
	品牌忠诚度	指消费者对品牌商品或服务认同并喜爱的基础上，重复多次购买的过程。主要考察维度包括：产品复购率
品牌价值	公允价值	指由国家或第三方机构颁发的证明市场价值的证明，比如：工信部单项制造冠军
	评估价值	指由市场认可的价值评估方式所评估出的品牌价值，比如：世界品牌实验室年度品牌价值
	议价能力	指基于品牌特性和影响力，在市场开拓中与经销商之间的话语权大小
	渠道认知	指基于品牌影响力，评价渠道对品牌产品流通的意愿和能力

5 客户经营系统的绩效管理

绩效管理是马应龙方针管理模式的两大支撑之一,是公司凝聚力量、整合资源以达成经营目标的有力保障。客户经营系统作为马应龙三维三力价值创造系统中的全实体营运系统,既要通过绩效管理的贯通实施来实现三维三力价值创造系统的整体衔接,更要运用绩效管理的方法工具来促进整个系统经营呈现螺旋状的上升趋势,持续实现价值创造。

5.1 绩效管理概述

5.1.1 绩效管理的意义与目标

客户经营系统的绩效管理,是指公司各级管理者和员工为了达到客户经营系统成功构建及良好运行的目标,共同参与的绩效计划制定、绩效辅导沟通、绩效考核评价、绩效结果应用、绩效目标提升的持续循环过程。

绩效管理将公司经营目标进行逐层分解,通过各层级绩效计划制定、实施、分析、考评等手段,最终不断提高个人和企业绩效的过程。对于客户经营系统而言,是要通过公司绩效管理的平台,检讨和改进产品力、营销力和品牌力等子系统建设过程中的弱点和不足,促进三力体系和客户价值驱动机制的相互融合,提升客户经营的效率和水平,从而达到客户价值增值、客户契合增强的绩效目标。

5.1.2 绩效管理的原则

客户经营系统的绩效管理遵循协同推进、目标明确和结果导向三个基

5.1 绩效管理概述

本的原则。

（1）协同推进原则。客户经营的绩效管理是公司整体绩效管理的重要组成内容。为了确保客户经营落到实处，必须把客户经营的绩效管理与公司常规绩效管理有机结合，充分发挥绩效管理的督导和协调作用，达到协同推进的目的。

（2）目标明确原则。目标明确原则要求客户经营的绩效目标设定必须明确到人。责任到人，做到相关部门和员工人人都有明确的考核目标和考核内容，客户经营绩效考核应该是从上至下层层分解、层层落实的。

（3）结果导向原则。绩效考核必须坚持结果导向原则，客户经营的根本目标就是实现可持续的客户增值，进而实现企业的持续良性发展，必须体现出明确的产品力、营销力、品牌力指向，以这三力的保障与提升作为衡量的标准。

5.1.3 绩效管理的组织机构

客户经营系统的绩效管理按照三级组织机构运行：以薪酬与考核委员会为决策机构（授权绩效管理委员会行使绩效管理日常决策权限），以绩效管理办公室为组织机构，以各单位为执行机构。同时保持业务线与绩效线的同步协调，董事会秘书处负责配合公司品牌管理委员会，对客户经营系统进行持续研究、系统优化、业务督导，并且对绩效管理委员会、绩效管理办公室的绩效管理工作提供专项、定向的协调和支持。

绩效管理委员会是隶属于薪酬与考核委员会，直接接受董事会领导的组织管理机构，代表董事会行使绩效管理职权。主要负责总体部署绩效管理工作，统筹规划、组织协调绩效管理工作的推进落实，包括客户经营的绩效管理都属于其职责范畴。

绩效管理办公室是绩效管理委员会日常办事机构，设在人力资源部，主要负责绩效管理委员会基础事务性工作，具体协调绩效管理工作的推进落实。

绩效考评小组是绩效管理办公室从各部门抽调成员组成，负责具体实施各部考评核查工作。根据绩效管理办公室提供的各部绩效任务表对各部工作推进情况及结果进行核查，讨论并出具初步评分意见供绩效管理办公室参考，同时对考评的真实性负全部责任。

董事会秘书处是客户经营系统绩效管理的协调和支持部门，是连接公司绩效管理和客户经营绩效管理的枢纽，是连接品牌管理委员会与绩效管理委员会的支撑。董事会秘书处在客户经营绩效管理中的主要职责包括负责跟进落实品牌管理委员会的日常决策，对绩效管理体系中客户经营部分的绩效考核提供协调和支持。

5.2 绩效管理

5.2.1 绩效管理方式

客户经营系统的绩效管理与公司绩效管理协同推进，客户经营系统的绩效管理方式与公司绩效管理系统的运行内在一致，可以整合嵌入公司绩效管理系统大架构之中。客户经营系统营运事项的主要决策机构为品牌管理委员会，客户经营系统绩效管理事项的主要协调机构为董事会秘书处，董事会秘书处全力配合公司绩效管理办公室，推进客户经营系统的构建完善以及绩效管理的贯彻落地。只有将客户经营系统的绩效管理与公司整体的绩效管理充分整合对接，才能保障客户经营系统的贯彻落实，实现客户经营系统与投资者经营系统、人力资源经营系统以及方针管理模式的协调统一。

客户经营系统的绩效管理主要由四个主要部分组成：目标设定、目标跟踪、目标考核、绩效改进。绩效沟通则是贯穿于绩效管理始终的重要环节。如图 5-1 所示。

1. 目标设定

目标的设定与分解，包括各高层管理人员目标的设定、各中层管理人员目标的设定和员工个人目标的设定等几个层面。公司根据客户经营的二级指标评估客户经营的不足和弱项，并结合公司经营的实际，明确客户经

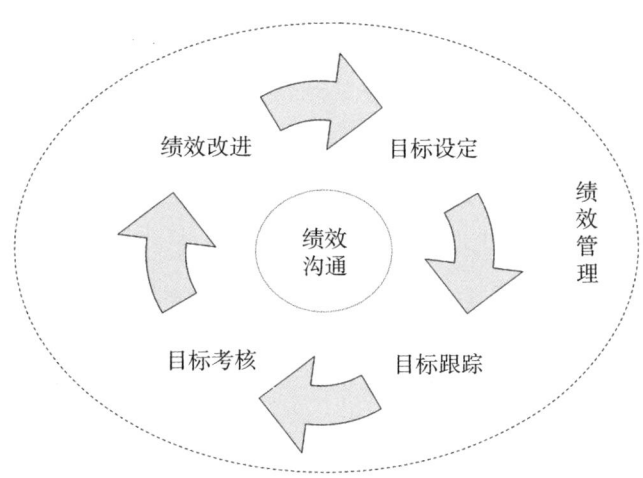

图 5-1 客户经营系统绩效管理示意图

营的年度三级指标,即考核指标,并根据考核对象的不同,将三级指标层层落实分解到各级员工的考核目标中。公司层面上,建设客户经营系统的目标为充分实现客户价值,该目标的外延表现为持续提高的客户忠诚度,两者同样具有高度的内在一致性。

首先,设定高层目标。公司领导目标的设置需要以转型成为健康方案提供商的战略举措为依托,估计客观环境带来的机会和挑战,对公司的优劣势具有清醒的认识,对组织应该和能够完成的目标做到心中有数,从而将产品力、营销力及品牌力构建的目标以阶段性形式展现出来。

其次,重新审议组织结构和职责分工。每一个分目标都有确定的责任主体。因此预定目标之后,需要重新审查现有组织结构,根据新的目标分解要求进行调整,明确目标责任者和协调关系。解决方案、产品交付、客服销售三大功能系统"铁三角"的运行机制决定了各大业务板块的内部分工与协作关系。

再次,确立下级的目标。分目标要具体量化,便于考核;分清轻重缓急,以免顾此失彼;既要有挑战性,又要有实现的可能。每个部门和员工的分目标要和其他的分目标协调一致,支持本单位和组织目标的实现。

最后,上级和下级就实现各项目标所需的条件以及实现目标后的奖惩

5 客户经营系统的绩效管理

事宜达成协议。分目标制定后,要授予下级相应的资源配置权力,实现权责利的统一。

2. 目标跟踪

目标跟踪的目的是督导年度客户经营三级指标的完成。公司通过多种渠道、多种工具建立对各层级人员的绩效跟踪体系,主要包括:中高层通过绩效管理委员会、公司月度绩效会议、绩效管理办工时季末绩效核查、公司经营分析会、"三大战役"月度战报/季度汇报等方式进行绩效跟踪;各中心、部室其他管理人员是通过部门周/月/季绩效会议等方式进行绩效跟踪;本部及子公司通过《月度目标跟踪单》进行绩效跟踪;项目型工作通过"督办"形式开展目标跟踪工作。

绩效管理办公室定期收集目标跟踪的结果,汇总提交给绩效管理委员会。绩效管理委员会根据绩效指标的实际完成情况并结合当期公司经营实际,对考核对象下一步的工作提出具体要求和指导,并由董事会秘书处对客户经营的重点指标实行跟踪督导。

3. 目标考核

公司定期对考核对象的目标执行情况进行绩效考评,一方面是督导各考核对象推进年度目标的完成,另一方面也是对考核对象的目标完成情况进行阶段性评估。公司所有员工均在一定的考核周期内,根据拟定的《绩效责任书》或《绩效考核方案》,按照既定的考核层级组织绩效考核工作。

客户经营系统的绩效考核由绩效管理办公室组织实施,相关部门负责对相关考核指标的信息核实和协同支持。

4. 绩效改进

绩效改进是指确认工作绩效的不足和差距,查明产生的原因,制订并实施有针对性的改进计划和策略,不断提高竞争优势的过程。即指采取一系列行动提高员工的能力和绩效。

绩效改进是绩效考核的后续应用阶段，是连接绩效考核和下一循环计划目标制定的关键环节。绩效考核的目的不仅仅是作为确定员工薪酬、奖惩、晋升或降级的标准，员工能力的不断提高以及绩效的持续改进才是其根本目的，而实现这一目的的途径就是绩效改进。

客户经营系统的绩效改进过程，是考核者根据被考核者三级指标的进展和完成情况，评估其对应的二级指标是否得到改善和提高，从而再根据二级指标的反馈，找出被考核员工在实施过程中存在的问题和不足，指导员工进一步优化工作的方式方法，并确定下一步三级考核指标的制定和实施。绩效改进是提高员工工作效率效能的有效途径，有助于三级考核指标的有效达成。

5. 绩效沟通

绩效沟通是考核者与被考核者就绩效考评反映出的问题以及考核机制本身存在的问题展开的实质性面谈，并着力于寻求应对之策，服务于后一阶段企业与员工绩效改善和提高的一种管理方式。公司的绩效沟通是上下级间就绩效目标的设定及实现而进行的持续不断双向沟通的一个过程，在这一过程中，管理者与被管理者从绩效目标的设定开始，一直到最后的绩效考评和改进，都必须保持持续不断的沟通，任何单方面决定都将影响绩效管理的有效开展，降低绩效管理体系效用的发挥。

绩效沟通主要体现在目标制定沟通、绩效实施沟通、绩效反馈沟通、绩效改进沟通四个方面，相互配合、层层递进，贯穿于绩效考核的目标设定、目标跟踪和目标考核各个环节中，共同构成了公司的绩效沟通系统。绩效沟通是考核者根据被考核者绩效目标的完成情况，围绕三级指标的执行、实施和完成，与被考核者进行深度面谈，以提升被考核者的下一步的工作绩效。

对于一般员工，考核结束后，各部门负责人需要与员工进行绩效沟通，可视部门情况灵活采用绩效面谈、绩效会议沟通、绩效反馈表书面沟通等方式进行，绩效沟通提倡采用"三明治"法。先要充分认识和肯定被评估人的工作成绩，再客观准确地指出其工作中的不足（要充分听取被评估人的意见,让其畅所欲言),最后对他的工作要提出具体的改进意见和目标,双方达成一致,以作下一季度考评依据。

5.2.2 三力评估指标体系

客户经营系统的绩效管理总体上整合嵌入公司整体的绩效管理系统之中,要通过有效的绩效考核目标设定来评估目标的达成,这就需要设置合理的评估指标。要围绕解决方案、产品交付、客服销售等客户经营的三大功能系统运行进行核查,进而评价产品力、营销力和品牌力的建设情况。公司将客户经营系统的绩效指标分为三级。

(1)一级指标为内容指标。是对客户经营的"三力"系统经营内容的概括和总结,也指明了绩效考核的方向。通过一级指标的设置,体现出功能系统主要目标导向,指明经营工作改进完善的方向。具体如表5-1所示。

表 5-1　　　　　　　　　　一级指标示意表

客户经营系统三力	一级指标名称	一级指标描述
产品力	发现需求能力	充分、高效地分析市场信息,及时发现市场需求的能力
	满足需求能力	快速引进、研发符合市场需求、有效、安全、便捷使用的品种以满足消费需求的能力
	生产交付能力	在合规的前提下,高效组织产品生产,保障市场需求满足,并使其具备品质和成本优势
营销力	网络建设能力	根据消费需求的开发、拓展渠道,构建全渠道、分类侧重的销售网络,满足消费场景需求,并实现资金的安全回笼
	产品销售能力	根据公司发展的需要,组织产品销售,达成既定销售规模目标,并与同类品种竞争的能力
	客户满意能力	提升客户需求满足及友好体验能力,保持客户黏性,促使客户的价值持续转化

续表

客户经营系统三力	一级指标名称	一级指标描述
品牌力	品牌影响力	通过品牌信息和诉求的传递，持续扩大客户对品牌认知范围，不断提升消费对品牌的认可度，实现品牌对消费者的内容营造
	品牌溢价能力	通过品牌的规划、设计和营销工作的开展，不断提升品牌及品牌组合溢价能力，形成高价值的企业品牌

（2）二级指标为评估指标。是评估客户经营"三力"建设情况的主要指标，依据经营内容展开，能够有效实现目标的分解与跟踪。具体如表5-2所示。

表 5-2　　　　　　　　　　　　二级指标示意表

客户经营系统三力	一级指标名称	二级指标分解
产品力	发现需求能力	1. 信息收集能力 2. 需求分析能力
	满足需求能力	1. 新品研发能力 2. 产品引进能力 3. 科研创新能力 4. 资质获取能力
	生产交付能力	1. 成本控制能力 2. 品质管理能力 3. 交付满足能力
营销力	网络建设能力	1. 终端客户开发与掌控能力 2. 渠道客户开发与掌控能力
	产品销售能力	1. 规模增长能力 2. 新品销售能力 3. 市场竞争能力

续表

客户经营系统三力	一级指标名称	二级指标分解
营销力	客户满意能力	1. 促销策划能力 2. 体验策划能力 3. 客户反馈处理能力
品牌力	品牌影响力	1. 品牌宣传设计能力 2. 传播媒介组合能力
品牌力	品牌溢价能力	1. 品牌规划能力 2. 品牌设计能力 3. 品牌溢价水平

（3）三级指标为年度考核指标。是对二级指标的进一步细化和延伸。与二级指标相比，三级指标更为具体化，更具针对性，是指导和要求公司各级员工具体工作内容的指标，纳入岗位的年度绩效考核内容中。由于三级指标过于细化，且年度调整较大，本书仅对每个二级指标单项举例以便读者理解。具体如表5-3和图5-2所示。

表5-3 三级部分指标示意表

客户经营系统三力	一级指标名称	二级指标分解	三级指标分解（例）
产品力	发现需求能力	1. 信息收集能力 2. 需求分析能力	1.1 客户需求收集数量 2.1 需求发布数量
产品力	满足需求能力	1. 新品研发能力 2. 产品引进能力 3. 科研创新能力 4. 资质获取能力	1.1 自研品种立项数量 2.1 引进品种立项数量 3.1 获评专利数量 4.1 通过国家技术中心复评
产品力	生产交付能力	1. 成本控制能力 2. 品质管理能力 3. 交付满足能力	1.1 品种单位生产成本同比 2.1 产品抽检合格率 3.1 品种市场满足率

续表

客户经营系统三力	一级指标名称	二级指标分解	三级指标分解（例）
营销力	网络建设能力	1. 终端客户开发与掌控能力 2. 渠道客户开发与掌控能力	1.1 县域目标开发满足率 2.1 产品经销价格水平
营销力	产品销售能力	1. 规模增长能力 2. 新品销售能力 3. 市场竞争能力	1.1 销售回笼与费用率 2.1 某产品销售规模 3.1 某产品市场资质获取
营销力	客户满意能力	1. 促销策划能力 2. 体验策划能力 3. 客户反馈处理能力	1.1 "5·29"销售转化水平 2.1 产品试用数量与转化率 3.1 客户投诉处理无后续不良事件
品牌力	品牌影响力	1. 品牌宣传设计能力 2. 传播媒介组合能力	1.1 推文转发数量 2.1 话题整体曝光量
品牌力	品牌溢价能力	1. 品牌规划能力 2. 品牌设计能力 3. 品牌溢价水平	1.1 新产品品牌使用 2.1 保护性品牌注册数量 3.1 公司品牌价值达成目标

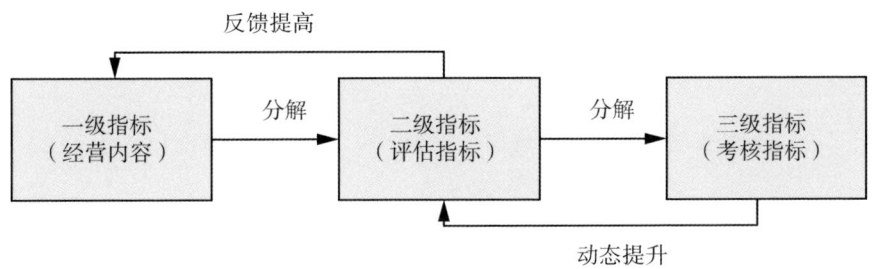

图 5-2　客户经营系统的绩效指标分级示意图

公司根据二级指标的内容，定期评估客户经营的三力建设水平，查找客户经营过程中的弱项和不足，再结合公司发展战略规划和年度经营纲要的要求，确定客户经营的年度目标和工作内容，形成三级指标，并逐级分解到各部门和员工的绩效考核目标中。公司致力于把客户经营落实到具体的工作和实际中，力求真正把客户经营三力价值创造系统建设落到实处，从而取得客户经营水平的整体提升。

具体应用过程中，关于产品力、营销力、品牌力的内容指标、评估指标和考核指标将根据内外部环境的变化进行动态优化和分级调整，其中内容指标（一级指标）相对固定，调整周期相对较长，主要依据客户经营系统的整体优化而进行结构性调整；评估指标（二级指标）相对稳定，调整周期相对居中，主要依据客户经营系统深化实施的实际情况、评估角度的优化以及评估手段的改进而进行适应性调整；考核指标（三级指标）相对弹性，主要依据客户经营系统细化落实的总体要求、年度经营纲要的具体任务要求而进行以年度为周期的定期调整，突出重点因素和关键指标。

5.3　客户经营绩效管理的保障机制

要达成客户经营系统建设和良好运行的目标，最终落脚于对"人"的调动，充分发挥员工的主观能动性，推动公司各个团队的核心能力提升至关重要。根据价值创造的原则，通过"四定"将人岗进行匹配，制定相应的激励机制，配以企业文化的熏陶，提升员工个人素质能力，锻造富有"龙马精神"的团队，不断推动经营绩效的提升。

5.3.1　"四定"与责任管理

绩效的达成实际是一个履职的过程。当团队的成员都充分履行自身岗位职责，绩效就能有所保障。要履职首先要明确岗位的责任，还要具备履职的充要条件，马应龙通过推行"四定"，来明确事、配备岗、选择人、匹配薪，以保障团队的价值创造能力。

所谓"四定"指的是"定事、定岗、定人、定薪"，即基于价值创造确定组织战略，寻找价值创造活动，并在此基础上开展组织结构设计、人员优化配置、岗位价值评估等一系列工作，完善薪酬体系。

定事：提炼公司价值点、部门核心功能，职能及业务工作事项，建立公司价值创造体系。定岗：基于以客户为中心价值驱动机制和价值创造体系落实，设计公司组织架构体系，确定岗位结构及人员编制。定人：建立人才标准和人才评鉴系统，依据岗位属性与特征，确定岗位人员配置、用人标准和机制，为岗位配备合适人才。定薪：根据岗位职责及任职要求，结合行业市场薪酬水平，修订完善岗位基本薪酬体系，做到对外有竞争、对内有激励。

"四定"核心是定事，围绕组织的价值创造点，确定组织的工作内容，才能设置合理的岗位，明确岗位的职责。要充分履行岗位的职责，就需要合适的人才。人才的评价标准有很多，就马应龙而言，通过建立"三识"的人才标准，有针对性地对员工进行培养，以提高个人素养。所谓"三识"就是指人的"学识、见识、胆识"。

（1）学识方面。主要是指知识、学问、学养。新时期的业务环境发生了巨大变化，员工只有掌握了足够的理论知识，具有优秀的学习能力和领悟能力，才能具备深度发掘客户需求的基础，快速感知客户需要，为客户经营提供内在力量。公司十分重视员工的学识能力，通过工作分析为各个岗位设置一定的专业与学历限制，在招聘源头对员工的学识能力提出要求；在薪酬核算时为各层级学历对应不同的津贴，在物质激励方面认可学识能力；为在职员工提供继续教育学费报销的机会，从生活保障上鼓励员工提高学识。

（2）见识方面。主要是指认识问题、分析问题和解决问题的能力，将学识和实践相结合起来所表现出来的对事物及其发展规律的一种判断能力，是帮助客户解决问题的基础。具备足够的见识，能够有助于拓宽满足客户需求的方法与渠道。公司鼓励员工提高自身的见识，采取职业教育经费报销的方式支持员工积极参加外部培训，通过广泛学习拓宽视野；不定期组织不同类别的讲座和培训，通过外部讲师带来不同视角的理念与思路；大力支持员工借助工作渠道参与各类展会或学术会议，通过沟通交流博览众家之长。

（3）胆识方面。这是一种重要的心理资源，胆量、冒险、判断、知识、执行是胆识的构成成分。员工要锻造无畏的胆识，面对问题尤其是危机问题时所表现出来的决断信心和勇气乃是赢得先机、满足客户需求的有效保证。产品创新、营销模式构建、竞争策略选择等经营活动都和每一个员工的胆识息息相关,特别是拥有决策权力的领导干部。公司看重员工的胆识,倡导创新文化,通过设立"创业创新"奖项,鼓励员工尝试新的领域,开拓新的事业;出台合伙人制度,与员工一起投资成立合伙组织,风险共担,利润共享,共同推动企业的进步。

公司相继推出了一系列培养方案与计划,助力于员工能力建设工作。出台制度,整合资源,配备师资,这一系列举措从员工入职起就开始强调能力建设的重要性,从根本上保证能力培养工作的顺利进行。公司能力建设方面相关的部分工作如表5-4所示。

表5-4　　　　　　　　　　能力建设相关部分工作

培养方式	能力作用对象		
	产品力	营销力	品牌力
继续教育培养	✓	✓	✓
管理提升班	✓	✓	
英语培训班	✓	✓	✓
青年骨干培训学习计划	✓	✓	✓
匠生培养计划	✓		
销售骨干员工培训		✓	
销售兼职内部讲师培训		✓	
员工职业教育培训	✓	✓	✓

继续教育培养:通过签署服务协议并报销学费的方式促进员工提升学历教育水平。

管理提升班:定期组织有针对性的管理理论知识学习,旨在提升公司骨干员工的管理能力。

英语培训班:针对英语基础扎实、工作内容相关、学习意愿强烈的员工,定期开展商务英语专项培训。

青年骨干培训学习计划:采用示范、演练、讨论、实践的方法,开展"掌握一种读书方法、开发一门案例课程、争当一名合格导师"的培训学习活动，使青年骨干通过全面提升自身的专业水平和综合能力。

匠生培养计划：拥有"匠人""匠心"荣誉的获得者按照上报的计划培养具有潜力的后继之人。

销售骨干员工培训：针对销售骨干员工定期开展管理知识与营销技能的辅导培训。

销售兼职内部讲师培训：针对销售兼职内部讲师定期开展教练技术与教学技能的培训。

员工职业教育培训：通过报销培训费用的方式支持员工参加工作相关领域的外部专业培训。

5.3.2 激励机制

激励机制建设的根本目的是正确诱导员工的工作动机，使他们在实现组织目标的同时实现自身的需要，增强满意度，进而使他们的积极性和创造性继续保持和发扬下去。马应龙一直把员工视为最大财富，重视员工、尊重员工和关爱员工，不断建立和健全激励体系的建设，以期达成与员工共同发展的目标。

客户经营系统激励机制的内容除包含覆盖全公司物质、精神、工作等整体激励措施外，更重要的是要针对解决方案、产品交付和客服销售三大功能实现制定相应的激励，更好地推动客户经营系统价值创造的实现，本书将就其中部分内容进行阐述。

1. 优化运行方式

针对功能系统运营团队各自特点，以充分发挥调动主观能动性为主要目标，优化组织运营的方式，促动员工积极充分履职。

（1）增强解决方案团队动力。综合考量产品研发的周期性和不确定性因素，优化项目进展的综合评估方式，将最终目标与阶段性成果相结合，对项目推进根据节点目标进行拆解，让项目团队从不能完全把握的远景落地为勤勉尽职可达成的短期目标，增强团队的动力。

（2）培养精益产品交付团队。充分利用精益生产改造项目的推进，让员工自报精益管理项目，组建项目改造团队，并给予充分的鼓励。让生产一线员工在各种竞赛活动中全情投入，收获成长，大胆地在舞台中央展示自己的特长，让员工的风采得以展现的同时，更加全面、深入地发掘人才。

（3）打造侵略性销售战队。将销售体系以年度或更长的时间周期划分区域市场，命名为战区。授权战区自行开展"战役"规划，作战队伍的组合方式及人事任免权限归属战区所有。鼓励战区之间相互竞赛与对标，相互竞争与渗透，在合规前提下扩张、收缩甚至吞并，培养战区的守土、扩疆意识和能力。

2. 提升激励效果

公司同时设置多种针对性激励形式，通过各种奖励项目体现与落实，创造出一种良性的竞争环境，进而形成良性的竞争机制，激励员工创造更高绩效，为促进客户经营系统构建工作的有效推进提供动力。总体来说，这类奖励分为团队奖励和个人奖励两类。具体如表5-5所示。

（1）团队奖。针对需要所有人员都勤勉尽责才能达成目标的项目，设置团队奖。获得团队奖的团队或者项目负责人根据每个成员对项目的贡献和履职情况进行分配。

（2）个人奖。是对个人通过自身勤勉履职，达成岗位价值创造目标，并树立标杆典范的奖励，在这类奖励中，匠人奖、终身匠人奖获得者是马应龙产品力建构的核心，他们和匠心奖获得者一起构建马应龙产品力、营销力和品牌力持续强化的中坚力量。

①匠人奖。面向公司专业技术和技能人才设置的奖项，突出个人特质，强调员工勤于钻研，拥有卓越的、在行业中处于领先水平的独特技艺或技术成果。

②终身匠人奖。该奖项是公司为个人设置的最高荣誉奖项，从历届匠人奖的获奖者中选出，强调对工匠精神的发扬和传承。

③匠心奖。面向公司所有设置的奖项，突出工匠精神，强调员工具有追求卓越、精益求精、用户至上的专业精神，岗位工作业绩突出。

5.3 客户经营绩效管理的保障机制

表 5-5 激励机制建设相关部分奖项

奖励项目		激励作用对象		
		解决方案	产品交付	客服销售
团队奖	产品研发阶段性奖励	✓		
	质量改进项目奖励		✓	
	超额利润奖励计划			✓
	项目合伙人制度	✓	✓	✓
	项目悬赏奖	✓	✓	✓
	增量进步奖	✓	✓	
	效率提升奖	✓	✓	✓
	创业创新奖	✓	✓	✓
	特别贡献奖	✓	✓	✓
	先进团队奖	✓	✓	✓
个人奖	先进个人奖	✓	✓	✓
	合理化建议奖励	✓	✓	✓
	匠人奖	✓	✓	
	匠心奖	✓	✓	✓
	终身匠人奖	✓	✓	

5.3.3 文化建设

企业文化是企业明天的竞争力,要达成客户经营系统的构建和运行目标,进一步推动企业发展,就是要借助企业文化强大的推动力。公司不断提炼、总结马应龙文化的精髓,纳入时代元素与发展理念,形成一套完善的价值体系,并通过潜移默化的影响,使员工对客户经营系统的评判达成共识,订立共同的价值目标,进而指导工作开展。每个价值创造系统在公司的文化基础上,都衍生出符合自身需要的亚文化体系,在客户经营系统中主要体现为精益求精的"工匠精神"与誓死捍卫的"亮剑精神"。

1. 工匠精神

工匠精神是一种职业精神,它是职业道德、职业能力、职业品质的体现，是从业者的一种职业价值取向和行为表现。产品力的构建要求加强品质管控、研发创新、成本控制能力的建设，努力提升产品的有效性、安全性、经济性、便利性和合规性。不论是物料采购、产品生产、产品引进、技术研发，还是质量管理，所有环节只有注入工匠精神，始终保持对职业敬畏、对工作执著、对客户认真、对产品负责的态度，极度注重细节，想客户所想，做人所不能，不断追求完美和极致，才能最终给客户无可挑剔的体验，才能带给客户想要的价值，才能创造出真正的产品力。

马应龙对于工匠精神推崇备至，将工匠系列奖项定位为个人最高奖荣誉，不论是评审标准还是相应待遇均超过其他类别的个人荣誉称号。通过积极推行"匠生"培养计划，代际培养，师徒相传，以传承工匠精神，促进工匠精神在各个业务与职能条线间融会贯通。

2. 亮剑精神

亮剑精神的内涵是"狭路相逢勇者胜"的胆魄，当遇到无法克服的困难时，也要勇敢地去面对，英勇地捍卫荣誉的战士精神。亮剑精神是一种团结的力量，饱含着势不可挡的爆发力和强大无比的凝聚力，从而铸就团体亘古不变的灵魂。构建营销力的锻造要求准确获得市场信息，敏锐判断市场趋势，快速制定市场战略，准确定位目标市场，对产品组织实施适当的营销组合策略，进而与消费者达成交易并将产品及时送达。营销力展现的每一个环节均要求具备快速反应，敢于决策，勇克困难，逆流而上的特质。在提升营销力的过程中要敢于同强大的对手抢市场，不惧与竞争者争份额。致力于深耕基层医疗市场，深挖客户需求，开疆拓土，用勇气之剑撕裂出通往成功的突破口。哪里有客户，人就到哪里，红旗就在哪里，战场就在哪里，根据地就在哪里。

流行病调查结果揭示出巨大的客户需求存在，在竞争日趋激烈的大环境下，需要具备勇往直前的精神跳出"红海"，开辟属于自己的"蓝海"市场。营销体系将亮剑精神作为日常行动的指南，敢于亮剑、勇于亮剑。

3. 文化宣传

文化需要传播和巩固，将理论宣传与身体力行是开展文化创建工作的最佳组合。作为企业文化建设工作的落脚点，各类活动的有序开展，能够有效促进组织氛围形成，加强企业文化渗透。马应龙在客户经营系统的构建和运行过程中，持续、系统地推行一系列活动和举措，成为企业文化建设工作的有效载体。马应龙文化环境建设的相关部分活动如表5-6所示。

表 5-6 文化环境建设相关部分活动

活动名称	活动宣传对象		
	解决方案	产品交付	客服销售
精益生产案例大赛		✓	
营销视频大赛			✓
月刊发布	✓	✓	✓
文明单位创建	✓	✓	✓
行为规范检查	✓	✓	✓
"工匠精神"系列报道	✓	✓	✓
专题知识竞赛	✓	✓	✓
主题征文比赛	✓	✓	✓

精益生产案例大赛：通过案例大赛，推动交付系统工作变革，使交付过程中一切无用、多余的东西被精简，优化工序，以提高产品生产效率与质量。

营销视频大赛：通过视频展示及投票评选的方式，推广优秀营销模式。

月刊发布：通过每月一期的公司内刊展示企业动态，宣导企业文化，以提升品牌形象。

职工运动会：定期举行职工运动会，凝聚团队精神，提振员工士气，展示企业风貌，提升品牌形象。

文明单位创建：积极参与全国文明单位创建工作，践行文明，深化成

5 客户经营系统的绩效管理

果，塑造品牌形象。

行为规范检查：定期开展公司办公场所行为规范检查，严肃工作纪律，整饬工作环境，规范员工行为，提升品牌形象。

"工匠精神"系列报道：通过线上线下结合的方式对公司"匠人匠心奖"获得者进行大力宣传，并在多种渠道进行转载，为广大员工树立标杆榜样，激发全员活力。

专题知识竞赛：定期开展安全生产、质量管理、企业文化、党政理念等各类型知识答题比赛，提升员工理论知识水平。

主题征文大赛：定期举办各种主题的征文活动，发掘亮点，评选先进，宣传楷模。

绩效管理的根本目的是要通过绩效核查发现问题，并及时纠正以促进客户经营系统的高效运行，使企业经营始终处于螺旋上升的通道之中，这是企业生存和发展的根本要求。

本书开篇介绍了马应龙作为持续经营400多年的老字号企业，其奥秘就在于"马应龙"三字之中蕴含的"天地人合一"的理念，其中我们的客户作为"天"为马应龙提供了广阔的发展空间。通过围绕满足客户需求展开经营工作的实践逐步形成马应龙三维三力价值创造系统的"客户经营价值创造系统"，以产品力为基础满足客户多样性需求；以营销力为手段实现持续的客户价值变现；以品牌力为目标营造客户内心世界。通过在客户心中打造马应龙的独特地位，为企业的持续经营奠定基础。面向未来，我们将继续秉承"以客户为中心"的经营理念，以客户经营系统的三力建设为抓手，全力奋斗，实现马应龙基业长青。

参考文献

[1] 斯蒂芬·P. 罗宾斯、玛丽·库尔特著,李原等译:《管理学》(第 11 版),中国人民大学出版社 2012 年版。

[2] 加里·阿姆斯特朗、菲利普·科特勒、王永贵著:《市场营销学》(第 12 版),中国人民大学出版社 2017 年版。

[3] 杰克·韦尔奇、苏茜·韦尔奇著,蒋宗强译:《商业的本质》,中信出版社 2016 年版。

[4] 斯坦利·麦克里斯特尔著,林爽喆译:《赋能·打造应对不确定性的敏捷团队》,中信出版社 2017 年版。

[5] 罗伯特·B. 西奥迪尼著,闾佳译:《影响力》,北京联合出版公司 2016 年版。

[6] 霍华德·马克斯著,刘建位译:《周期》,中信出版社 2019 年版。

[7] 菅谷义博著,贺迎译:《长尾经济学》,南海出版公司 2008 年版。

[8] 尼尔马利亚·库马尔著,李维安、张世云译:《营销思变》,商务印书馆 2006 年版。

[9] 塞德希尔·穆来纳森、埃尔德·沙菲尔著,魏薇、龙志勇译:《稀缺:我们是如何陷入贫穷与忙碌的》,浙江人民出版社 2018 年版。

[10] 陈威如、王诗一著:《平台转型:企业再创巅峰的自我革命》,中信出版社 2016 年版。

[11] 詹姆斯·P. 沃麦克、丹尼尔·T. 琼斯著,沈希瑾、张文杰、李京生译:《精益思想》(白金版),机械工业出版社 2015 年版。

[12] 新益为著:《6S 精益管理实战》,人民邮电出版社 2020 年版。

[13] 詹姆斯·P. 沃麦克、丹尼尔·T. 琼斯、丹尼尔·鲁斯著,余锋、

张冬、陶建刚译：《改变世界的机器：精益生产之道》，机械工业出版社 2015 年版。

[14] 《中国宝安集团"精益管理"实施指南》。

[15] 《中华人民共和国药品管理法》（2019 版），中国法治出版社 2019 年版。

[16] 《医疗质量管理办法》。

[17] 王志伟编：医院管理学（新世纪第三版），中国中医药出版社 2017 年版。

[18] 杜鹏、樊帅著：《人人学点营销学》，机械工业出版社 2020 年版。

[19] 黄劲松著：《整合营销传播》，清华大学出版社 2016 年版。

[20] 古斯塔夫·勒庞著，张艳华译：《乌合之众：大众心理研究》，清华大学出版社 2017 年版。

[21] 克莱·舍基著，胡泳、沈满琳译：《人人时代：无组织的组织力量》，浙江人民出版社 2015 年版。

[22] 罗伯特·斯考伯、谢尔·伊斯雷尔著，赵乾坤、周宝曜译：《即将到来的场景时代》，北京联合出版公司 2015 年版。

[23] 朱利安·丹特著，杨博译：《渠道分销》，当代世界出版社 2018 年版。

[23] 盛斌子、吴小林、冯海著：《渠道激励：中国企业营销制胜的核心利器》，企业管理出版社 2016 年版。

[24] 腾讯科技频道著：《跨界：开启互联网与传统行业融合新趋势》，机械工业出版社 2015 年版。

[25] 弗斯、斯通著：《卓越的客户关系营销》，华夏出版社 2003 年版。

[26] 阿图·葛文德著，王佳艺译：《清单革命》，浙江人民出版社 2012 年版。

[27] 凯文·莱恩·凯勒著，吴水龙、何云译：《战略品牌管理》，人民大学出版社 2014 年版。

后 记

马应龙创始于明朝万历年间（公元 1582 年），至今已持续经营 439 年，作为这家中华老字号企业的经营者，一方面要探索发现马应龙 400 多年持续经营的奥秘，从中挖掘、提炼人文理念予以传承；另一方面要与时俱进、开拓创新，丰富人文内涵，特别是促进其理念行为化、模式工具化，用以指导实践。正是基于这个逻辑的探索实践，才形成了马应龙三维三力价值创造系统。

尽管三维三力价值创造系统于 2016 年 1 月获得第二十二届国家级企业管理现代化创新成果一等奖，但其仍在实践完善之中，并不断强化价值创造逻辑与方法在组织系统建设中的运用，着力提升发现价值、制造价值和整合创造价值能力，通过产品力、营销力和品牌力建设来应对因技术进步和市场结构变化对人货场的再定义和重组。本成果的出版，旨在让马应龙各级员工、合作伙伴、广大消费者和投资者更加深入了解拥有 400 多年历史的马应龙的经营理念与运行机制，也借此与社会各界共同研究探求在新时期如何实现企业可持续发展，衷心希望大家提出宝贵建议和意见。

最后，感谢 1995 年以来马应龙的经营团队包括高管团队和相关职能部门负责人，他们为三维三力价值创造系统的形成和实践作出了重要贡献；刘俊舟、覃正斌、王春猛、魏雪琴、向红敏、张晓辉、赵仲华、周亮、邹琳、蒋思宇等人参与了《客户经营系统》资料的收集与整理、文字编撰以及文字校对等工作，在此一并表示感谢。

龙马精神

以真修心、以勤修为
稳健经营、协调发展
资源增殖

为顾客创造健康
为股东创造财富
为员工创造机会
为社会创造效益